Adobe Premiere 6 et LE

1re Édition Juin 2001

Auteurs Mark-Steffen Goewecke

Traduction MOSTER Jean-Marc

ISBN : 2-7429-2113-3
Réf DB : 442167

MICRO APPLICATION
20-22, rue des Petits-Hôtels
75010 PARIS
Tél : 01 53 34 20 20 - Fax : 01 53 34 20 00
http://www.microapp.com

Support technique
Tél : 01 53 34 20 46 - Fax : 01 53 34 20 00
E-mail : info-ma@microapp.com

3113

Mister O'net, l'homme à la référence, vous montre le chemin !
Rendez-vous sur le site Internet de Micro-Application www.microapp.com. Dans le module de recherche, sur la page d'accueil du site, retrouvez Mister O'net. Dans la zone de saisie, entrez la référence à 4 chiffres qu'il vous indique sur le présent livre. Vous accédez directement à la fiche produit de ce livre.

AVANT-PROPOS

La collection *GUIDEXPRESS* propose une formation directe sur un thème précis, matériel ou logiciel. Elle s'articule autour d'exemples concrets, accompagnés d'un minimum de lecture. Les ouvrages de la collection sont basés sur une structure identique :

- Chaque chapitre est repéré par une couleur distincte, signalée dans le sommaire.
- Les étapes pratiques, numérotées, figurent dans un encadré de la couleur du chapitre. Elles sont ainsi immédiatement repérables.
- Les étapes essentielles sont accompagnées par une image. Pour un accès rapide à l'information, le texte est relié à l'illustration par une ligne en pointillés.
- Les informations complémentaires sont présentées dans un encadré indépendant.

Conventions typographiques

Afin de faciliter la compréhension des techniques décrites, nous avons adopté les conventions typographiques suivantes :

- **Gras** : menu, commande, onglet, bouton.
- *Italique* : rubrique, zone de texte, liste déroulante, case à cocher.
- `Courrier` : texte à saisir.
- ↵ : dans les programmes, indique un retour à la ligne involontaire dû aux contraintes de la mise en page.

Sommaire

Montage vidéo créatif de la sixième génération

Avec Premiere 6, vous êtes tout équipé pour une incursion tonitruante dans le monde de la vidéo numérique. Que vous travailliez à titre semi-professionnel ou pour des besoins simplement privés, vous pouvez goûter aujourd'hui aux joies des images de haute qualité. Avec les formats compressés disponibles aujourd'hui et les taux de transfert de données en constante augmentation, vos images animées peuvent maintenant prendre le chemin du World Wide Web sans grand handicap. Avec l'amélioration de la qualité et du confort d'utilisation, le maniement des caméscopes est devenu un véritable jeu d'enfant. Quelques connaissances de Premiere et la maîtrise des procédures techniques fondamentales dans la création de films vous suffiront pour produire des résultats appréciables dont vous n'aurez pas le moins du monde à rougir. C'est ce à quoi vous convie d'emblée cette introduction.

Vous avez opté pour un apprentissage pratique et vous pouvez dès maintenant exploiter Premiere comme outil de créativité pour votre projet vidéo.

Après un passage en revue des nouveautés de la sixième génération de Premiere, nous aborderons les principaux éléments de l'environnement de montage et les techniques élémentaires de travail créatif.

Premiere 6 : aux fonctionnalités avérées s'ajoutent de nouvelles possibilités

C'est au début des années 90 qu'Adobe a mis sur le marché Premiere, l'un des plus anciens logiciels permettant de combiner des séquences d'images animées. Depuis les débuts de l'édition vidéo sur PC, de nombreuses distributions ont vu le jour. Aujourd'hui, nous en sommes à la version 6.0.

Parmi les fonctionnalités bien connues, citons :

1 La fenêtre de projet, dans laquelle les clips sont gérés comme matières premières, des produits "bruts".

2 La fenêtre **Montage**, dans laquelle le montage effectif s'opère.

3 Des filtres et des effets vidéo ou audio, présentés sous forme de palettes.

4 Une ou plusieurs fenêtres **Moniteur** permettant de juger du résultat ou des sources.

Parallèlement à ces fonctions principales, des nouveautés sont venues enrichir ce produit :

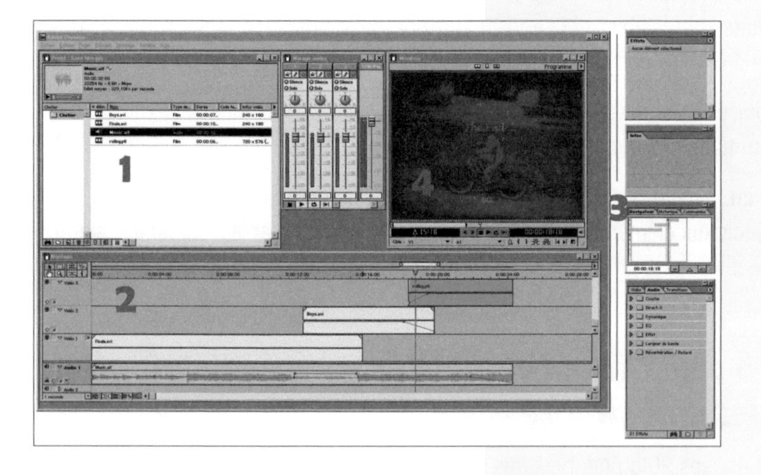

5 Un *Storyboard* amélioré, capable de créer automatiquement un montage brut.

6 Une nouvelle table de mixage audio, susceptible d'enregistrer et de restituer des réglages en temps réel.

7 Une fonction d'exportation, permettant désormais aussi la création de vidéos pour Internet.

8 Une fenêtre d'acquisition, permettant de récupérer des images en "live", ou selon une liste d'acquisition en série, depuis une caméra ou une platine, via le pilote de la carte vidéo.

Déjà connu, mais toujours aussi pratique :

9 L'outil de titrage de Premiere.

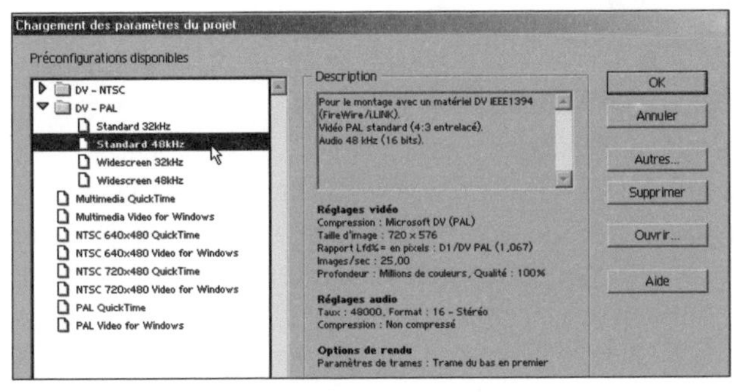

Les modifications les plus importantes pour l'utilisateur ordinaire sont sans conteste la prise en charge de nombreux formats vidéo et la fonctionnalité Crossmedia. Comme à son habitude, Premiere a mis à la disposition d'un large public créatif des fonctions d'ordre professionnel : les nouveaux formats numériques MiniDV et DV répondent à des critères de qualité d'image "pro" et viennent compléter les nouvelles possibilités d'acquisition et les traditionnels formats de sortie pour Internet, VCD ou encore DVD.

Les cartes Firewire (cartes avec entrée DV répondant au standard IEEE-1394) sont prises en charge directement. Pour le montage numérique, il suffit d'être équipé d'une carte de ce type, associée à une carte mère avec interface IEEE-1394 ou une carte d'interface PCI complémentaire.

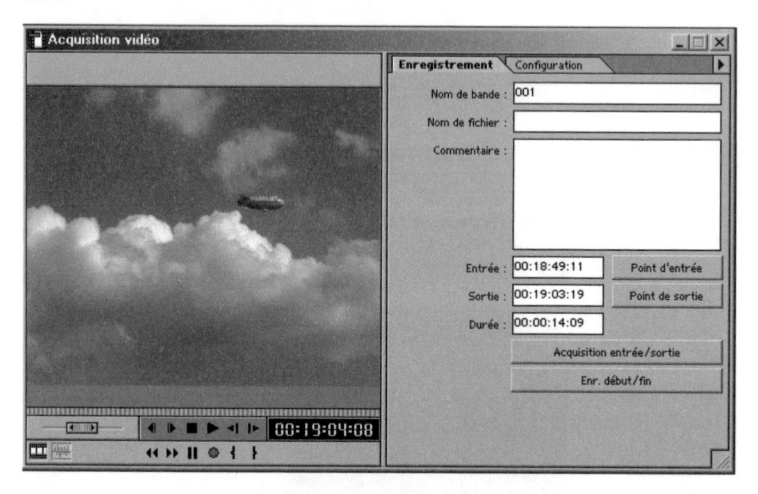

Les formats numériques : une excellente qualité

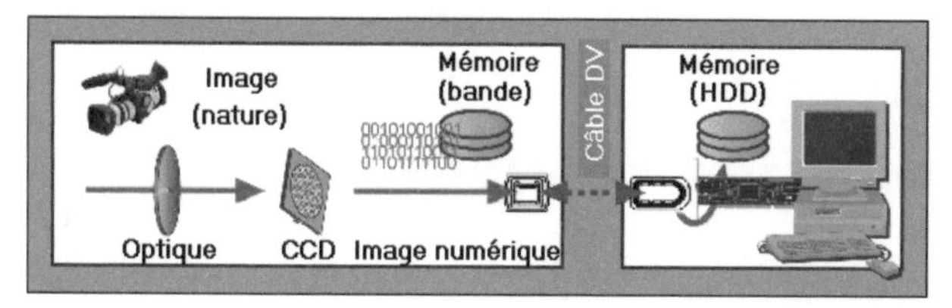

Pour les Américains, DV est synonyme de "Digital Way of Video", soit simplement de la vidéo numérique. L'image n'est conservée sous forme analogique que jusqu'au module CCD. Hormis l'optique, le seul point critique de cette technologie est la conversion : c'est elle qui détermine la qualité avec laquelle les signaux lumineux sont transformés en signaux numériques. Dans les bons vieux formats VHS, Video8, Hi8 et Beta-SP, les images sont d'abord converties en signaux électriques, lesquels sont enregistrés sur une bande magnétique, avant d'être envoyés par un câble à un convertisseur sur la carte vidéo. Cette technique présente des inconvénients : pertes au niveau de la bande, bruits de fond, vrombissements. Autant de travers qui ont disparu grâce à la vidéo numérique. Mais le DV n'est pas non plus exempt de tout reproche, le principal étant lié à la résolution du module CCD. L'illustration montre la voie suivie par l'image jusqu'au disque dur : après le module CCD, tout le reste est numérique.

INFO

Caméscope : achetez impérativement "numérique"

Oubliez sans remords les caméscopes analogiques. Leur seul intérêt est leur faible prix, annonciateur de leur prochaine disparition du marché. En revanche, leurs inconvénients sont légion :

- **Une qualité d'image à peine acceptable pour les formats Hi8 et S-VHS.**
- **Une perte systématique en qualité lors des opérations de copie ou de numérisation.**
- **Une réduction de la qualité des données stockées sur bandes, au fil du temps (avec des bandes numériques, il suffit de copier une "ancienne" bande pour en faire un original "tout frais").**
- **Une numérisation ultérieure nécessitant, à qualité égale, plus de place sur le disque dur.**
- **Les cassettes (et donc aussi les caméscopes) étant de plus grande taille.**

Mais tout cela ne signifie pas pour autant que votre équipement analogique est devenu obsolète à compter de ce jour : vous continuerez à l'employer comme auparavant, et il est toujours pris en charge par Premiere. Les réflexions précédentes concernent essentiellement ceux qui comptent procéder à l'achat d'un nouvel équipement.

DV, MiniDV, Digital8 : des formats tout à fait différents ?

DV a été le premier format à offrir une passerelle entre le monde des amateurs et celui des professionnels. MiniDV est le nouveau format dans le domaine public, celui des utilisateurs privés, des particuliers : il a pour avantage déterminant d'être compatible avec les équipements TV. Avec un caméscope MiniDV moderne, la qualité de vos films concurrencera directement celle que livrent les équipements professionnels Beta-SP, et cela pour un prix nettement inférieur.

Bien après l'introduction de MiniDV, Sony a lancé le format Digital8, dont le but avoué était de faciliter aux cinéastes amateurs, jusqu'à présent utilisateurs de films en Hi8 ou Vidéo8, le passage vers le numérique. Et, comme les données d'images numériques sont enregistrées sur cassettes Hi8, ces lecteurs permettaient également la lecture des anciens formats analogiques Hi8 et Video8.

Les caméscopes Digital8 sont en général moins onéreux que les appareils MiniDV, d'où un attrait indéniable pour le public privé.

Du fait de la taille des cassettes, ces caméscopes ne sont pas aussi compacts que les appareils MiniDV et, contrairement aux idées reçues, la durée d'enregistrement des cassettes n'est pas supérieure à celle des cassettes MiniDV. Sachez que, du fait du flux de données numériques, la vitesse de défilement de la bande est plus rapide, ce qui explique qu'une cassette 90 minutes Hi8 ne peut absorber que 60 minutes de vidéo.

Le format de données de Digital8 est totalement compatible avec MiniDV.

IEEE 1394 : l'autoroute des images numériques

Si les images enregistrées de la sorte sont transférées sur l'ordinateur via une interface DV, vous n'avez aucune perte de qualité à redouter. Le film peut être coupé, monté et diffusé sans aucune déperdition en qualité d'image. Une avancée appréciable, sachant qu'il y a encore quelques années, la seule perspective de ne pas à avoir à souffrir de ces pertes relevait de l'utopie.

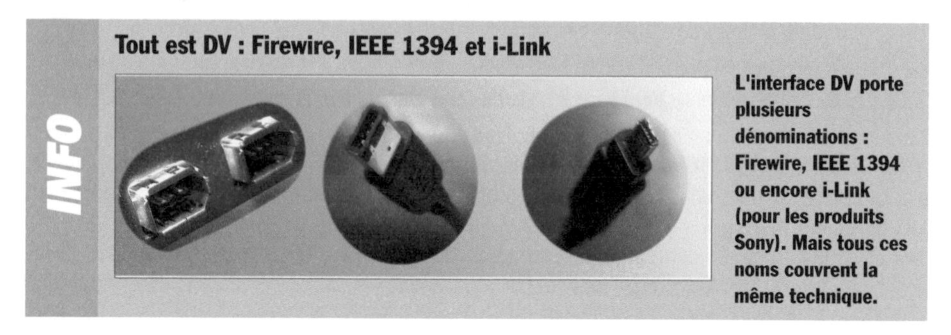

Tout est DV : Firewire, IEEE 1394 et i-Link

L'interface DV porte plusieurs dénominations : Firewire, IEEE 1394 ou encore i-Link (pour les produits Sony). Mais tous ces noms couvrent la même technique.

Sur l'illustration, vous distinguez à gauche, du côté du PC, les connecteurs de la carte vidéo et le connecteur à 6 broches du câble. À droite, du côté du caméscope, notez le mini-connecteur typique, avec ses 4 broches (sans alimentation électrique).

De la carte vidéo au poste de montage

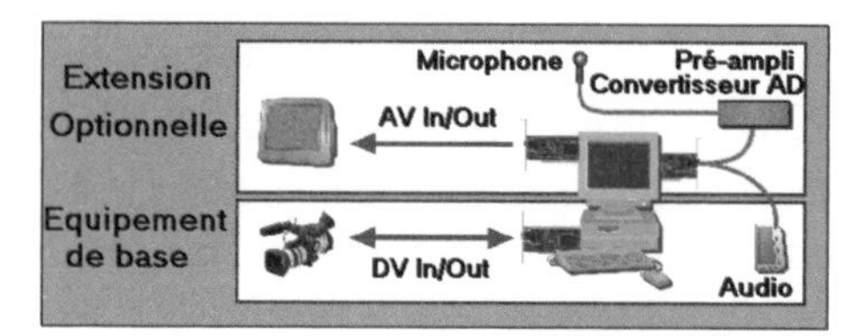

La carte d'acquisition vidéo est le seul équipement additionnel nécessaire : à elle seule, elle suffit pour transformer un PC moderne (donc forcément avec carte son) en un véritable poste de montage vidéo. Avec les cartes d'interface pour les appareils photo numériques et les enregistreurs vidéo, les données doivent être enregistrées en temps réel ; c'est ce qui explique qu'il y a quelques années encore, il fallait impérativement d'onéreux disques durs SCSI pour l'édition vidéo. Mais les temps ont bien changé et, aujourd'hui, n'importe quel disque dur IDE fait l'affaire.

Avec un équipement numérique, la carte d'acquisition vidéo DV est également le seul équipement complémentaire requis.

Un moniteur de contrôle facilite l'appréciation du film ; il peut être connecté à la deuxième sortie de la carte AV ou DV. Autre possibilité : le connecteur Cinch TV/Video d'une carte analogique complémentaire ou d'un caméscope DV débridé.

Premiere, l'interface entre les images numériques et votre créativité

Beaucoup de cartes d'acquisition vidéo sont accompagnées de Premiere. L'installation ne devrait en principe pas poser de problème. Pensez simplement à respecter scrupuleusement les recommandations du constructeur de la carte. Avec une carte Matrox RT2000 par exemple, il faut impérativement installer Premiere avant la carte et ses pilotes. Si aucun guide d'installation n'est fourni, renseignez-vous auprès du distributeur, sur Internet, ou directement auprès du constructeur.

Dans la suite, après quelques conseils, nous commencerons le travail effectif avec Premiere ; vous constaterez rapidement que son intervention ne se limite pas seulement au montage : c'est toute la technique de réalisation des films qui s'en trouve couverte. Bientôt, vous ne pourrez plus filmer sans penser à votre PC et à Premiere.

L'adaptation du poste de travail

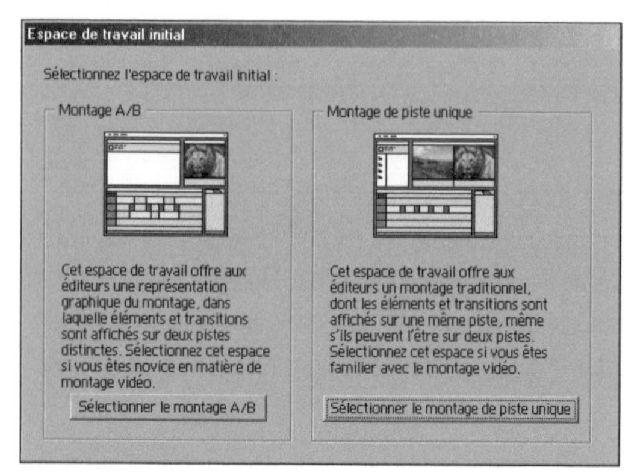

Au premier lancement, ou suite à la suppression du fichier contenant les paramètres par défaut (*Prem60.prf*), Premiere vous demande de choisir un espace de travail. Deux possibilités s'offrent à vous, selon vos habitudes :

- Montage A/B : deux pistes vidéo, avec piste de transition séparée, et une fenêtre **Moniteur** suffisent en général pour les projets simples.
- Montage de piste unique : les clips vidéo et les transitions sont placés sur la même piste dans ce mode de travail, mais deux fenêtres **Moniteur** sont affichées, l'une pour l'original, l'autre pour le résultat. Pour une édition correcte des effets et de la bande son, vous pouvez faire appel à des paramètres prédéfinis, accessibles par la commande **Fenêtre/Espace de travail**.

INFO

Définissez un espace de travail personnalisé

Les postes de travail PC ne se ressemblent pas tous : les périphériques diffèrent, la résolution d'affichage varie. Pour chaque tâche d'édition, vous avez la possibilité d'enregistrer un espace de travail spécifique adapté à vos habitudes et à votre façon d'agir. Par la commande *Fenêtre/Espace de travail/Enregistrer l'espace de travail*, vous enregistrerez vos paramètres. Ces espaces de travail personnalisés sont supprimés par la commande *Fenêtre/Espace de travail/Supprimer l'espace de travail*. En revanche, les quatre modes prédéfinis ne peuvent pas être supprimés.

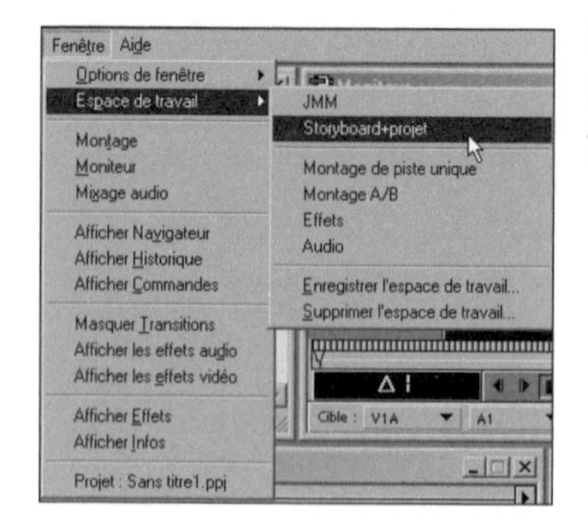

Pour passer d'un espace de travail à un autre, utilisez le sous-menu de la commande **Fenêtre/Espace de travail**.

INFO

Premiere 6 sur 2 moniteurs

Si vous avez la chance de disposer d'un système équipé de deux écrans, ou si vous envisagez de doter votre PC d'une deuxième carte graphique ou d'une carte graphique double (par exemple une Matrox G400 Dual Head), veillez au point suivant : Premiere n'a pas toujours un comportement optimal. Seules les palettes sont utilisables hors de l'espace de travail ! Si vous souhaitez une répartition plus poussée, vous devrez étendre l'espace de travail sur les deux écrans. Avec la commande *Agrandissement* de la barre des tâches de Windows (attention, pas le menu de Premiere), la fenêtre s'affiche en plein écran sur UN écran. Si vous saisissez la bordure de la fenêtre et si vous tirez vers l'autre écran, il se peut que vous ne puissiez pas franchir la limite du premier moniteur. Dans ce cas, faites glisser la barre de titre de la fenêtre dans le deuxième écran. Avec des résolutions d'affichage différentes, l'espace de travail n'est pas parfaitement ajusté.

Préparation du projet : les réglages de la carte vidéo et du projet

Avant de charger le premier clip, il est conseillé de configurer le projet ou de créer un modèle à partir de ces réglages. L'avantage du modèle est qu'il vous servira pour vos projets ultérieurs.

INFO

Configuration impérative avant de travailler avec les fichiers vidéo

Les paramètres du projet sont accessibles et modifiables à tout moment par la commande *Projet/Réglages du projet.* Cela dit, il est déconseillé de modifier ces paramètres lorsque l'édition des fichiers vidéo est en cours. Un changement de paramètre entraîne dans certains cas des modifications dans les clips du projet et impose parfois une conversion qui peut se solder par une perte de temps et de qualité.

Les réglages du projet

Voici comment régler un nouveau projet :

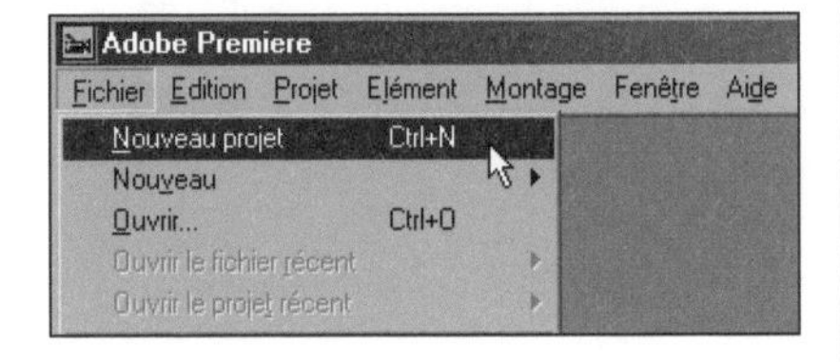

1 Activez la commande **Fichier/Nouveau projet**.

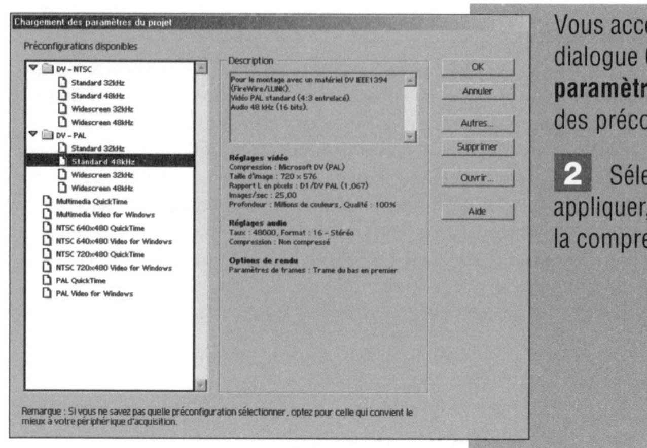

Vous accédez ainsi à la boîte de dialogue **Chargement des paramètres du projet**, proposant des préconfigurations.

2 Sélectionnez les réglages à appliquer, sur un plan global, pour la compression et le format.

Si aucun jeu de réglages prédéfinis ne vous convient et si le constructeur de votre carte d'acquisition vidéo ne fournit pas de conseils ou d'informations particulières, choisissez le jeu de réglages s'approchant au mieux des paramètres dont vous avez besoin, puis modifiez un à un ceux qui doivent l'être.

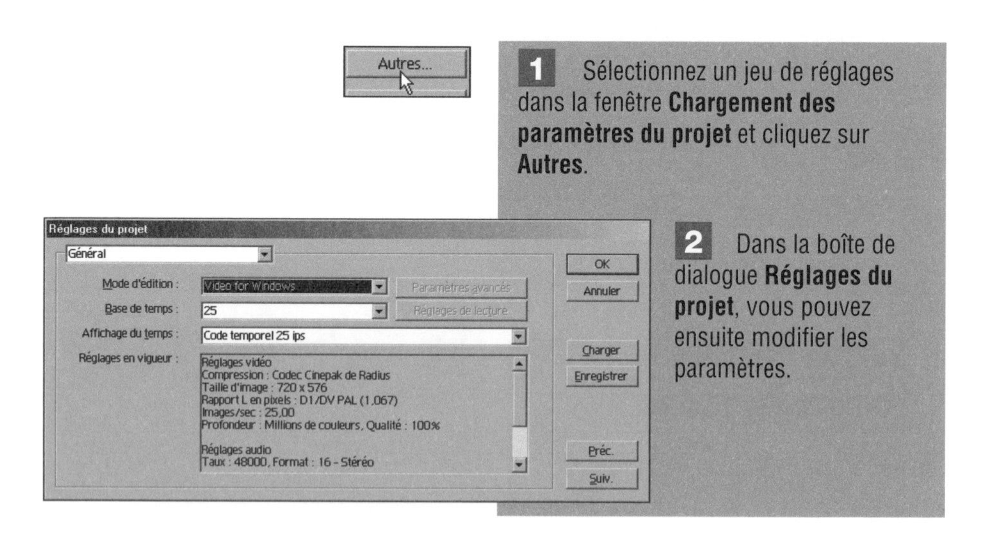

1 Sélectionnez un jeu de réglages dans la fenêtre **Chargement des paramètres du projet** et cliquez sur **Autres**.

2 Dans la boîte de dialogue **Réglages du projet**, vous pouvez ensuite modifier les paramètres.

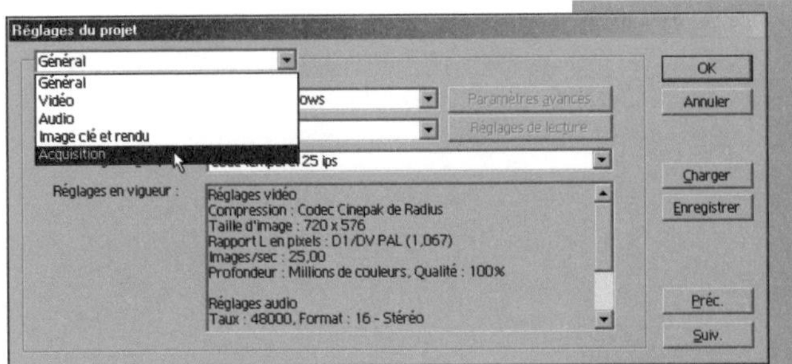

Cette boîte de dialogue est dotée de 6 rubriques : **Général**, **Vidéo**, **Audio**, **Image clé et rendu** et **Acquisition**. Dans le chapitre suivant, nous reviendrons en détail sur ces paramètres.

En option, lorsque vous aurez adapté les réglages, vous pouvez enregistrer le jeu de paramètres personnalisé en cliquant sur le bouton **Enregistrer**. Affectez-lui un nom, que vous retrouverez par la suite dans la liste des réglages de projets.

3 Validez par OK : les réglages s'appliquent à votre nouveau projet.

Vérification avec le tableau des réglages

Pour un nouveau projet, tel que nous l'avons créé au cours de la section précédente, nous avons réglé plusieurs domaines, que vous pourrez vérifier et contrôler à tout moment en ouvrant le tableau des réglages (**Projet/Tableau des réglages**).

Les réglages englobent dans tous les domaines les paramètres vidéo et audio, la compression et les paramètres de rendu.

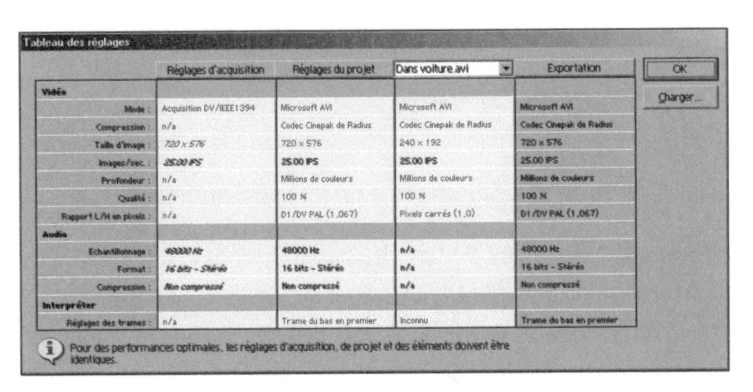

	Réglages d'acquisition	Réglages du projet	Dans voiture.avi	Exportation
Vidéo				
Mode :	Acquisition DV/IEEE1394	Microsoft AVI	Microsoft AVI	Microsoft AVI
Compression :	n/a	Codec Cinepak de Radius	Codec Cinepak de Radius	Codec Cinepak de Radius
Taille d'image :	720 x 576	720 x 576	240 x 192	720 x 576
Images/sec. :	25.00 IPS	25.00 IPS	25.00 IPS	25.00 IPS
Profondeur :	n/a	Millions de couleurs	Millions de couleurs	Millions de couleurs
Qualité :	n/a	100 %	100 %	100 %
Rapport L/H en pixels :	n/a	D1/DV PAL (1,067)	Pixels carrés (1,0)	D1/DV PAL (1,067)
Audio				
Echantillonnage :	48000 Hz	48000 Hz	n/a	48000 Hz
Format :	16 bits - Stéréo	16 bits - Stéréo	n/a	16 bits - Stéréo
Compression :	Non compressé	Non compressé	n/a	Non compressé
Interpréter				
Réglages des trames :	n/a	Trame du bas en premier	Inconnu	Trame du bas en premier

Pour des performances optimales, les réglages d'acquisition, de projet et des éléments doivent être identiques.

Les paramètres posant problème sont signalés en rouge dans le tableau ci-contre.

Une indication en rouge signale une incohérence entre les paramètres d'un clip importé (troisième colonne) et ceux du projet. Si ce clip intervient dans le film, il devra être recalculé. Les colonnes correspondent aux domaines suivants :

1 *Réglages d'acquisition* : il s'agit des paramètres d'image définis pour l'acquisition de nouvelles séquences vidéo.

2 *Réglages du projet* : ces paramètres s'appliquent aux calculs de rendu pour la prévisualisation (transition, effets, etc.).

3 *Réglages du clip* : les clips d'un projet peuvent ainsi être testés.

4 *Réglages d'exportation* : peu important pour la vitesse et la qualité de travail.

Quels sont les bons réglages ?

Lors de l'acquisition, les clips sont intégrés avec les réglages prédéfinis ou personnalisés. Mais si vous importez un fichier existant, jetez un coup d'œil au tableau des réglages, pour vérifier si le format importé est adapté à vos paramètres. Des temps de calcul longs et des pertes de qualité, résultant d'opérations de conversion ou de compression, sont en général liés à des incohérences dans les paramètres.

Quels sont les jeux de réglages disponibles ?

Chaque carte d'acquisition vidéo est en principe accompagnée de jeux de réglages prédéfinis (*Presets*), adaptés au matériel. Ces jeux de réglages sont accessibles à Premiere via les pilotes du constructeur de la carte, en liaison avec les codecs.

Le standard DV - les cartes analogiques avec des formats variés

Avec DV, tout est parfaitement clair : les formats sont en principe toujours homogènes.

En revanche, avec des cartes analogiques, il y a lieu de faire très attention. Si le film doit être enregistré en format analogique, il faut impérativement choisir une compression fondée sur un format compatible avec la sortie vidéo de la carte (pour la plupart des cartes, par exemple les modèles Pinnacle ou FAST, il s'agit du format M-JPEG). Dans le cas contraire, vous n'éviterez pas de recalculer l'ensemble du film.

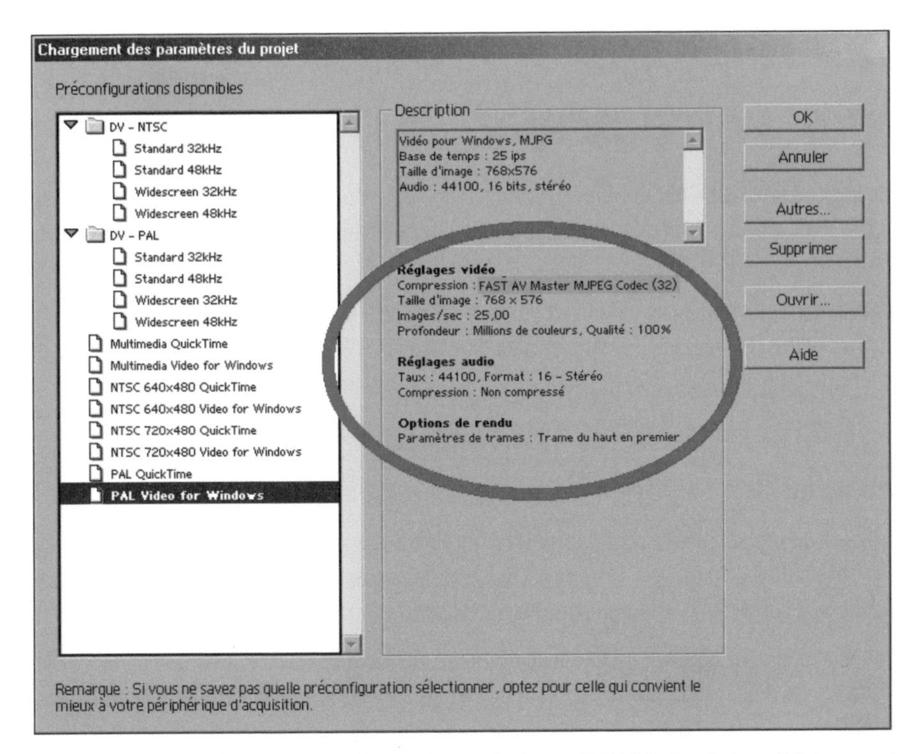

Autres cartes, autres formats : avec les cartes analogiques DVD-Master, le travail interne est effectué avec un module MPEG ; c'est donc le format MPEG qui s'impose. Avec les cartes d'acquisition analogiques, le format est lié aux choix faits par le constructeur. Vous trouverez toutes les informations requises dans les documents accompagnant la carte.

Si la carte analogique est correctement installée, vous trouverez en principe dans Premiere les réglages correspondants sous la mention *PAL Vidéo for Windows.*

INFO

Diffusion analogique via une caméra DV

Si vous utilisez une caméra DV et un format analogique, vous pouvez recourir à la sortie AV de la caméra (celle-ci doit pour cela disposer d'une entrée DV et être débridée). Envoyez le film terminé à la caméra, et utilisez le connecteur Cinch ou le connecteur S-VHS-DIN (faisant office de sortie TV) pour brancher un enregistreur analogique (Beta-SP, S-VHS, VHS). Sur certains caméscopes (par exemple la version professionnelle du Sony VX-2000 : le DSR-PD150P), cette option doit être activée dans le menu.

Des réglages optimaux pour votre projet

Avec la prise en charge de nombreux formats vidéo et le Crossmedia, Premiere met à la disposition du plus grand nombre des fonctionnalités qui étaient jusqu'à présent l'apanage des professionnels.

Parallèlement aux nouvelles qualités d'entrées, et grâce à sa structure ouverte, Premiere offre des possibilités de créer les formats les plus divers, avec l'aide de codecs ou de plug-ins (vidéo numérique pour Internet, VCD et DVD).

Les réglages nécessaires à cette fin sont accessibles en deux endroits.

Définition des réglages du projet

Au départ, un projet doit être doté d'un certain nombre de paramètres, pour optimiser le montage et les possibilités de diffusion. Si votre carte d'acquisition est accompagnée de jeux de réglages prédéfinis, il suffit de les charger, comme nous l'avons évoqué précédemment.

Si vous ne disposez pas d'un matériel de montage vidéo, mais seulement d'une carte TV, il est nécessaire de définir manuellement ces paramètres ou de personnaliser un jeu de réglages prédéfinis.

Spécification du film à exporter

Pour la diffusion d'un film, vous ferez appel aux boîtes de dialogue que nous allons examiner en détail. Dans le cas normal, ces paramètres doivent être en cohérence avec les réglages du projet, même si, pour certains usages complémentaires (par exemple une sortie sur CD-Rom), vous aurez peut-être à modifier certains paramètres ou à charger un autre jeu de réglages.

Le détail des boîtes de dialogue

La personnalisation des réglages est entreprise au travers d'un ensemble de 5 boîtes de dialogues :

- **Général** ;
- **Vidéo** ;
- **Audio** ;
- **Image clé et rendu** ;

- **Acquisition** (uniquement réglages du projet)
- **Fonctions spéciales** (uniquement réglages pour l'exportation).

Les boutons **Préc.** et **Suiv.** permettent de passer facilement d'une boîte à l'autre.

Lorsque tous les paramètres sont au point, le profil personnalisé peut être sauvegardé par le bouton **Enregistrer**.

Général

C'est là que vous fixerez la base de votre projet.

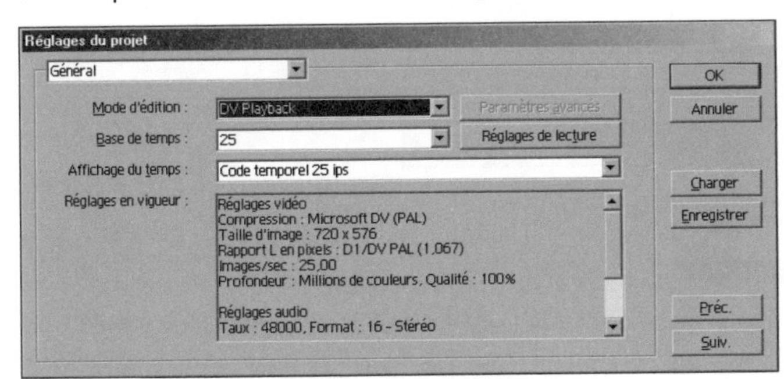

- *Mode d'édition* : à choisir entre *QuickTime, Video for Windows* ou *DV Playback*. Avec certaines cartes vidéo, une option supplémentaire est disponible : si c'est le cas pour vous, choisissez cette mention.

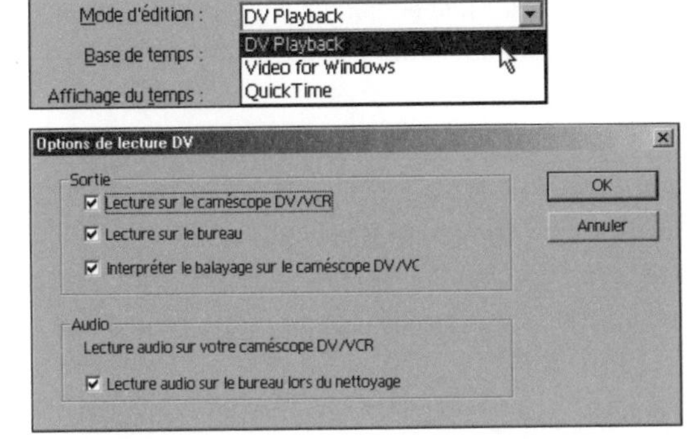

- *Réglages de lecture* : ce bouton est disponible si vous avez choisi une préconfiguration DV. Il livre des possibilités de paramétrage complémentaires liées à des modules spécifiques à la carte vidéo.

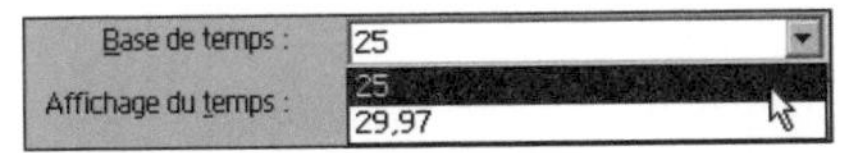

- *Base de temps* : cette base de temps est nécessaire à Premiere, pour calculer correctement les points de montage. Pour une vidéo PAL, il s'agit de la valeur 25 ips (c'est-à-dire images par secondes) ; pour NTSC, la base de temps est de 29,97 ips et pour un film cinéma elle est de 24 ips.

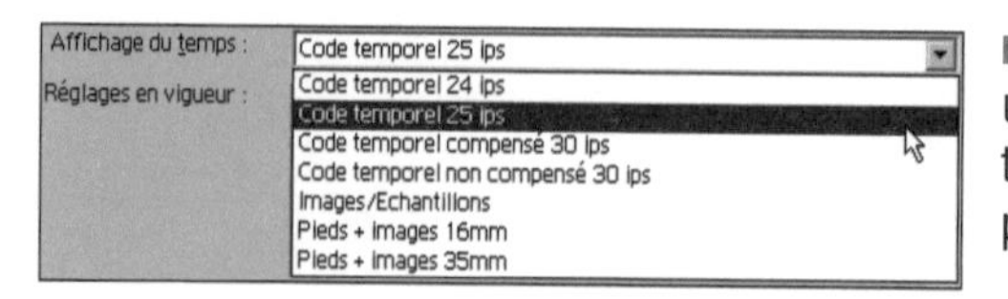

■ *Affichage du temps* : définition des unités de l'échelle des temps dans la fenêtre **Montage**. En général, vous opterez pour la mention *Code temporel 25 ips*.

Vidéo

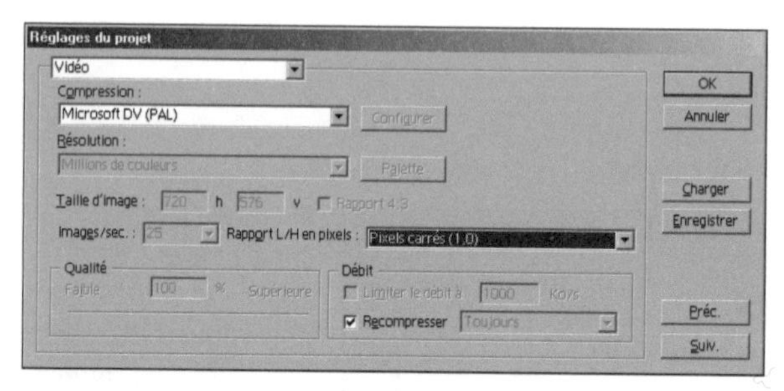

Il s'agit des réglages de projet ou d'exportation.

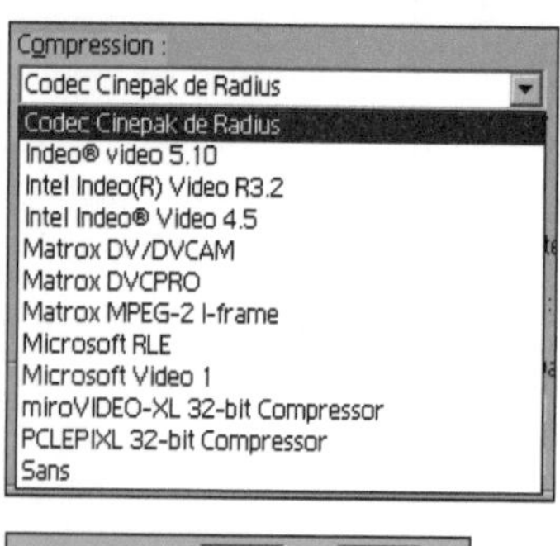

■ *Compression* : dans cette liste de codecs, vous choisirez celui que Premiere doit exploiter pour créer les prévisualisations. Les options proposées sont liées aux choix opérés dans la boîte de dialogue **Général**, en matière de mode d'édition. Pour les cartes vidéo, il est nécessaire de choisir un codec spécifique.

■ *Résolution* : il s'agit en fait de la profondeur de couleurs, c'est-à-dire du nombre de couleurs à restituer.

Taille d'image : 720 h 576 v

■ *Taille d'image* : la dimension des images vidéo, exprimée en pixels. Avec la grande majorité des jeux de réglages prédéfinis, cette taille est fixe (non modifiable) et liée à des codecs spécifiques. Pour DV, il s'agit en principe de 720 x 576 pixels.

■ *Rapport* : pour une vidéo analogique enregistrée, choisissez le rapport *4:3*. Avec une vidéo D1/DV1 NTSC, décochez cette option.

■ *Images/sec.* : la valeur de fréquence d'images pour la diffusion vidéo est, en général, de 25 ips. Pour une vidéo NTSC, ce taux d'images sera de 29,97 ips et, pour un CD multimédia, vous choisirez par exemple la parcimonie, avec un taux de 15 ips.

■ *Rapport L/H en pixels* : définit le rapport largeur/hauteur des pixels individuels.

■ *Qualité* : avec certains codecs, la qualité est réglable. Plus cette qualité est élevée, plus la vidéo occupera de place sur le disque dur, et plus le système devra faire preuve de performances élevées.

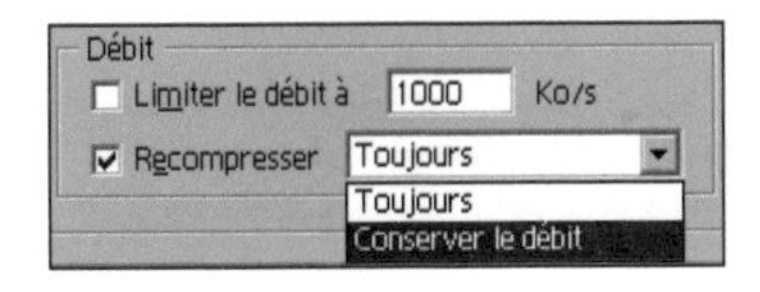

■ *Débit* : par la saisie d'une valeur fixe, le flux vidéo peut être limité, pour éviter de surcharger le système.

Audio

Cette boîte de dialogue regroupe les réglages en matière audio.

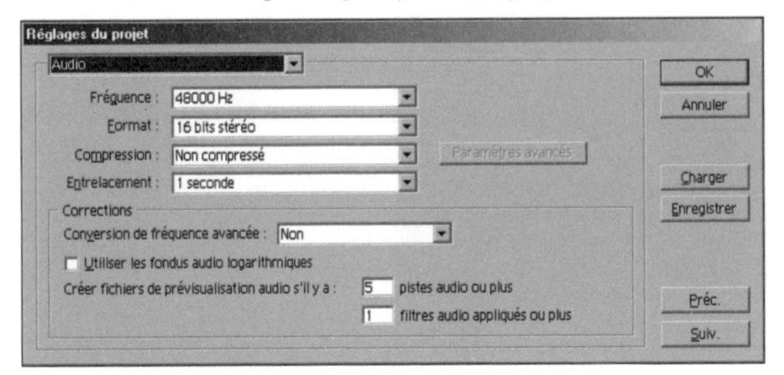

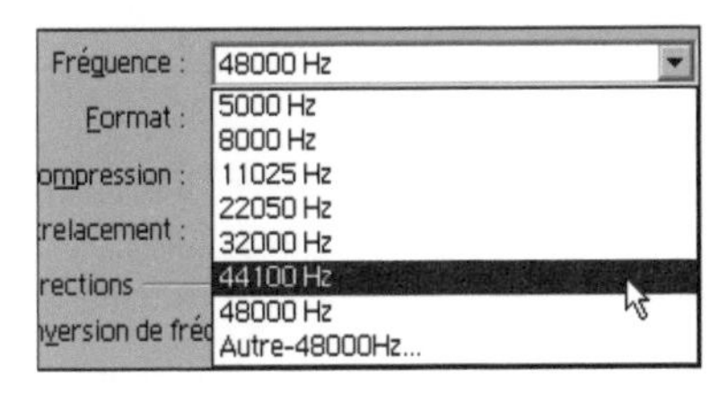

■ *Fréquence* : ce paramètre sert à définir le taux d'échantillonnage lors de la diffusion de clips audio ou de pistes audio dans les clips vidéo. Pour éviter les conversions, cette valeur doit être la même que pour le clip enregistré.

■ *Format* : plus le nombre de bits est élevé, meilleur sera le son (à condition qu'il ait également été enregistré ainsi). Mais, en contrepartie, il occupera plus de place sur le disque dur.

■ *Stéréo* : si le son est en stéréo, le besoin en espace disque double. Là encore, l'option choisie doit être la même que celle utilisée lors de l'enregistrement du clip.

Pour une exportation vers le web, limitez le son à une piste mono et passez en 8 bits si la largeur de bande est réduite.

■ *Compression* : le codec sélectionné dans ce champ est utilisé par Premiere pour la lecture du clip dans la fenêtre **Montage**. Il doit correspondre à celui du clip à monter.

■ *Entrelacement* : ce paramètre définit la fréquence à laquelle les blocs audio sont insérés dans les blocs vidéo du fichier. Avec une valeur de 1 image, le son correspondant à la durée de l'image lue est chargé en mémoire vive, de sorte à pouvoir être lu jusqu'à l'apparition de l'image suivante.

■ *Utiliser les fondus audio logarithmiques* : si cette option est activée, les variations sonores (augmentation ou réduction du gain) semblent plus naturelles qu'avec une courbe linéaire.

INFO

Créez des fichiers de prévisualisation audio

Si, utilisant plus de 20 pistes audio ou plus de 20 effets audio, vous sentez que les capacités de traitement en temps réel du processeur sont dépassées, nous vous conseillons de créer un fichier de prévisualisation audio.

Image clé et rendu

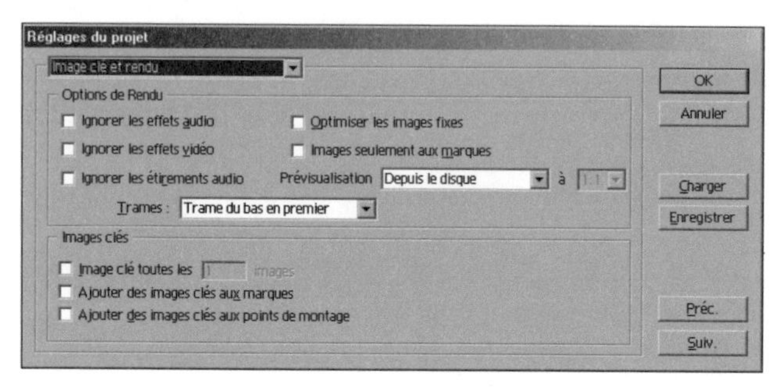

■ *Ignorer les effets audio/ Ignorer les effets vidéo* : activez cette case pour interpréter le clip sans les filtres et les effets qui lui ont été appliqués.

■ *Ignorer les étirements audio* : si cette option est activée, l'audio est lu sans tenir compte du réglage des étirements de la fenêtre **Montage** pour les fondus et les panoramiques audio. Avec des projets complexes, elle permet souvent de gagner du temps au niveau des calculs.

■ *Optimiser les images fixes* : en cas de difficulté lors de la lecture des images fixes, il se peut que Premiere rencontre des difficultés à effectuer la conversion interne pour optimisation, parce que le matériel vidéo ne prend pas cette opération en charge. Dans ce cas, désactivez cette case.

■ *Images seulement aux marques* : cette option limite le rendu aux images affectées d'une marque, dans la fenêtre **Montage**.

■ *Prévisualisation* : choisissez l'option *Depuis le disque* pour prévisualiser les montages, les transitions et les effets à la vitesse finale. Dans ce cas, Premiere crée un fichier de prévisualisation dans un dossier spécialement prévu pour cela.

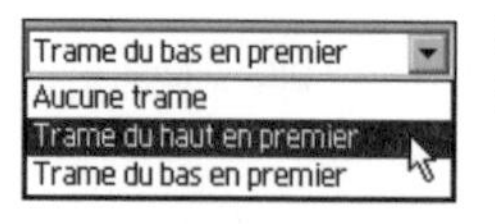

■ *Trames* : permet de choisir l'ordre dans lequel les trames du haut et du bas sont lues.

■ *Options d'images clés* : si le codec utilisé prend en charge les images clés de compression, trois options sont proposées :

■ *Image clé toutes les x images* : il s'agit du nombre d'images après lequel le codec doit créer une image clé de compression, lors de l'exportation vidéo.

■ *Ajouter des images clés aux marques* : avec cette option, une image clé de compression est créée au niveau de chaque marque.

■ *Ajouter des images clés aux points de montage* : une image clé de compression est créée entre chaque élément, c'est-à-dire en principe entre des transitions brutales dans le contenu de l'image.

Acquisition (réglages de projet uniquement)

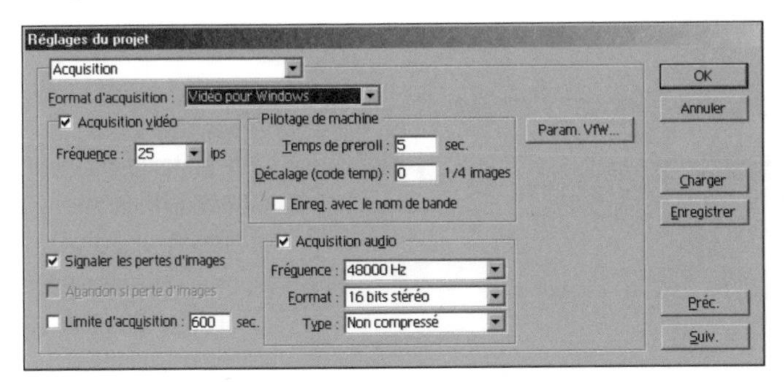

■ *Format d'acquisition* : en fonction du format de fichier choisi (*QuickTime*, *Vidéo pour Windows* ou un format spécifique à la carte d'acquisition), les options de cette boîte de dialogue changent dans les rubriques *Acquisition vidéo* et *Acquisition audio*. En plus, des boutons spécifiques sont générés (ici, par exemple, le bouton **Param. VfW** pour l'accès à des options supplémentaires). Si la connexion avec le pilote d'acquisition est impossible, l'ensemble de la boîte de dialogue reste vierge.

■ *Acquisition vidéo/Acquisition audio* (cases à cocher) : sélectionnez ces options pour activer ou désactiver l'acquisition vidéo ou audio.

■ *Acquisition vidéo/Acquisition audio* (paramètres) : ces paramètres sont fonction des réglages mis à disposition par le format d'acquisition choisi. Si vous avez par exemple opté pour le format *Vidéo pour Windows*, vous pourrez définir la fréquence d'images de l'acquisition vidéo ainsi que la fréquence, le format et le type (codec) de l'acquisition audio.

■ *Pilotage de machine* : les trois réglages de cette rubrique sont tous liés à l'enregistreur/lecteur à piloter :

- ■ *Temps de preroll* : dans une acquisition avec pilotage de matériel, spécifiez le nombre de secondes avant le point d'entrée où doit démarrer l'acquisition. Ce paramètre permet d'obtenir une image parfaitement stable dès le début de l'acquisition. La valeur appropriée varie selon le type de matériel utilisé. En l'absence d'information dans le manuel de l'enregistreur ou du lecteur, sachez qu'une augmentation du temps de preroll permet parfois de régler certains problèmes.
- ■ *Décalage du code temporel* : dans une acquisition avec pilotage de matériel, précisez le décalage (en quarts d'images) du code temporel sur la vidéo capturée, correspondant à l'image correcte sur la bande originale. Ce paramètre permet d'ajuster au mieux le code temporel de l'original avec le clip enregistré.
- ■ *Enreg. avec le nom de bande* : dans une acquisition avec pilotage de matériel, cette option permet d'utiliser le nom de bande spécifié dans la liste d'acquisition.

■ *Signaler les pertes d'images* : avec cette option, la fenêtre **Propriétés** s'affiche en fin d'acquisition et vous informe de la perte d'une ou de plusieurs images.

■ *Abandon si perte d'images* : cette option interrompt l'acquisition dès qu'une image au moins est perdue lors de la numérisation d'un élément.

■ *Limite d'acquisition* : indiquez la durée maximale (en secondes) de l'acquisition vidéo au cours d'une session unique dans Premiere.

Correction (uniquement pour l'exportation)

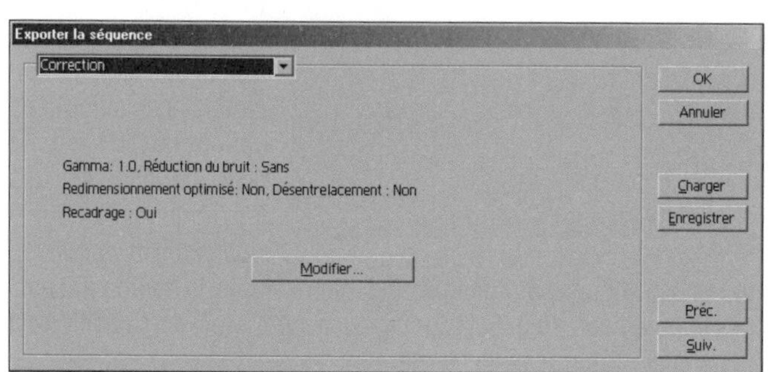

Cette boîte de dialogue permet de recadrer ou de filtrer la vidéo à exporter. Elle livre une vue d'ensemble des paramètres actifs.

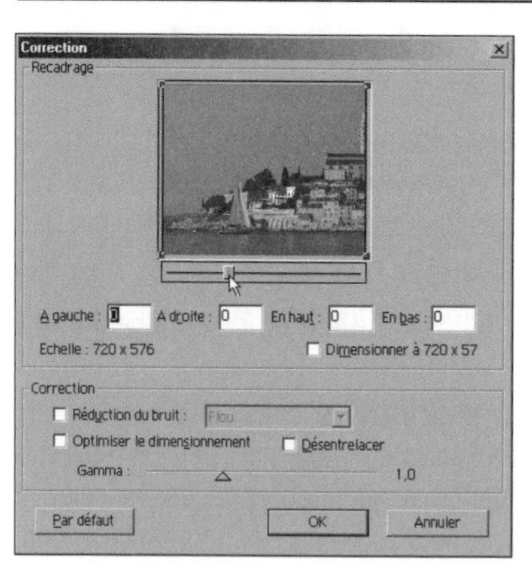

Le bouton **Modifier** permet d'accéder à la boîte de dialogue suivante.

Dans la fenêtre du haut, la vidéo à exporter peut être parcourue pour juger, directement dans l'image, des modifications entreprises.

Les champs numériques servent à recadrer l'image en vue de sa réduction.

■ *Dimensionner à n x n* : si cette option est active, la vidéo recadrée est agrandie à la taille d'image initiale.

■ *Réduction du bruit* : cette option améliore l'efficacité de la compression. Choisissez *Flou*, *Flou gaussien* ou *Médiane* pour créer un flou léger, plus prononcé ou préservant la netteté des contours.

■ *Optimiser le redimensionnement* : si vous avez recadré ou redimensionné le clip dans cette boîte de dialogue, vous pouvez demander à Premiere de mettre en œuvre une méthode de redimensionnement évoluée, aux meilleurs résultats.

■ *Désentrelacer* : cette option élimine la trame secondaire de la vidéo entrelacée et détermine les lignes de la trame dominante par interpolation.

- *Gamma* : en cas de modification de la valeur de base de 1,0, la vidéo semblera plus claire ou plus sombre, ce qui permet d'adapter sa restitution à certains matériels.

Le format de votre vidéo

Si l'idée vous venait de répertorier tous les codecs vidéo et audio existants, vous aboutiriez à une liste d'une longueur rédhibitoire. Pour le montage et l'exportation vidéo, il n'y en a heureusement que quelques-uns qui sont importants.

Le codec

Codec est une combinaison des mots "codage-décodage". Il s'agit de la description d'une image, d'une série d'images ou d'informations audio, selon un principe préétabli de cryptage. Certains sont livrés avec Windows, d'autres sont ajoutés lors de l'installation de Premiere. Les codecs peuvent également être installés séparément ; ils seront disponibles au prochain démarrage de Windows.

La compression

Dans le cas des données médias, le cryptage est essentiellement le résultat d'une compression. On distingue deux types de compression.

Compression temporelle

Un procédé de compression temporelle ne prend pas seulement en considération les images individuelles du flux vidéo, mais les modifications dans les informations sur une série d'images.

MPEG est un format vidéo largement répandu, qui met en œuvre ce procédé. La première image est définie comme image index (i-Frame) et compressée.

Pour les images suivantes (B-Frames et P-Frames), seules les modifications par rapport à l'image précédente sont enregistrées, d'où un substantiel gain de place. Prenons l'exemple d'un oiseau volant au travers d'un paysage totalement immobile : pour l'image suivante, seule la zone de l'oiseau fera l'objet d'un enregistrement, puisque tout le reste du décor reste inchangé.

Pour une diffusion continue d'un flux vidéo (Video-CD, DVD, TV numérique), ce procédé est parfaitement adapté.

En revanche, pour le montage vidéo, cela suppose au préalable le calcul de la grande majorité des images à partir de leur prédécesseur, ce qui n'est pas pratique. Pour le montage, le deuxième procédé, la compression spatiale, est plus indiqué.

Compression spatiale

Dans ce principe, l'algorithme de compression traite chaque image individuellement et cherche à la réduire en analysant son contenu. Par l'application de certains procédés, il est ainsi possible de regrouper les grandes surfaces d'une même couleur (par exemple un ciel bleu) et gagner ainsi de la place.

À l'instar du codec JPEG, en vogue dans le domaine de la retouche d'images, la vidéo utilise le format M-JPEG (Motion-JPEG) qui, en résumé, représente une série d'images JPEG. Ce procédé est employé pour la numérisation avec un grand nombre de cartes d'acquisition vidéo.

Notez que le procédé MPEG de compression temporelle peut également intervenir d'une certaine manière comme format de compression spatiale, lorsqu'il est employé comme "I-Frame only". Dans ce cas, chaque image individuelle est traitée comme une image clé de compression, ce qui a pour avantage de permettre des coupes à n'importe quel endroit du clip.

Quel est le bon codec ?

Les cartes d'acquisition vidéo sont pléthore, et les solutions mises en œuvre par les constructeurs sont innombrables. Le choix de la qualité et du codec est essentiellement fonction du résultat final demandé pour le projet. Si le film doit être diffusé par l'intermédiaire de la carte vidéo, prenez le codec prévu par le constructeur de la carte. Si le film doit être enregistré dans son format définitif sur le PC (par exemple en VCD), vous avez toute latitude pour choisir le format le mieux adapté à la qualité finale requise. Parcourez à cet effet le tableau répertoriant les divers formats vidéo, à la fin de cette introduction. Le codec d'édition doit logiquement correspondre au codec d'enregistrement. En principe, un codec optimisé dans ce sens accompagne votre carte d'acquisition ; il apparaît sous la forme d'une ou plusieurs préconfigurations dans le projet ou les paramètres d'exportation, après activation du bouton **Charger**.

Intégration de la vidéo et du son

Une fois le tournage achevé, la première tâche au poste de montage est le transfert du matériel ainsi enregistré sur le disque dur. La version 6 de Premiere propose à cet effet de nouvelles fonctions : une interface IEEE vierge suffit ; tout le reste est fourni par la fonction *Acquisition vidéo.* Si vous disposez d'une carte mieux équipée qu'une simple interface IEEE, vous aurez le choix entre l'utilitaire d'acquisition livré par le constructeur de la carte ou cette fonction *Acquisition vidéo* de Premiere. Cette dernière exploite le pilote de la carte et met à votre disposition une interface utilisateur adaptée à Premiere. Avec l'acquisition d'autre matériel vidéo ou audio (par exemple une musique de fond), vous devrez jongler avec les médias ; à ce titre, Premiere fait preuve d'un étonnant talent d'organisateur, en permettant une vue synthétique de l'ensemble du projet.

Transfert de vidéo sur le disque dur

Les capacités actuelles des disques durs permettent de stocker des bandes vidéo complètes : pour un montage numérique non linéaire sur le PC, il est impératif de transférer le matériel vidéo sur le disque dur. Lors de l'édition de la vidéo numérique, il ne vous faut, dans le meilleur des cas, qu'un câble pour relier la platine à l'ordinateur. Par cette liaison, Premiere est également en mesure de piloter le caméscope DV ou l'enregistreur DV.

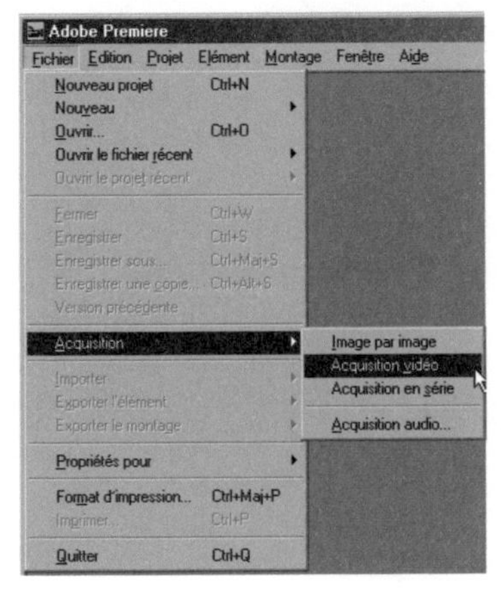

Dans le cas d'un enregistreur analogique, il faut une possibilité de pilotage via une interface série : à défaut, vous en serez réduit à démarrer la caméra ou l'enregistreur par la méthode habituelle, c'est-à-dire manuellement.

La boîte de dialogue d'acquisition s'ouvre par la commande **Fichier/Acquisition/Acquisition vidéo**.

Selon que vous possédez une carte d'acquisition analogique ou DV, vous ne disposerez que d'un bouton de démarrage de l'enregistrement ou vous pourrez accéder à des contrôles de pilotage confortables et bien pratiques de l'appareil DV.

Acquisition "live" : enregistrement par les touches de contrôle

La méthode la plus simple est l'acquisition par les touches de contrôle :

1 Activez la commande **Fichier/ Acquisition/Acquisition vidéo**.

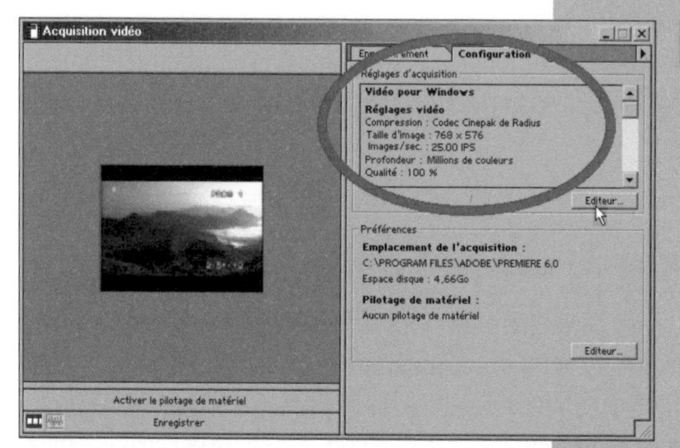

2 Tout est réglé et prêt pour l'enregistrement ? Le format d'acquisition a été défini dans les réglages du projet : vérifiez-le une dernière fois sous l'onglet **Configuration**.

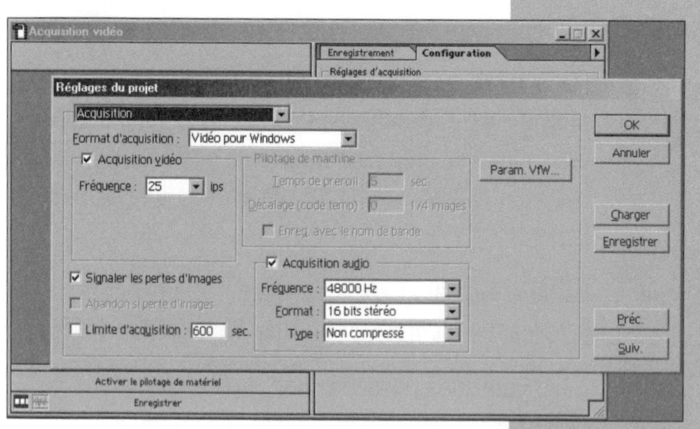

3 Corrigez au besoin les réglages erronés : la liste *Réglages d'acquisition* livre une vue d'ensemble des paramètres et, en particulier, des options de compression : elles doivent absolument s'harmoniser avec le matériel utilisé. Le cas échéant, un clic sur le bouton **Éditeur** permet d'accéder à la boîte de dialogue **Réglages du projet**, pour entreprendre les modifications.

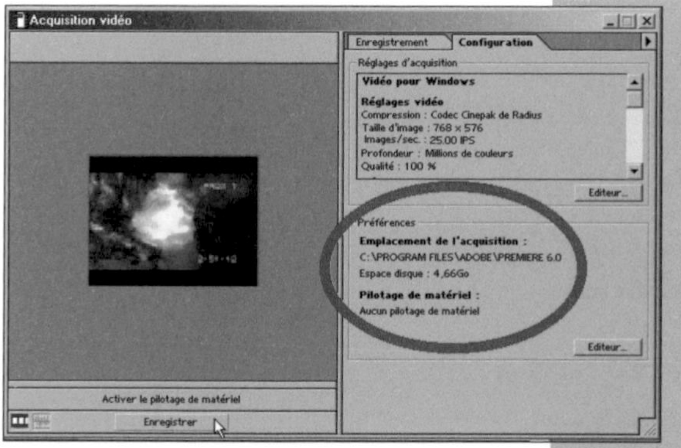

4 La rubrique *Préférences* indique le disque dur utilisé actuellement pour le stockage de l'acquisition et le dossier prévu à cet effet. Au départ, ces acquisitions sont rangées dans le dossier du programme. Si vous travaillez avec des fichiers vidéo volumineux, nous vous conseillons cependant d'affecter une partition ou un disque dur complémentaire pour leur stockage. Le lieu d'enregistrement est modifiable par un clic sur le bouton **Éditeur**.

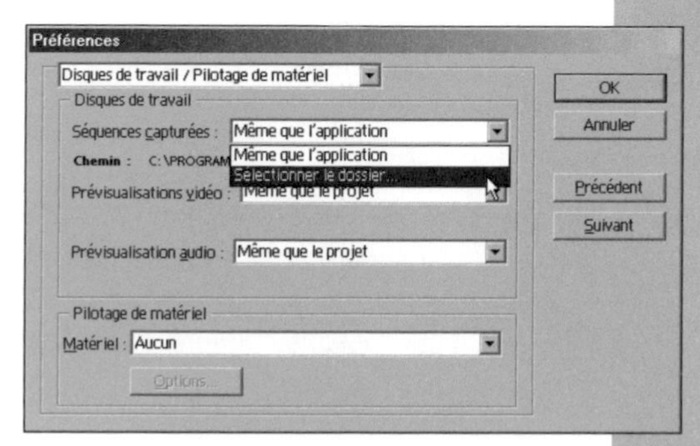

5 Modifiez ensuite le lieu d'enregistrement.

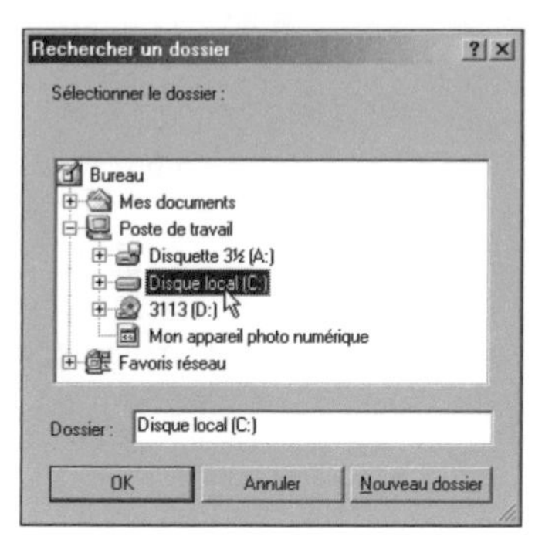

Également intéressant, mais non indispensable : une organisation par projets des clips, avec des dossiers et des sous-dossiers. Passez au besoin dans un de vos dossiers de travail. Le rangement du disque dur en sera considérablement facilité.

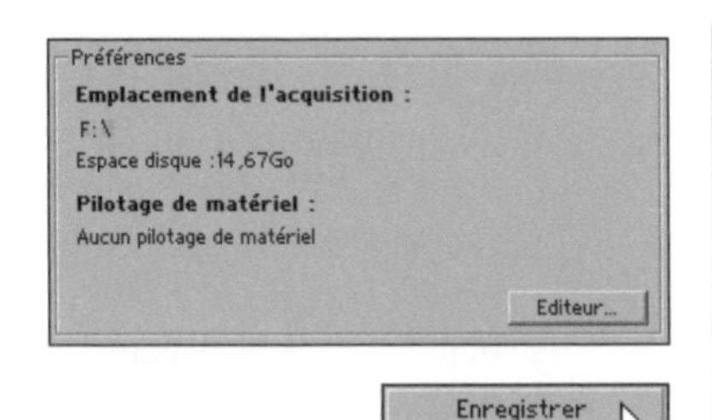

Le lieu de stockage choisi est affiché sous l'onglet **Configuration**, avec l'espace disponible.

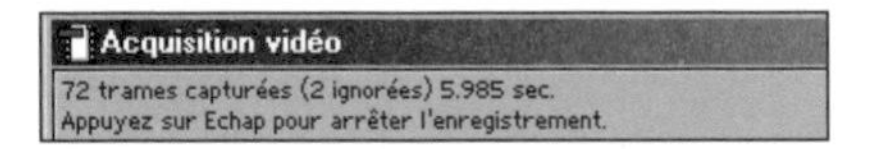

6 Il reste à déclencher l'acquisition en cliquant sur le bouton **Enregistrer**, ou sur le bouton d'enregistrement rouge (si les touches de pilotage du matériel sont affichées). L'enregistrement commence instantanément ; ce qui apparaît dans la fenêtre de prévisualisation est stocké sur le disque dur.

7 Vous pouvez suivre l'enregistrement et son état dans la zone au-dessus de l'aperçu.

Premiere affiche l'état de l'enregistrement, tel que livré en retour par le pilote. Les images problématiques, celles qui n'ont pas pu être enregistrées, sont purement et simplement ignorées, leur nombre étant affiché.

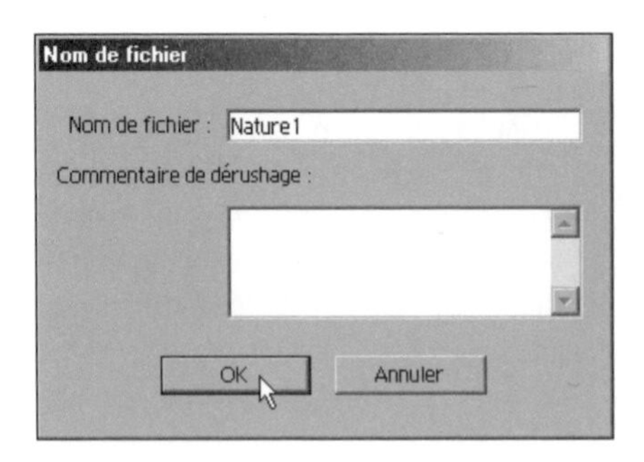

8 Arrêtez l'acquisition d'un clic sur le bouton d'arrêt (en cas de pilotage matériel), en activant la touche [Echap] ou en cliquant avec le bouton droit de la souris dans la fenêtre. Une boîte de dialogue s'ouvre, dans laquelle vous saisirez un nom pour la scène enregistrée, ainsi qu'un éventuel commentaire de dérushage.

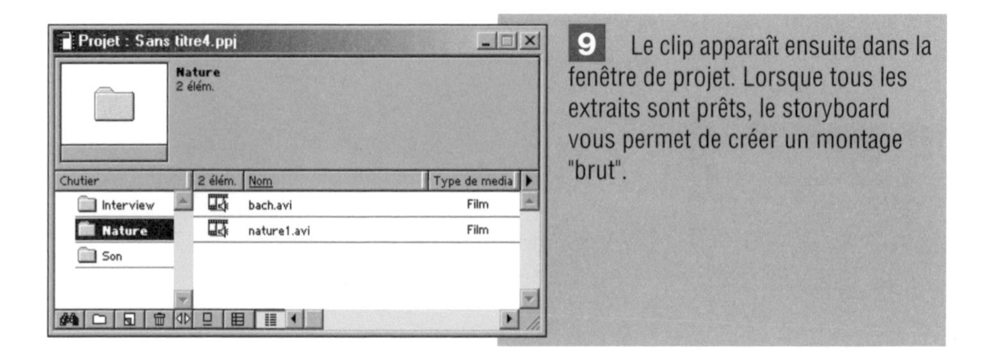

9 Le clip apparaît ensuite dans la fenêtre de projet. Lorsque tous les extraits sont prêts, le storyboard vous permet de créer un montage "brut".

Pilotage de la platine DV par les touches de Premiere

Toutes les données nécessaires, images, son, code temporel et même les commandes de pilotage de l'enregistrement, peuvent être transmises via Firewire.

Avec une carte d'acquisition analogique, Premiere n'affiche pas de touches de pilotage ; mais, même avec une carte DV, il arrive que ces touches ne soient pas présentées. Elles ne sont affichées qu'en cas de communication réussie avec un appareil DV.

Si l'interface DV est correctement installée, vous verrez apparaître le moniteur, avec les touches de pilotage. Les doubles flèches permettent le défilement rapide avant ou arrière, la flèche vers la droite lit le film et le carré arrête la platine. Pour enregistrer une séquence vidéo, procédez comme avec un lecteur de cassettes : activez le bouton marqué d'un cercle rouge pour démarrer l'acquisition et cliquez sur le bouton avec le carré pour l'interrompre.

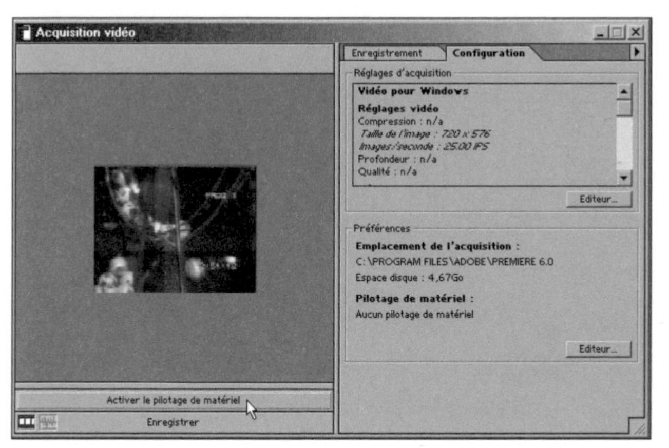

Si le pilotage de l'appareil doit intervenir manuellement (par exemple si la communication avec le lecteur ne fonctionne pas), procédez ainsi :

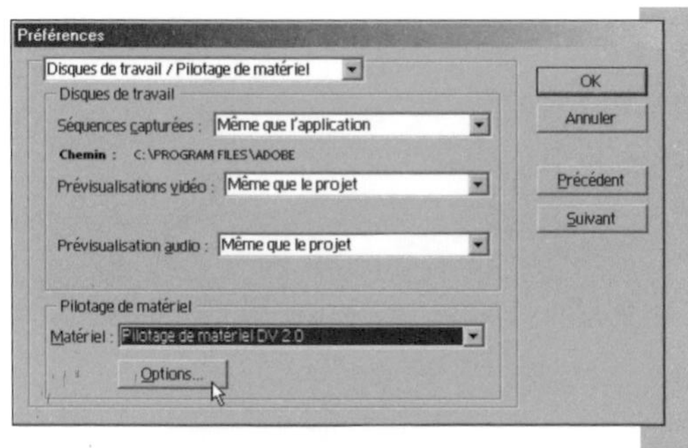

1 Dans la boîte de dialogue **Acquisition vidéo**, cliquez sur le bouton **Activer le pilotage de matériel** pour accéder à la boîte de dialogue **Préférences**.

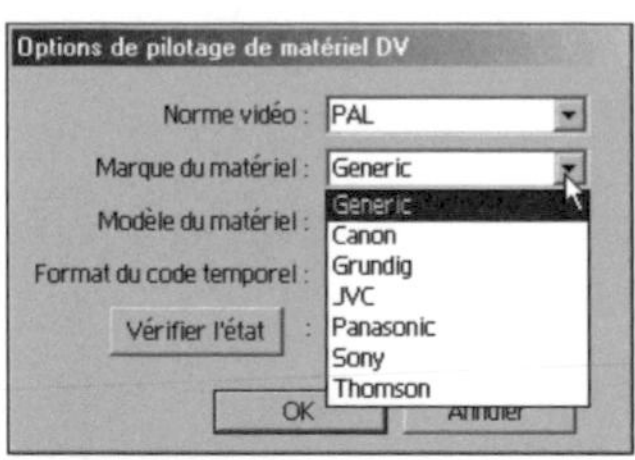

2 Cliquez sur le bouton **Options** et configurez le pilotage du matériel.

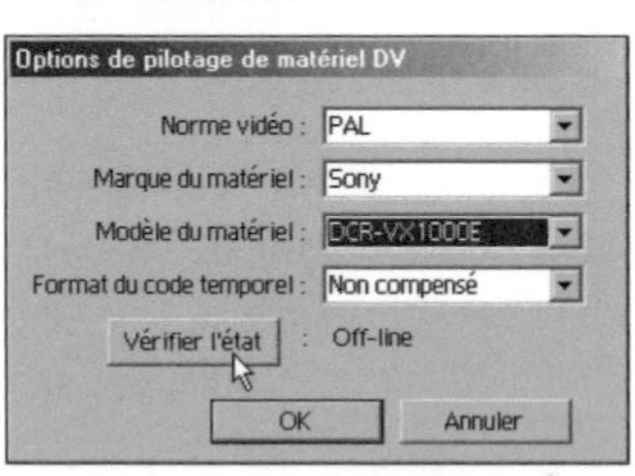

3 Définissez la marque et le modèle de votre caméra DV et vérifiez la communication en cliquant sur le bouton **Vérifier l'état**.

4 Si la communication est correcte, vous pouvez travailler avec les touches de pilotage.

Également avec DV - acquisition en live par les touches de pilotage

La méthode la plus simple est l'acquisition par touches de pilotage.

1 Démarrez la platine vidéo, et cliquez sur le bouton marqué du cercle rouge, pendant que la vidéo défile. L'enregistrement démarre instantanément ; ce que vous voyez dans la fenêtre d'aperçu est sauvegardé sur le disque dur.

2 Arrêtez l'enregistrement d'un clic sur le bouton marqué du carré, ou en appuyant sur la touche [Echap] du PC. Il reste ensuite à attribuer un nom à la séquence, et à lui affecter une description.

Enregistrer le clip avec le pilotage du matériel

Pour enregistrer un clip vidéo sur le PC, procédez ainsi :

1 Tout est réglé et prêt pour l'enregistrement ? Vérifiez une dernière fois le format d'acquisition : sélectionnez, comme décrit dans la section précédente, le format requis, et corrigez les éventuels réglages erronés.

2 Dans les préférences, l'emplacement de l'acquisition est affiché. Au besoin, passez dans le dossier prévu pour le stockage du clip.

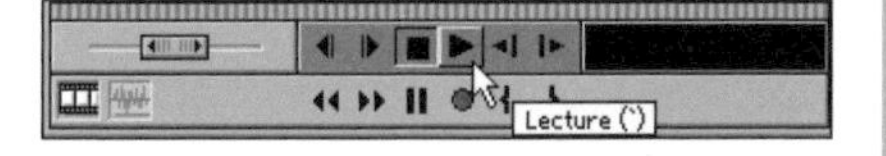

3 Vous pouvez ensuite utiliser Premiere comme télécommande pour votre caméra vidéo numérique.

Le bouton de lecture est facile à trouver !

INFO

La platine DV doit être allumée avant le démarrage du PC

Par principe, il est conseillé de connecter et de mettre le lecteur/enregistreur DV sous tension avant de démarrer le PC : c'est la meilleure solution pour instaurer une communication sans faille.

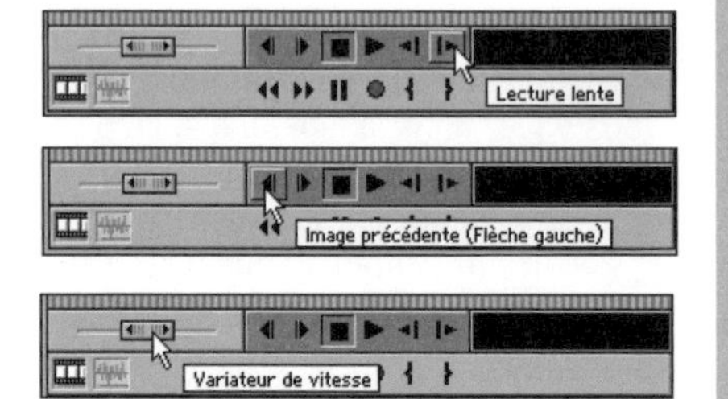

Pratique également :

- La lecture lente dans les deux directions ;
- Les touches pour une marche avant ou arrière image par image ;
- Le curseur en remplacement d'un véritable Jog-Shuttle.

4 Vous êtes arrivé au bon endroit ? Appuyez sur **Play et record** (le bouton avec la flèche et le bouton avec le cercle rouge) ; l'acquisition commence alors.

INFO

Pas de touches de pilotage dans la fenêtre d'acquisition ?

Si aucun pilotage d'enregistrement n'apparaît dans la fenêtre d'acquisition, il se peut que vous n'ayez pas sélectionné de pilotage du matériel dans la boîte de dialogue *Préférences*. Avec une carte d'acquisition analogique et un lecteur analogique sans matériel de pilotage complémentaire (par exemple une souris vidéo), cette possibilité ne vous sera bien évidemment pas proposée. La seule solution est l'enregistrement en live : manuellement !

Pour les pros : une liste d'acquisition en série

Si, dans le passé, la règle était la numérisation "manuelle" du matériel vidéo, Premiere offre aujourd'hui la possibilité de définir à l'image près les clips individuels et de rassembler ces définitions dans une liste. La fenêtre d'acquisition est équipée pour cela d'un deuxième onglet : **Enregistrement**.

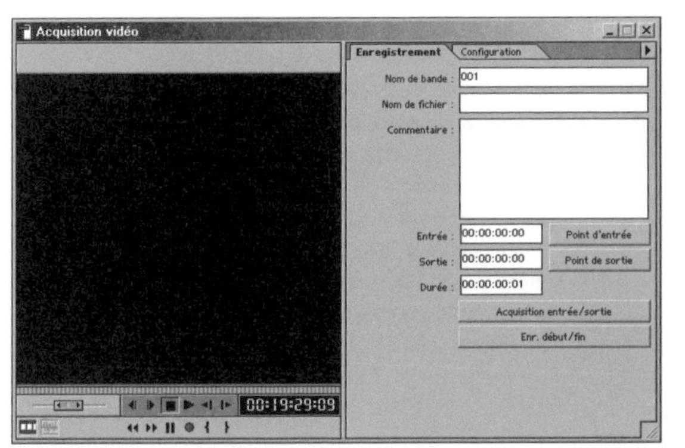

Pour créer cette liste de points d'entrée et de sortie, voici comment procéder :

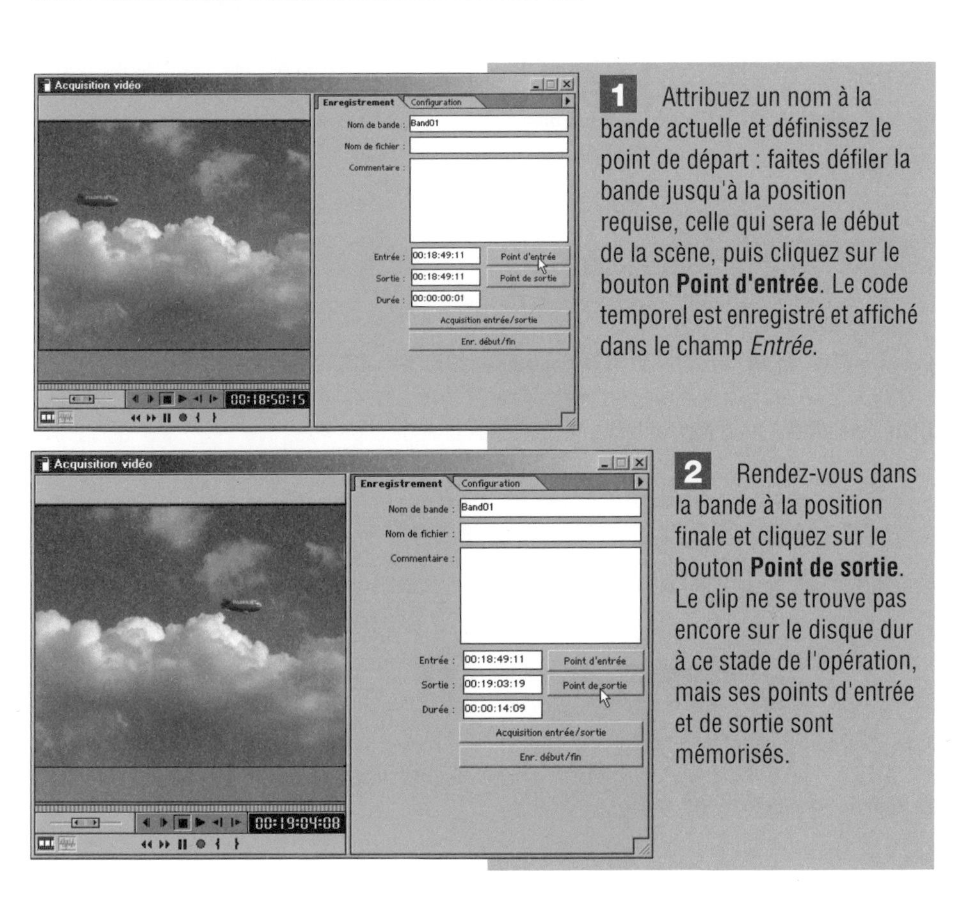

1 Attribuez un nom à la bande actuelle et définissez le point de départ : faites défiler la bande jusqu'à la position requise, celle qui sera le début de la scène, puis cliquez sur le bouton **Point d'entrée**. Le code temporel est enregistré et affiché dans le champ *Entrée*.

2 Rendez-vous dans la bande à la position finale et cliquez sur le bouton **Point de sortie**. Le clip ne se trouve pas encore sur le disque dur à ce stade de l'opération, mais ses points d'entrée et de sortie sont mémorisés.

INFO

Nommer préalablement le clip

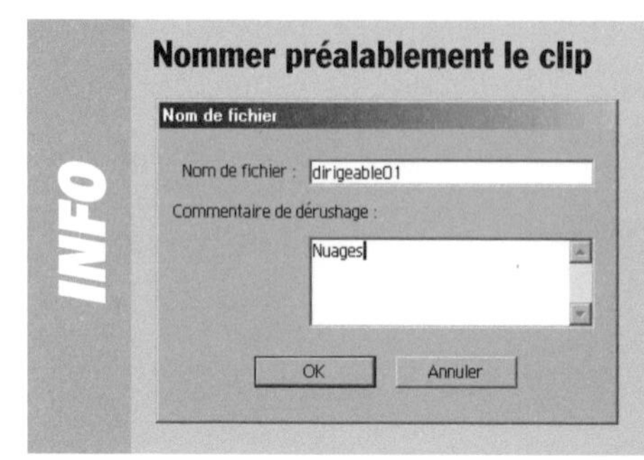

Après un clic sur le bouton *Point d'entrée* ou *Point de sortie*, vous avez possibilité, comme dans le cas d'une acquisition en live, de nommer le clip et de le doter d'un commentaire de dérushage. Un clic sur OK génère une nouvelle liste d'acquisition en série, y enregistre le clip que vous venez de définir et affiche le nom avec un numéro d'ordre incrémenté pour la prochaine scène à acquérir.

INFO

Nom des clips

Premiere incrémente automatiquement les noms des clips, générant, à partir de notre clip dirigeable01 précédent, le nom *dirigeable02*. La plupart du temps, il suffit de valider ce nom.

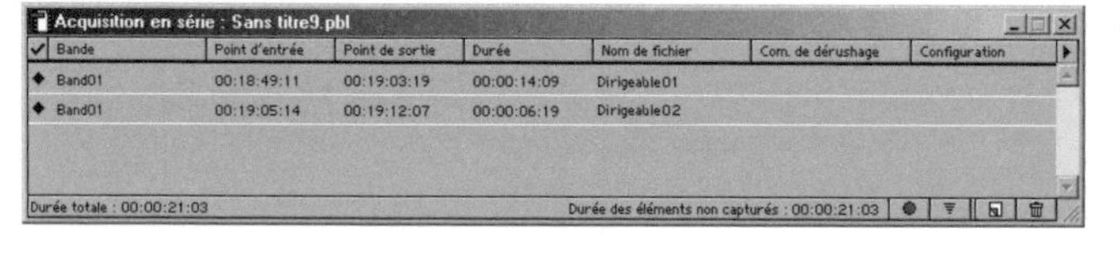
Acquisition en série : Sans titre9.pbl

✓	Bande	Point d'entrée	Point de sortie	Durée	Nom de fichier	Com. de dérushage	Configuration
◆	Band01	00:18:49:11	00:19:03:19	00:00:14:09	Dirigeable01		
◆	Band01	00:19:05:14	00:19:12:07	00:00:06:19	Dirigeable02		

Durée totale : 00:00:21:03 — Durée des éléments non capturés : 00:00:21:03

Après l'enregistrement des autres clips, jetez un coup d'œil sur la fenêtre d'acquisition en série présentée ci-contre.

Cette liste affiche les informations principales de chaque clip.

De la liste d'acquisition en série à l'enregistrement

Lorsque la liste d'acquisition en série est terminée, Premiere est prêt à l'acquisition.

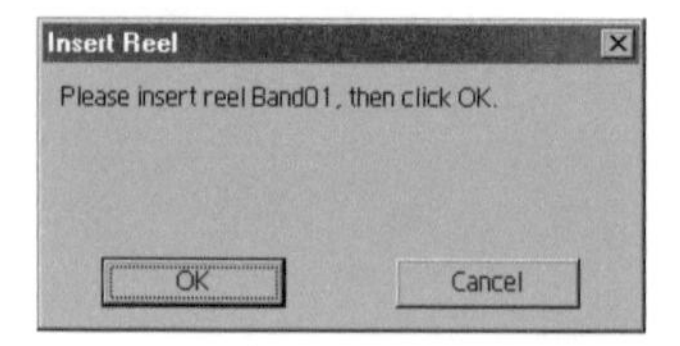

1 Après un clic sur le bouton marqué d'un cercle rouge, au bas de la fenêtre, Premiere demande l'insertion de la bande concernée.

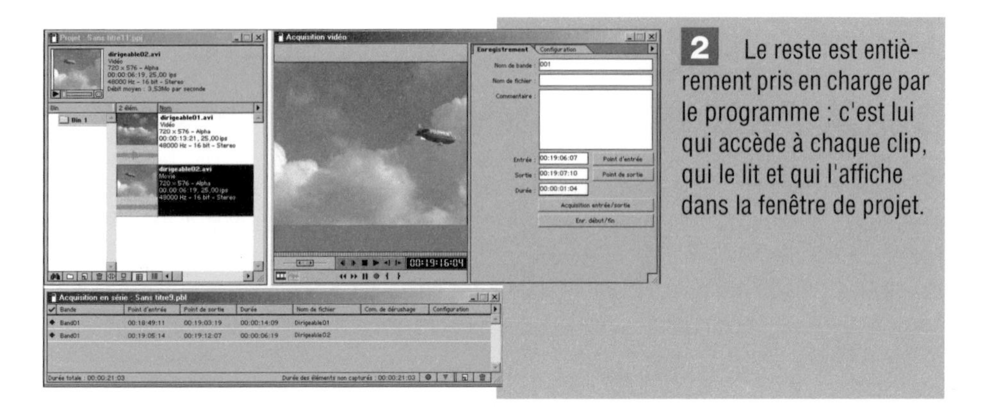

2 Le reste est entièrement pris en charge par le programme : c'est lui qui accède à chaque clip, qui le lit et qui l'affiche dans la fenêtre de projet.

Ces listes d'acquisition en série occupent fort peu de place et peuvent être envoyées sans problème par e-mail ou par disquette. Ce transfert permet à un autre poste de montage de lire immédiatement les clips, en aveugle.

INFO

Enregistrement des fichiers d'acquisition en série

Conseil lié à des expériences personnelles malheureuses : en cas de problème avec le disque dur, une nouvelle lecture des clips est très rapide. En revanche, la définition de la liste d'acquisition en série demande un temps certain. Par précaution, enregistrez vos listes sur un média externe, par exemple une disquette.

Montage brut avec la fenêtre de projet et le storyboard

Si vous avez transféré sur le disque dur une longue bande de film, la première opération qui s'impose est de couper celui-ci en plusieurs morceaux, de manière à pouvoir utiliser le storyboard. Il est également possible d'employer plusieurs copies du film dans le storyboard, à condition d'y placer des points d'entrée et de sortie différents. En général, il est cependant conseillé de travailler plutôt avec des acquisitions de ces divers morceaux, ne serait-ce que pour réduire l'espace disque occupé.

Les clips dans la fenêtre de projet

Si vous avez utilisé la fenêtre d'acquisition vidéo de Premiere, les clips ainsi obtenus sont directement repris dans la fenêtre de projet.

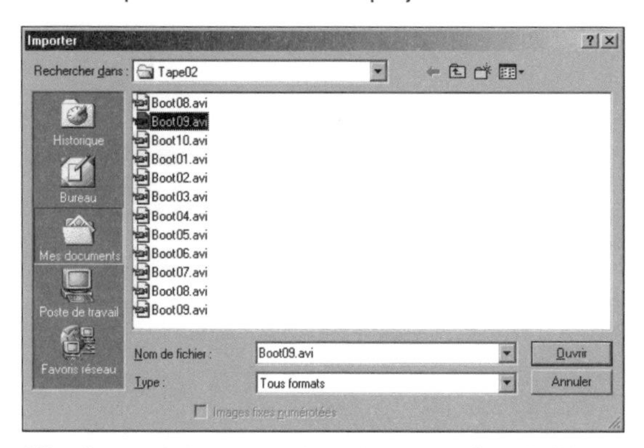

Si vous travaillez à partir de matériel externe (provenant d'une numérisation antérieure ou d'une autre source), le plus simple est de l'importer dans la fenêtre de projet. Un double clic dans la liste des clips ouvre la boîte de dialogue d'importation.

Sélectionnez le lecteur sur lequel est stocké le clip à importer, puis le clip proprement dit. Un clic sur le bouton OK suffit pour charger le clip dans le chutier actuel du projet.

Coupure du clip par points d'entrée et de sortie

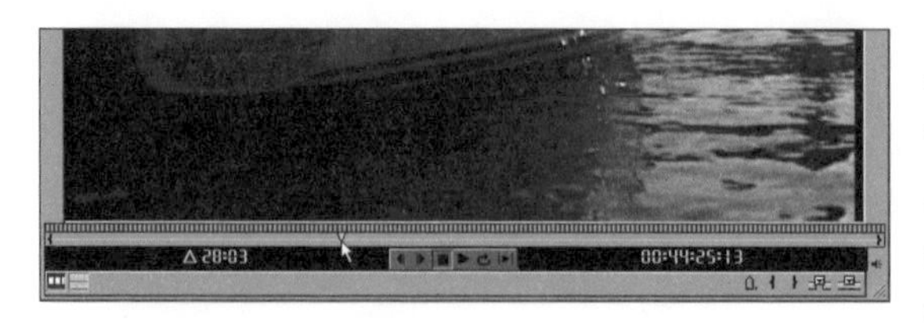

Le clip peut être transmis à la fenêtre **Élément** par un double clic. Vous pourrez l'y visualiser et y définir ses points d'entrée et de sortie. Vous feuilletterez le clip dans son ensemble avec la souris, jusqu'à trouver la bonne position.

Le bouton marqué d'une accolade ouvrante permet de fixer le point d'entrée, celui portant une accolade fermante fixe le point de sortie. Cliquez sur le bouton **Lecture du début à la fin** pour diffuser le clip, pour contrôler ses nouvelles limites.

Ce travail préparatoire est conseillé car, grâce aux points d'entrée et de sortie ainsi définis, vous pouvez ensuite créer un storyboard, et aboutir en final à un montage brut.

L'arrangement des clips dans le storyboard

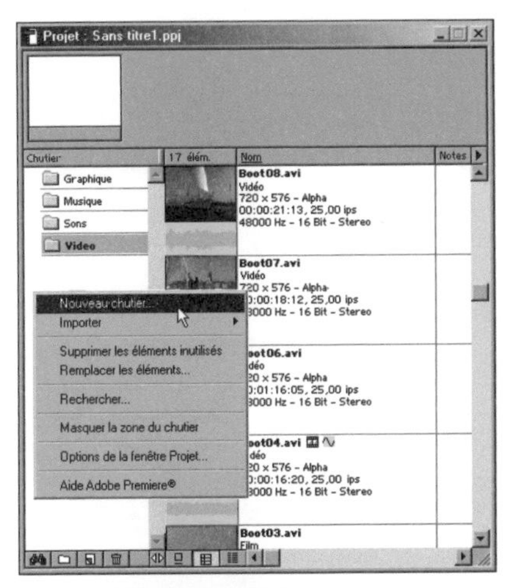

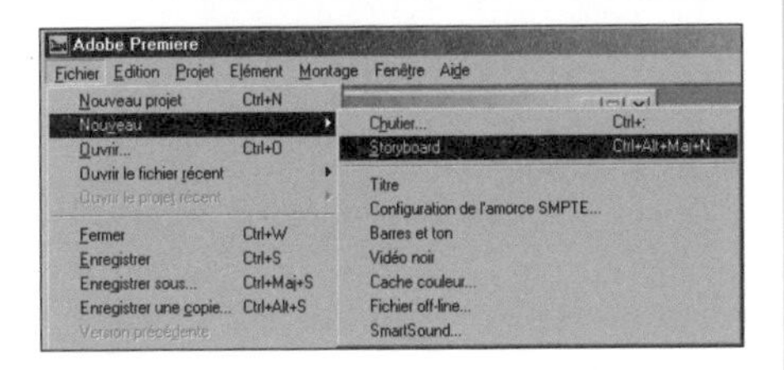

1 Commencez d'abord par créer un chutier, qui contiendra exclusivement le storyboard. Vous garderez ainsi une bonne vue d'ensemble de votre projet.

Un peu d'organisation ne peut pas nuire, surtout si vous travaillez à plusieurs sur le même projet.

2 Un nouveau storyboard vierge est créé par la commande **Fichier/Nouveau/Storyboard**.
Les clips à arranger se trouvent déjà dans la fenêtre de projet. Il n'est pas indispensable de planifier l'ensemble du film dans un seul storyboard. Il est même judicieux de concevoir de manière séparée les parties du film dont le contenu diffère.

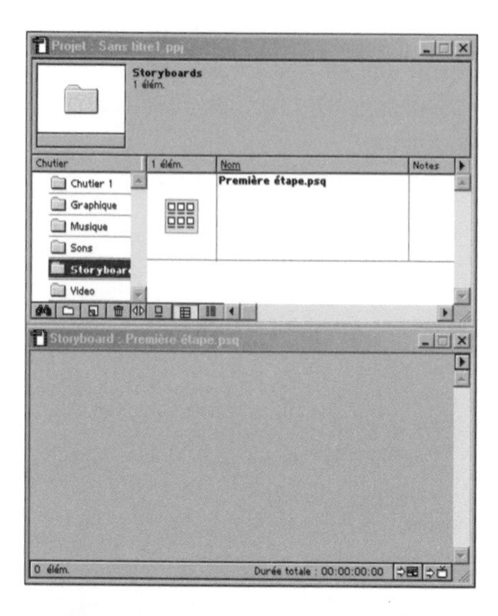

3 La fenêtre que nous venons de créer est renommée par la commande **Fichier/ Enregistrer sous**, avec pour nom `Première étape`.

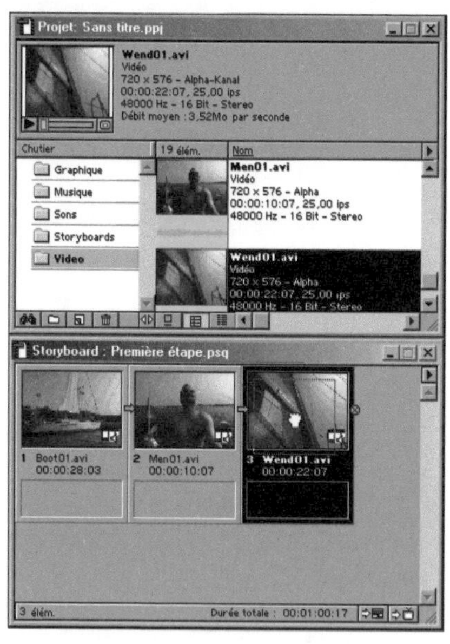

4 Le moment est venu de faire glisser les clips concernés depuis la fenêtre de projet dans la fenêtre du Storyboard.

Dans le Storyboard, tous les clips sont automatiquement numérotés. L'ordre est modifiable à tout moment, par glissement.

Les flèches indiquent l'ordre des clips. Parallèlement aux clips vidéo, vous mettrez également en place les autres formats de médias, y compris des éléments de remplacement pour des scènes non encore tournées. Un double clic sur un clip permet de l'ouvrir et de le couper. Ce montage brut est utilisable par la suite de deux manières :

- Une sortie directe sur bande, par exemple pour l'emporter sur un autre poste ;
- Pour le montage définitif dans la fenêtre **Montage**.

Sortie directe sur bande

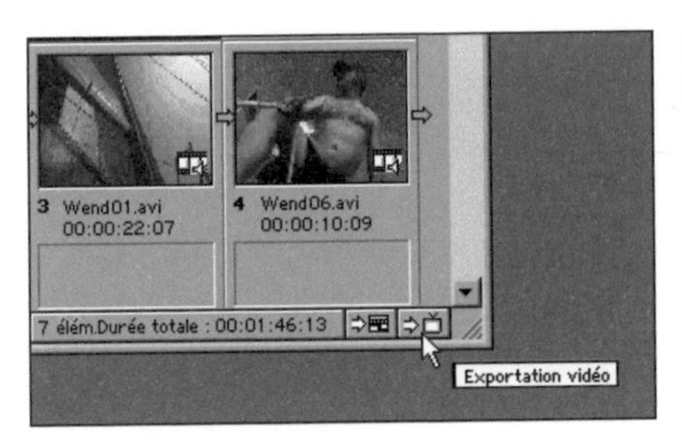

Le storyboard peut être envoyé sur une cassette vidéo.

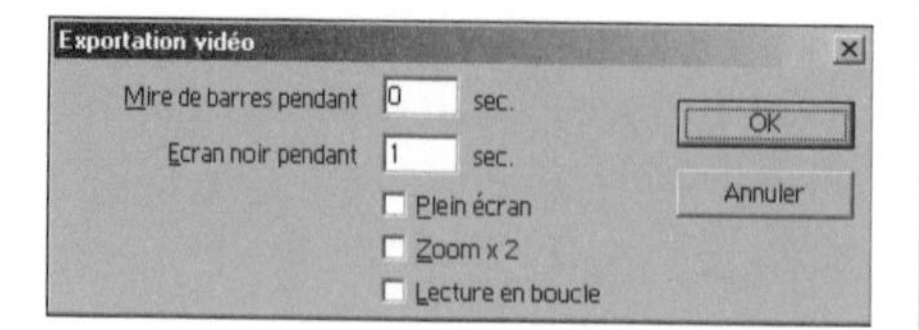

1 Si vous cliquez sur le bouton **Exportation vidéo**, une boîte de dialogue apparaît, dans laquelle vous réglerez la durée de la mire de barres et de l'écran noir.

2 Après un clic sur OK, Premiere lit les clips du storyboard dans l'ordre défini.

Du storyboard à la table de montage

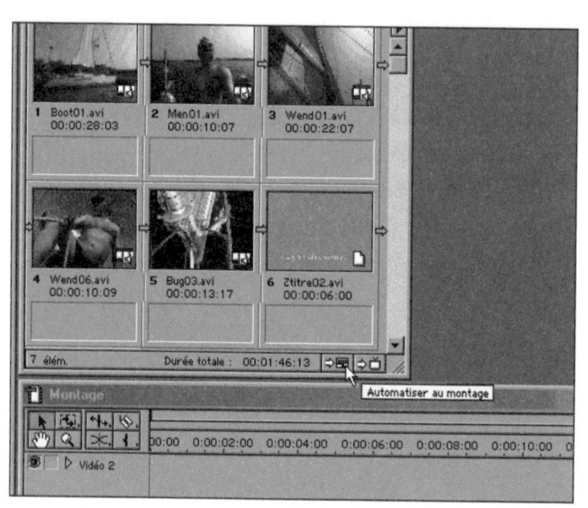

La solution la plus fréquente est cependant le montage des clips dans la fenêtre **Montage**.

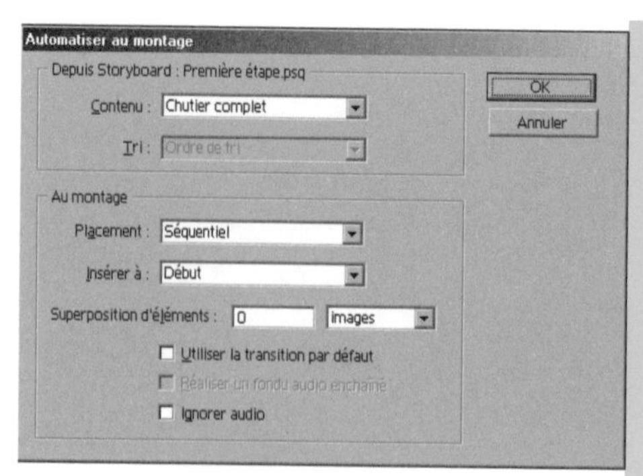

1 Il faut d'abord effectuer les réglages, pour le montage brut que va entreprendre Premiere. Les clips peuvent être automatiquement superposés, avec un fondu comme transition. Même un fondu audio est possible.

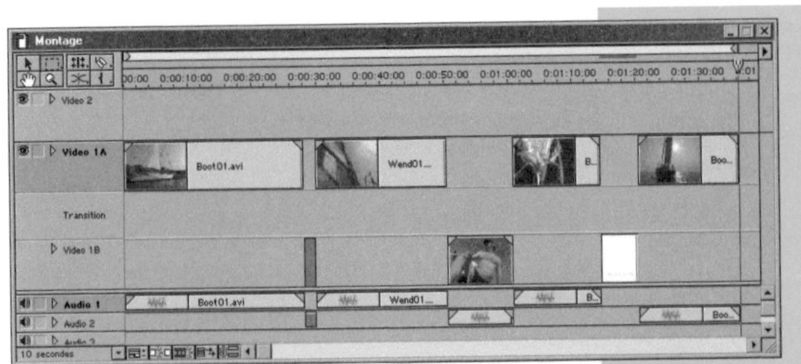

2 Validez par OK. Les clips sont arrangés automatiquement en mode A/B ; ils peuvent ensuite être dotés de transitions.

Le résultat est immédiatement lisible dans la fenêtre **Montage**.

3 Voilà ! le montage brut est au point...

INFO

Avec des films longs, travaillez avec plusieurs storyboards

Comme nous le signalions précédemment, il n'est pas indispensable de préparer l'ensemble du film dans un seul et même storyboard. Il est recommandé, avec des films longs, de fractionner le travail en plusieurs storyboards.

Le storyboard permet de placer des clips vidéo, mais également d'autres éléments médias, y compris des éléments de remplacement pour des scènes qui restent à tourner.

Un double clic sur un clip permet de l'ouvrir et de le couper. À ce stade du montage, deux solutions s'offrent à vous :

- poursuite du montage dans la fenêtre **Montage** ;
- sortie directe sur bande ou VCD (sous forme de montage à emporter, ou en vue d'une réunion).

La précision du rasoir : les coupes dans Premiere

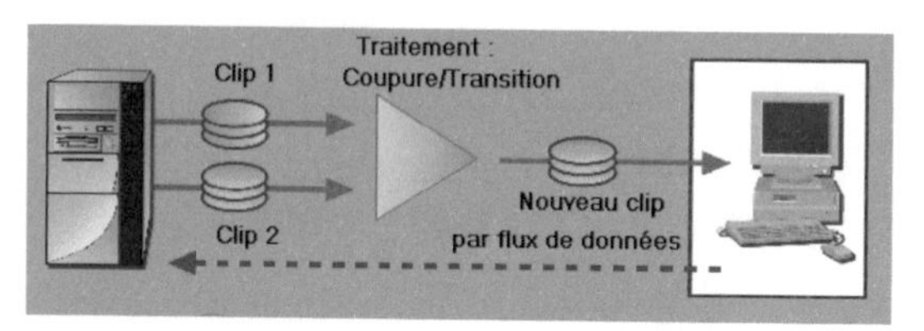

Pourquoi parle-t-on de "coupure" ? Tout simplement parce que cette opération se déroulait dans le temps avec une paire de ciseaux et du ruban adhésif. Ces coupures aux ciseaux étaient brutales ; ce n'est que bien plus tard que sont apparues les techniques de copies, permettant de fondre les scènes les unes dans les autres, et de mettre en place des transitions douces.

L'aspect technique de la coupure numérique : les originaux restent inchangés ; un nouveau film est calculé à partir des flux de données.

Le média vidéo n'est en fait pas coupé au sens propre du terme. Avec une vidéo numérique, l'image de la bande est exactement la même que celle du disque dur. Il est intéressant de noter que l'interface utilisateur des programmes de coupe est en général inspirée de la technique de coupe des films : des bandes plus ou moins longues sont assemblées, coupées avec une lame de rasoir ou un cutter, puis filtrées. Pour cette opération, Premiere dispose d'un outil parfait : **Cutter**.

Coupes rapides : organisation des fichiers et actions de souris dans Premiere

Tout est question d'organisation, même pour les coupes vidéo. Si vous planifiez correctement votre projet, en lui conférant une structure claire, la coupe sera un jeu d'enfant, car Premiere livre tous les outils nécessaires.

Regrouper les clips souvent utilisés dans des chutiers

Il y a certains clips dont vous aurez besoin systématiquement dans vos films, par exemple des mires de barres, les écrans noirs, etc.

Ces éléments seront disponibles à tout moment si vous les importez dès le départ dans le dossier de projet. Leur position sur le disque dur ne devra bien évidemment pas être modifiée, de sorte que les liens persistent durablement. Les dossiers, appelés "chutiers" dans Premiere, jouent le même rôle que les dossiers de Windows : ce sont des éléments de structure qui permettent d'organiser les fichiers.

Ainsi, il est possible de créer un chutier pour les images de titre, pour les morceaux de musique, pour les images fixes importées d'autres applications, etc.

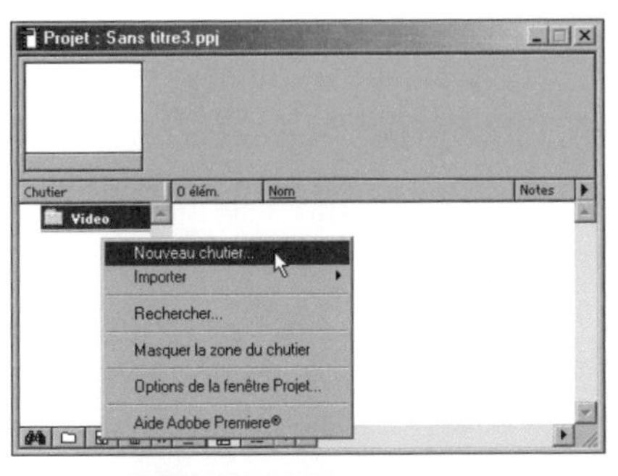

1 Un chutier est créé tout simplement à partir du menu contextuel de la fenêtre de projet, accessible par un clic avec le bouton droit dans cette fenêtre.

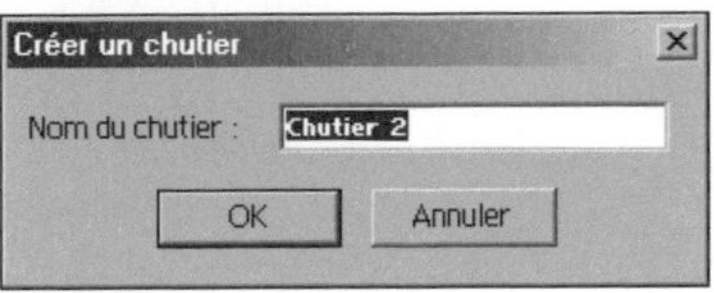

2 Activez la commande **Nouveau chutier** et attribuez un nom à ce chutier, dans la boîte de dialogue qui s'ouvre.

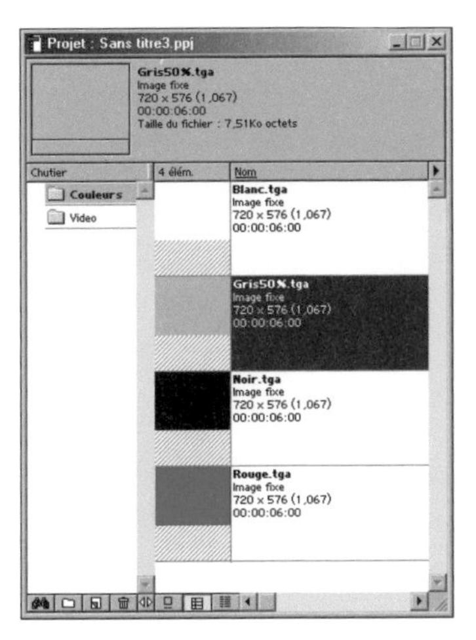

Un clic sur ce chutier, dans le volet de gauche de la fenêtre de projet, affiche son contenu dans le volet de droite. Un double clic dans le volet de droite ouvre une boîte de dialogue de sélection de fichiers, pour l'importation de nouveaux éléments médias. Il est recommandé de créer les éléments d'usage courant dans les projets sous forme de modèles.

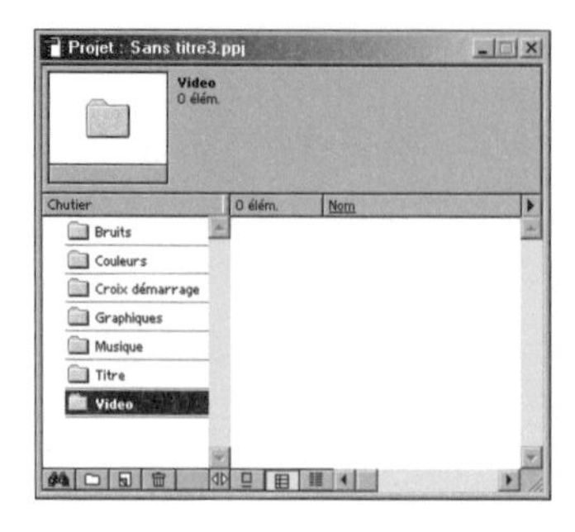

Un équipement de base pourrait ressembler à la figure ci-contre.

Création préalable des pistes audio et vidéo

Dans un projet complexe, le nombre de pistes audio et vidéo a tendance à croître très rapidement. Pour éviter de perdre le fil, il est conseillé de donner des noms évocateurs aux pistes, en fonction de leur contenu, avant d'y positionner les clips.

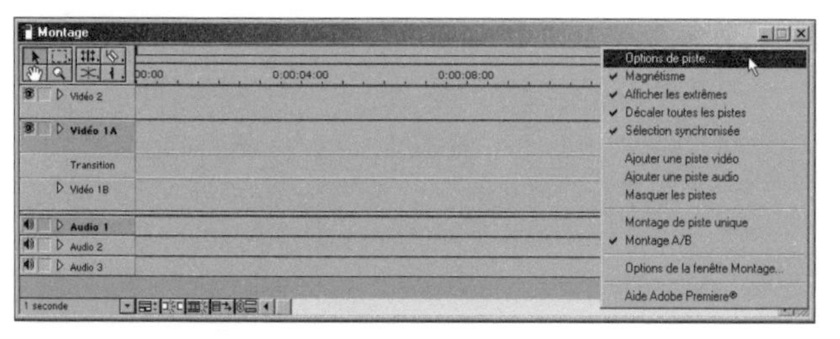

Le nombre et les noms des pistes sont définis par les options de piste, accessibles par le menu de fenêtre déroulé par la petite flèche du coin supérieur droit de la fenêtre **Montage**.

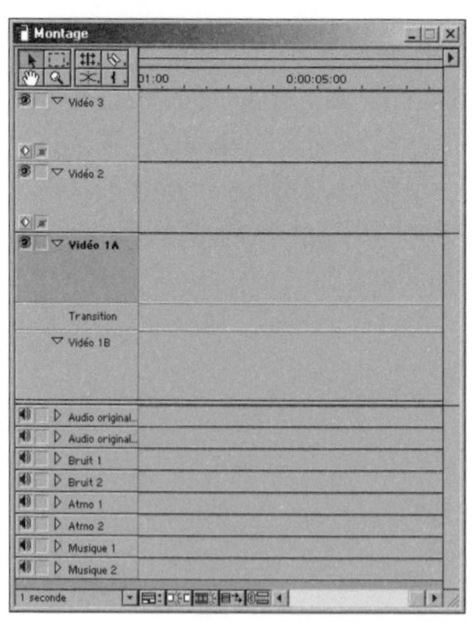

En définissant 2 pistes audio pour les divers types de sons, de manière à pouvoir fondre une atmosphère avec les autres pistes audio, la liste des pistes pourrait ressembler à la figure ci-contre.

Lorsque la fenêtre **Montage** répond à vos besoins, nous vous conseillons d'enregistrer le projet comme modèle, pour éviter de devoir le recréer totalement pour un prochain travail.

INFO

Protéger les modèles

Après la création d'un fichier de modèle (par exemple Modèle DVPAL.ppj), localisez celui-ci dans l'Explorateur de Windows et affectez-lui l'attribut de fichier *Lecture seule*. Ainsi, il ne pourra pas être écrasé par mégarde.

Les principes fondamentaux d'une coupe efficace : Drag and Drop dans la fenêtre Montage

Dans Premiere, les principales fonctions sont accessibles par la souris.

INFO

Passez rapidement de l'outil Main à l'outil Sélection

L'outil le plus fréquemment manipulé est sans conteste *Sélection*. Mais il est possible de travailler encore plus vite en activant l'outil *Main* et en commutant à l'outil *Sélection* (le bouton marqué d'une flèche) par activation de la touche [Ctrl], lorsque le besoin s'en fait sentir.

INFO

L'utilité de l'outil Main dans le fenêtre Montage

Avec l'outil *Main*, vous pourrez déplacer librement les clips dans la fenêtre *Montage*, vers la gauche ou vers la droite, entre deux opérations d'édition.

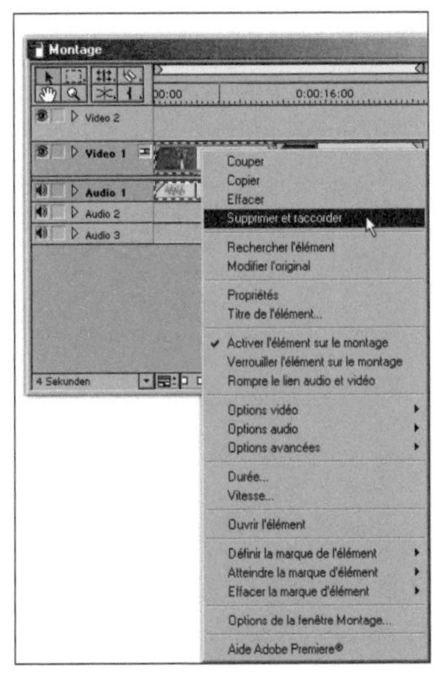

Un clic avec le bouton droit de la souris sur un élément ouvre le menu contextuel afférent.

Dans notre cas de figure, nous pouvons par exemple appliquer à notre clip la commande **Supprimer et raccorder**. Le clip est ensuite supprimé et le "trou" qui en résulte est automatiquement comblé par Premiere, qui déplace à cet effet les clips suivants. Les clips en aval de celui qui est supprimé sont décalés très exactement de la durée de ce dernier.

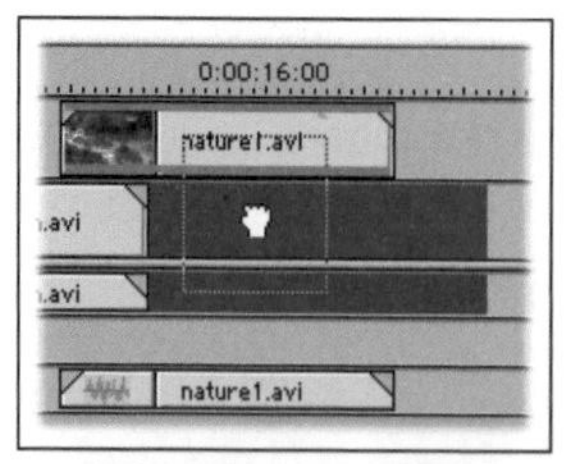

Un clic sur un objet le sélectionne : si vous maintenez le bouton de la souris appuyé, vous pouvez ainsi déplacer les clips audio ou vidéo : sur la piste de la fenêtre **Montage**, d'une palette dans la fenêtre **Montage**, d'un chutier de la fenêtre **Projet** vers la fenêtre **Montage**, etc.

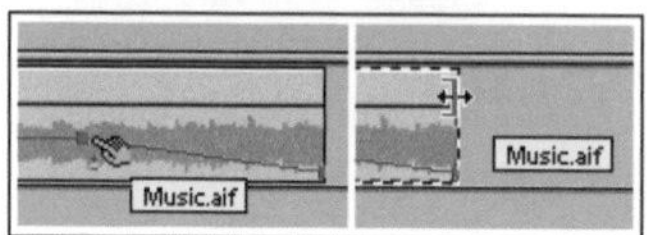

D'autres manipulations d'éléments sont réalisables avec la souris, les deux principaux procédés étant le mode *Étirement débit* (pour l'arrêt progressif du son, visible dans la partie gauche de l'illustration suivante) et l'utilisation des outils de coupe (à droite, l'outil **Sélection**, avec lequel la limite du clip est décalée).

Les outils de coupe pour l'aménagement efficace des clips dans la fenêtre Montage

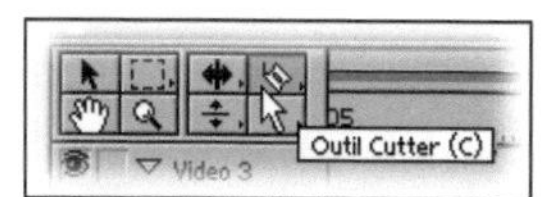

En fait, le **Cutter** n'a pas besoin d'explication complémentaire : c'est l'outil de découpe permettant de délimiter les clips à l'image près.

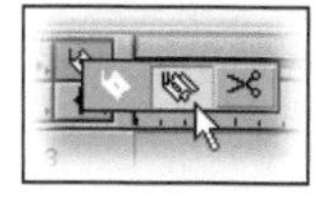

Ce cutter ne s'émousse jamais. Il existe en deux versions : le **Cutter**, la lame de rasoir virtuelle, à gauche, et le **Multicutter**, qui permet de couper en même temps plusieurs pistes, à droite.

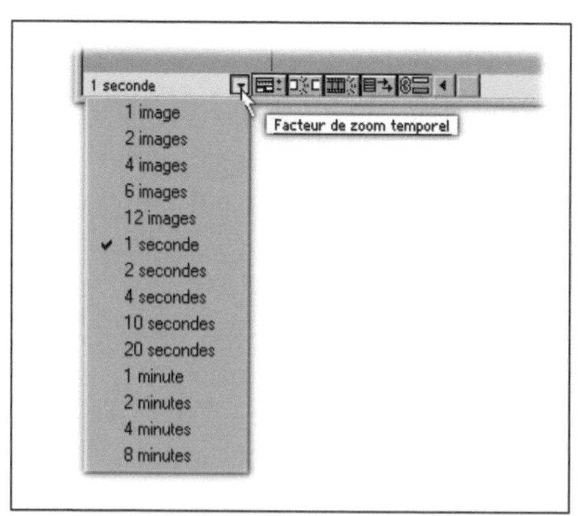

Lors des opérations de coupe, il est important de pouvoir changer rapidement de facteur d'affichage. Pour cela, il suffit de dérouler la liste du champ *Facteur de zoom temporel*, dans le coin inférieur gauche de la fenêtre **Montage**.

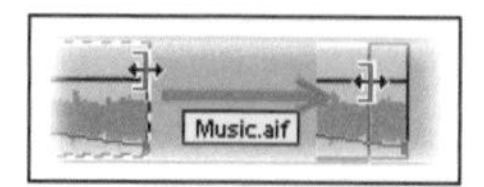

Pour mettre en place des points d'entrée et de sortie, placez le pointeur de la souris au début ou à la fin du clip, et élargissez-le ou réduisez-le.

Il existe toute une série d'outils ayant trait aux clips, dont les plus pratiques sont cités ci-après.

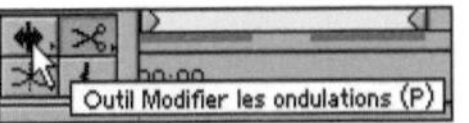

L'outil **Modifier les ondulations** a des effets sur le clip suivant : si le clip est modifié dans sa longueur par déplacement du point de montage, cet outil adapte automatiquement le clip suivant à la nouvelle situation : la durée totale du programme est augmentée ou diminuée du nombre d'images que vous avez ajoutées ou supprimées dans l'élément modifié.

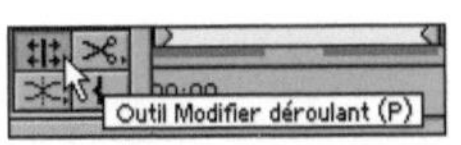

L'outil **Modifier déroulant** permet de régler le point de montage ; les images que vous ajoutez ou que vous supprimez dans un élément sont respectivement supprimées ou ajoutées dans l'élément situé de l'autre côté du point de montage. Les autres clips du projet restent en place.

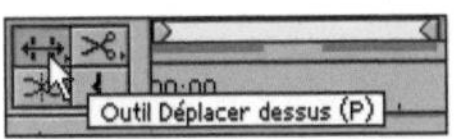

L'outil **Déplacer dessus** s'applique à un clip positionné entre deux autres clips. Les limites du clip à déplacer sont mobiles, mais le départ et la fin du clip précédent et suivant restent en place.

Le mode Étirement débit pour des modifications progressives dynamiques

Dans Premiere, il est possible d'éditer visuellement, à partir de lignes, le volume sonore et le positionnement stéréo des clips audio, ou la transparence et quelques autres paramètres pour les clips vidéo. La ligne peut être dotée de nouvelles poignées, que vous déplacerez à votre guise pour mettre en place des valeurs plus élevées ou plus faibles.

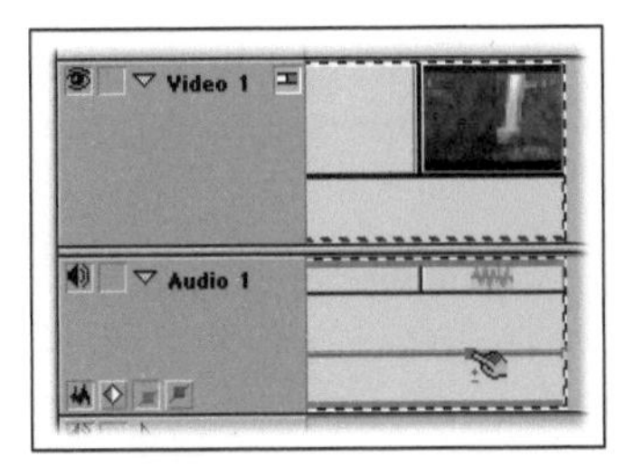

En mode *Étirement débit*, un clic à un endroit quelconque de la ligne définit une nouvelle poignée, un point de modification.

Ce mode de travail et les poignées sont extrêmement pratiques pour le réglage du volume, de la position stéréo (appelée le panoramique) et de la transparence.

Avec l'outil **Sélection**, placez le pointeur de la souris sur le point de l'étirement de volume rouge où vous voulez créer la nouvelle poignée. Le pointeur se transforme en doigt pointé, orné de signes rouges plus et moins.

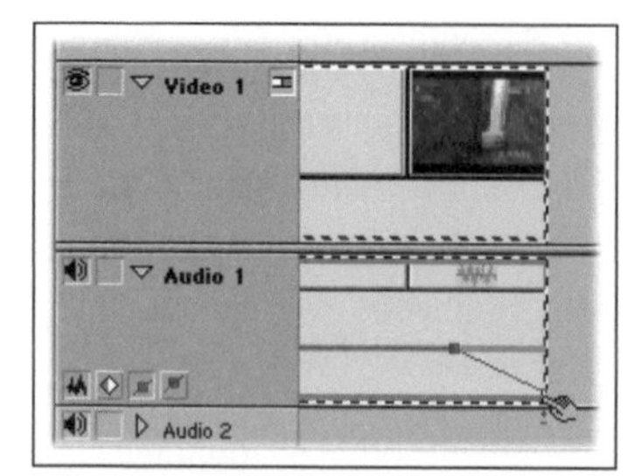

Cliquez pour créer un nouveau segment d'étirement. Cela fait, déplacez la poignée vers le haut ou vers le bas, pour ajuster la courbe des segments adjacents. Dans le cas du volume ou de la transparence, une courbe allant vers le haut indique une augmentation du volume ou de la transparence ; une courbe vers le bas indique une diminution de ces facteurs.

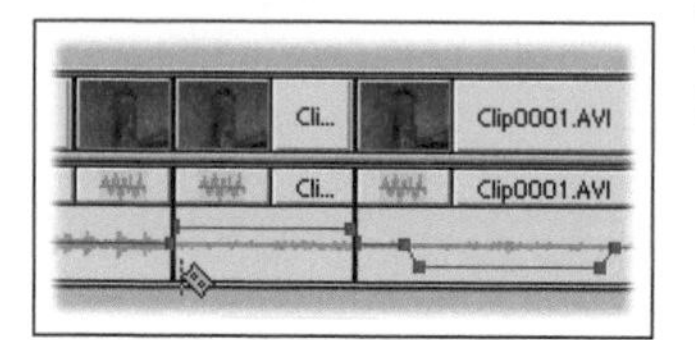

Pour la réduction sur une zone relativement vaste, il faut mettre en place d'autres poignées.

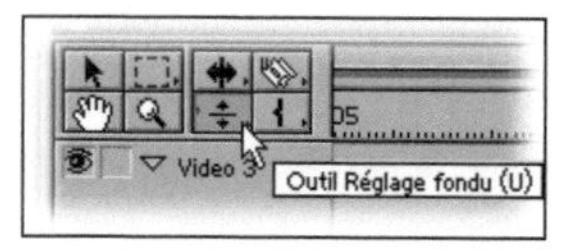

Il est également possible de couper une zone avec l'outil **Cutter** et d'augmenter uniformément le volume de cette partie. Pour augmenter ou réduire une zone de gain identique, vous utiliserez l'outil **Réglage fondu**.

Mais attention ! L'ajustement alternatif par le menu contextuel **Options audio/Gain audio** n'est pas affiché en mode *Étirement débit*. Il se rapporte à l'ensemble du clip !

Pour supprimer une poignée, il suffit de la saisir avec la souris et de la retirer de la piste, vers le haut ou vers le bas.

En changeant rapidement d'outil dans la fenêtre **Montage**, par des raccourcis clavier, les opérations d'édition sont nettement accélérées : la main gauche active les touches du clavier pendant que la droite pilote la souris.

Ainsi, pour passer de l'outil **Main** à l'outil **Cutter**, vous activerez la touche [C]. Le retour à l'outil **Main** se fait par la touche [H]. Pour passer de l'outil **Main** à l'outil **Multicutter**, appuyez deux fois sur la touche [C]. Le même principe s'applique aux autres outils (voir tableau).

Les raccourcis clavier pour commuter entre les outils	
Touche du clavier	**Outil sélectionné**
V	Outil **Sélection**
M	Outils **Sélection de blocs**, **Sélection de piste** et **Sélection multipiste**
P	Outil **Modifier déroulant**, outil **Modifier les ondulations**, outil **Étirement débit**, outil **Déplacer dessous** et outil **Déplacer dessus**
C	Il s'agit des outils de coupe : **Cutter**, **Multicutter** et **Ciseaux fondus**
H	Outil **Main**
Z	Outil **Zoom** (clic de souris = agrandissement, Alt+clic = réduction)
U	Outil **Croix fondue**, **Réglage fondu** et **Lier/Rompre le lien**
N	Outil **Point d'entrée** et **Point de sortie**

Coupe franche : effet, contraste et tempo

Initialement, les montages de films impliquaient obligatoirement des coupes brutales. Une image passe de façon abrupte à une autre ; la scène initiale est remplacée par une autre scène. Techniquement, ces coupures donnaient lieu à la mise bout à bout de deux bandes de films.

La coupe est sans conteste la forme de montage la plus critique. Le matériel doit être si possible exempt d'erreur, car la moindre anomalie saute immédiatement aux yeux des spectateurs : elle ne peut pas être masquée par une troisième image, comme le permettent les transitions.

L'attention du spectateur est mise à rude épreuve, car à l'endroit de la coupe, il est confronté à une image totalement différente. Ces coupes permettent de rythmer au maximum le film.

Dans les dernières décennies, les spectateurs se sont habitués à un rythme de coupe de plus en plus effréné : notre vision est devenue plus rapide par habitude et à force exercice. Dans les clips vidéo ou les spots publicitaires, la fréquence de coupe peut devenir absolument infernale, jusqu'à se rapprocher du maximum techniquement possible, soit 25 images à la seconde. La seconde de publicité coûte très cher et ce paramètre n'est pas sans influencer l'agencement des clips. L'art de raconter une histoire en un laps de temps minimum n'a pas fini de se perfectionner.

Comment effectuer une coupure brutale dans Premiere ?

La question devrait plutôt être : comment agencer les clips pour qu'il en résulte une coupe brutale ? Car, dans Premiere, comme dans beaucoup d'autres logiciels, il existe toujours plusieurs façons d'arriver à un même résultat. Rappelez-vous que les images visibles à la lecture sont marquées en vert.

Possibilité 1 : accolade de deux pistes

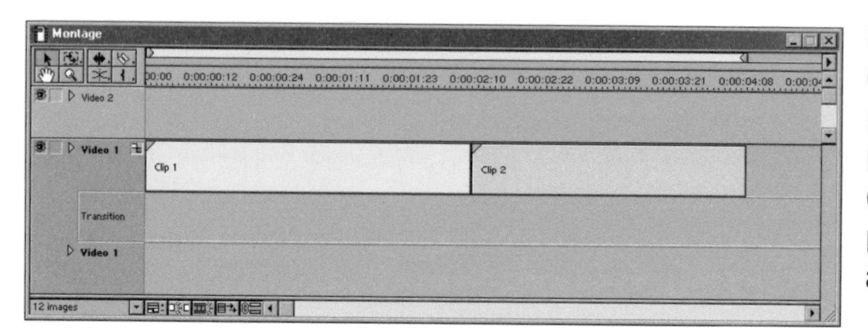

Classique : mise en place dans la piste A ou B de la piste vidéo 1. Les deux clips sont placés côte à côte, à se toucher.

Possibilité 2 : priorité à la piste 1

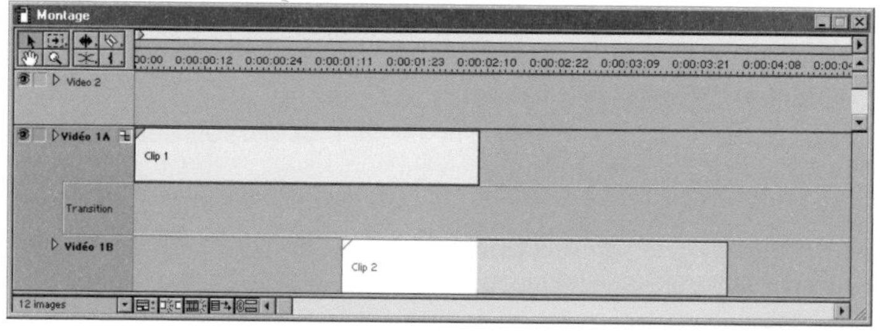

Le montage suivant aboutit également à une coupure franche. Comme la piste 1A est prioritaire par rapport à la piste 1B, le clip qui s'y trouve est intégralement lu, avant que le clip de la piste 1B ne soit diffusé.

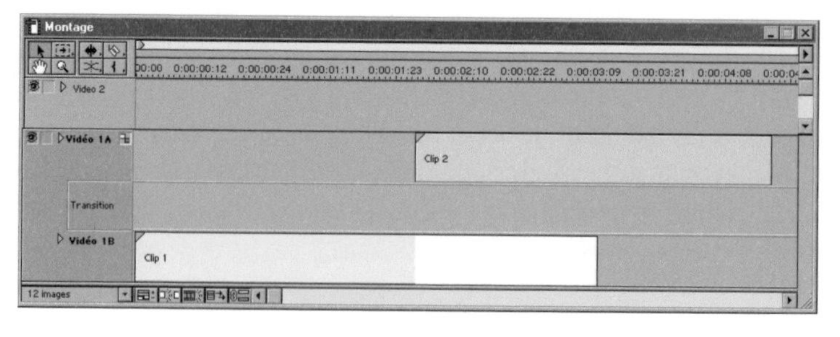

Dans la situation inverse, le clip 1 de la piste 1A est interrompu par le clip 2.

Cette solution est utilisable pour des coupes intermédiaires simples.

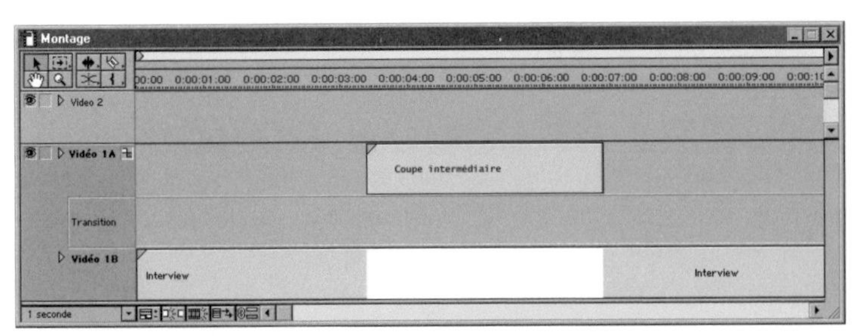

Admettons que le clip 1 contienne une interview à diffuser dans toute sa longueur, mais qu'à un moment donné du clip apparaît un mouvement de caméra malencontreux, que le montage doit faire disparaître. Voici ci-dessus à quoi pourrait ressembler le montage.

Possibilité 3 : coupe par piste de surimpression

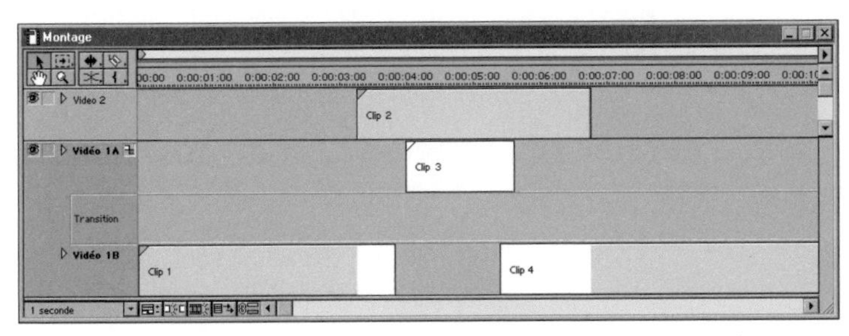

Les pistes de surimpression, placées au-dessus de la piste vidéo 1, peuvent être créées librement, avec un nombre maximum de 97 pistes. Ces pistes de surimpression sont prioritaires par rapport à la piste 1 (et ses pistes A et B).

Il n'est pas toujours indispensable de placer les clips pour un montage brut, et de leur appliquer la longueur exacte, puis de les couper et d'en supprimer des parties. En prenant en compte les priorités affectées aux différentes pistes vidéo, il est possible de monter rapidement une scène et de la modifier sans toucher au matériel.

Les transitions gomment les frontières : la coupe douce

La coupe douce, la transition douce ou le fondu, voici la deuxième forme de liaison entre les scènes. Au fur et à mesure que la scène A s'estompe, apparaît la scène B.

La transition n'est pas une découverte de l'ère informatique ; il s'agit d'une possibilité largement exploitée dès les premières années du cinéma. À cette époque, elle était cependant réalisée directement avec la caméra. Notez que les caméscopes actuels n'en sont pas encore à ce stade ; ils ne savent pas créer de transition.

La scène A était tournée normalement, puis l'obturateur était lentement fermé. Puis le film dans la caméra était rembobiné jusqu'au début de la transition ; la scène B était alors tournée, commençant par une ouverture progressive de l'obturateur.

Une transition douce permet un enchaînement en douceur de deux plans

Si deux scènes ne sont pas parfaitement adaptées l'une à l'autre, ce qui est fréquent avec, par exemple, des prises de vue en déplacement, la coupe peut être adoucie par une transition : le passage d'un plan au suivant en sera plus fluide. Bien sûr, la transition n'est pas la panacée ; mais, dans beaucoup de situations, elle permet de résoudre les problèmes.

Les transitions sont très fréquentes dans les spots publicitaires (ici, il s'agit d'un spot Pinimenthol, 2001).

Si l'opération est bien planifiée, il est même possible de prévoir très exactement la "troisième" image des transitions et de l'employer à bon escient. Mais, dans ce cas, la transition tourne pratiquement à l'effet spécial, surtout si elle n'intervient pas dans l'ensemble de l'image. Nous y reviendrons dans le chapitre consacré aux effets spéciaux.

La transition montre le changement

Dans bien des cas, la transition n'intervient qu'une fois, en l'occurrence lorsqu'il est question de matérialiser un laps de temps écoulé ou un changement de lieu.

Une méthode souvent employée consiste à fondre des images similaires, montrant clairement au spectateur le temps qui s'est écoulé. Exemple : une scène tournée en un même endroit, au départ en été, puis poursuivie en hiver. La dernière prise de vue de la séquence estivale (par exemple l'image d'une maison) est fondue avec la prise de vue de la même maison, mais en hiver. Ainsi, le spectateur prend immédiatement conscience du temps passé.

La même technique est applicable également lors d'un changement de lieu. La transition permet d'abandonner en douceur le premier lieu et d'arriver, toujours en douceur, dans le second lieu. La transition matérialise le voyage du spectateur.

Les transitions dans Premiere

Bien sûr, il existe différentes sortes de transitions. Deux possibilités principales s'offrent à vous.

Possibilité 1 : transition par une sous-piste

Si vous déroulez la piste vidéo 1, vous verrez apparaître les sous-pistes 1A et 1B. Les deux sont séparées par une troisième piste appelée *Transition*.

Voici un exemple de transition du clip 1 au clip 2.

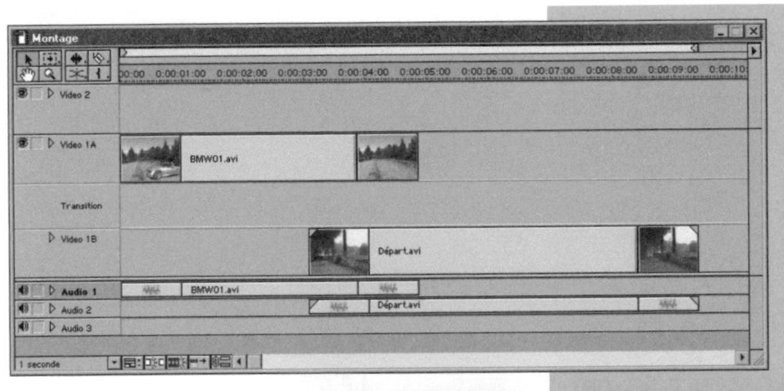

1 Les deux clips sont positionnés de manière à se superposer durant un court laps de temps. C'est ce laps de temps qui formera la transition.

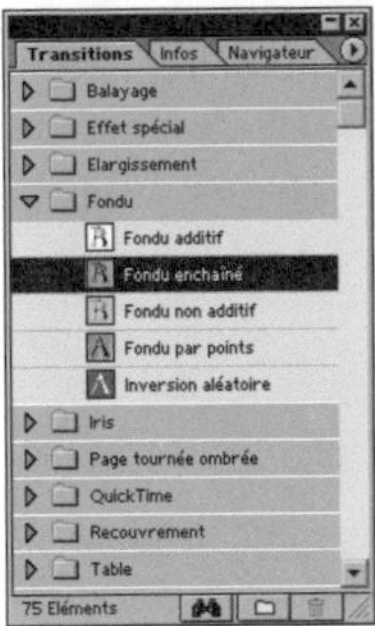

2 À partir de la fenêtre **Transitions**, cliquez sur la mention *Fondu*, puis sélectionnez l'option *Fondu enchaîné*. Si la fenêtre **Transitions** n'est pas affichée à l'écran, activez-la par la commande **Fenêtre/Transitions**.

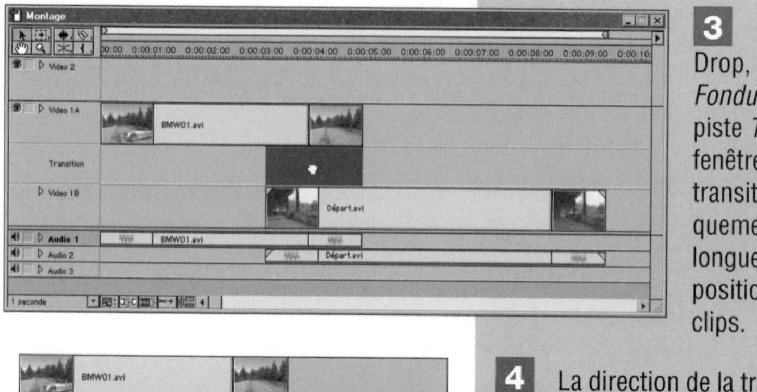

3 Par Drag and Drop, faites glisser *Fondu enchaîné* sur la piste *Transition* de la fenêtre **Montage**. La transition est automatiquement ajustée à la longueur de la superposition des deux clips.

4 La direction de la transition : un clic sur la flèche inverse le sens.

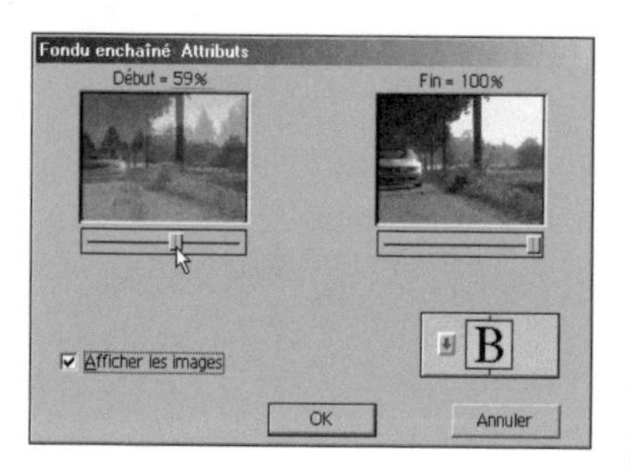

5 Ajustement dans la boîte de dialogue : un double clic sur la transition ouvre une boîte de dialogue permettant d'ajuster en finesse les effets de cette transition. En cochant la case *Afficher les images*, vous pourrez juger de l'effet obtenu sur les images réelles.

Possibilité 2 : piste 1, piste de surimpression et étirement débit

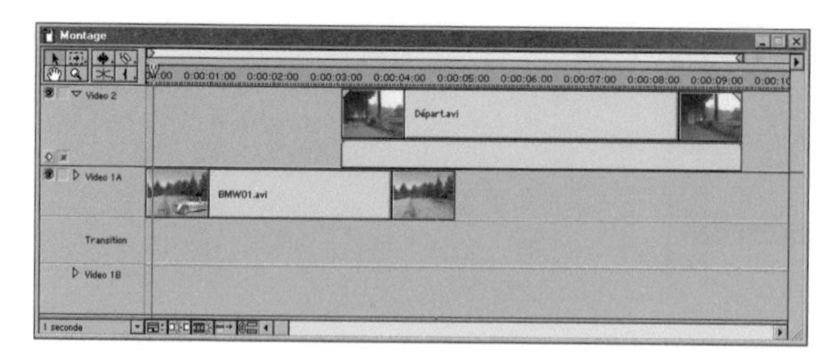

Le même résultat peut être obtenu de la manière suivante : le premier clip est placé sur la piste vidéo 1, le deuxième sur une piste de surimpression (ici la piste vidéo 2).

1 Créez les pistes : la piste de surimpression est prioritaire par rapport à la piste 1 ; elle interrompt momentanément le clip placé en dessous.

2 Réglez la transition par le mode *Étirement débit*, appliqué à la transparence. Placez une nouvelle poignée à la fin de la superposition...

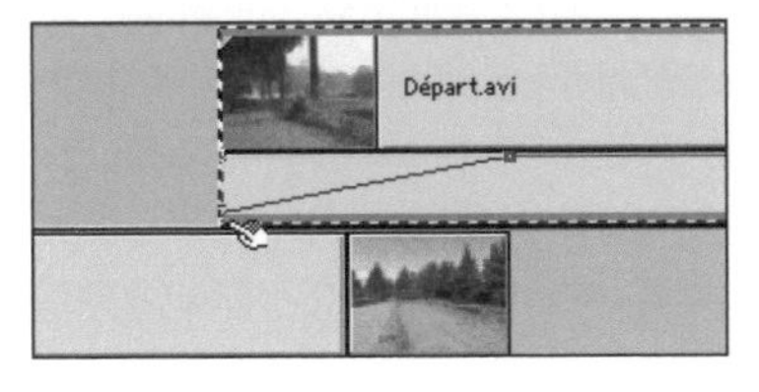

3 Déplacez ensuite vers le bas la poignée positionnée au départ de la zone de superposition...

Vous obtenez ainsi le même effet que précédemment. Grâce à la nouvelle poignée et au déplacement de la poignée de départ, l'opacité de la piste a été modifiée : elle augmente en continu de 0 à 100 % et affiche ainsi lentement la piste placée en dessous.

Cela permet, par exemple, d'ajouter à la transition créée à l'aide de la première méthode une deuxième transition.

Régulation de l'opacité pour une transition non linéaire

En utilisant plusieurs poignées, vous pouvez créer des transitions non linéaires, commençant par exemple très lentement et s'accélérant vers la fin.

Trucs et astuces de coupe et de montage

Que vous travailliez avec Premiere tous les jours ou seulement occasionnellement, votre tâche est toujours plus intéressante si la collaboration est effective.

Voici quelques astuces pour exploiter les outils de Premiere de manière plus efficace.

Positionnement habile

Dans la fenêtre **Montage**, grâce aux nombreuses possibilités d'édition, aux effets, aux transitions et aux images clés, les conditions idéales sont réunies pour donner corps rapidement à vos idées les plus délirantes. Les points d'entrée et de sortie permettent des interventions d'une grande précision sur les clips. Par Drag and Drop, chaque élément peut être positionné et déplacé de manière intuitive. La fonction d'annulation (**Édition/Annuler**) corrige instantanément toute erreur de manipulation.

Malgré toutes ces aides, vous gagnerez encore du temps et vous préserverez votre influx nerveux si vous prenez l'habitude d'employer les aides au positionnement dans le bon ordre.

Coupes intermédiaires pour les interviews et les films familiaux

Au cours des interviews ou des films montrant des discussions dans le cadre familial, il est fréquent que certains passages soient "tremblants".

Dans ces situations, la solution est souvent une coupe intermédiaire : l'interviewé filmé à grande distance, ou dans des situations totalement neutres, des personnes qui se contentent d'écouter la conversation, voire des détails de l'environnement immédiat, etc.

Dans la fenêtre **Montage**, la caméra servant à l'interview reste la base, son clip est placé en piste vidéo 1, les coupes intermédiaires étant placées sur les pistes de surimpression.

Trop court, trop long ?
Modification rapide de la longueur des clips

Dans de très nombreuses situations, vous serez dans l'obligation de modifier la longueur d'un clip en plein milieu d'une séquence, parce que le temps qui lui est affecté est écoulé, parce que sa longueur doit être couplée avec un morceau de musique, etc.

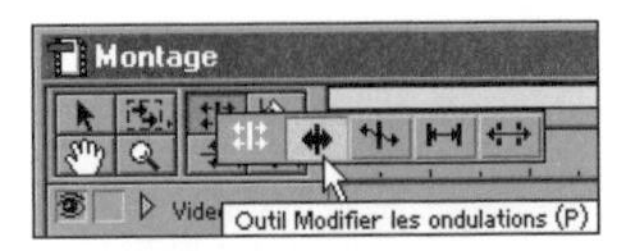

C'est l'outil **Modifier les ondulations** qui vous sera le plus utile pour ces opérations, car il évite le déplacement de blocs complets, tout en permettant un jugement à l'image près de la coupe.

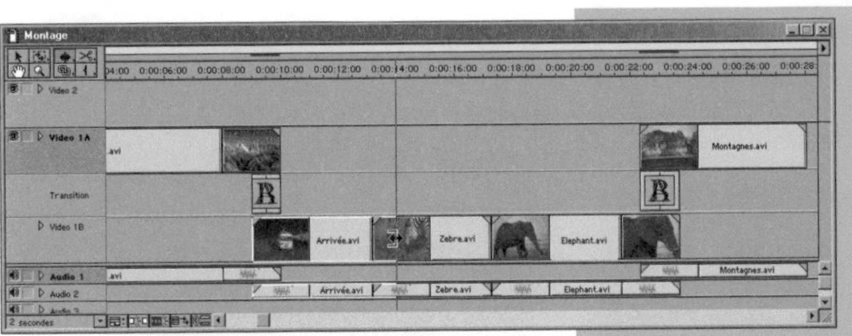

1 Avec l'outil **Modifier les ondulations**, positionnez-vous sur le point de sortie du clip et allongez-le.

L'intérêt est que le point de sortie du premier clip et le point d'entrée du suivant soient visibles dans la fenêtre **Moniteur**, ce qui permet de fixer avec une grande précision le point de transition.

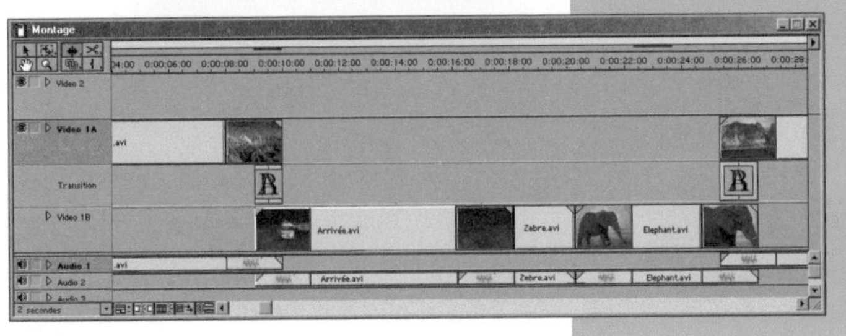

2 Lorsque vous relâchez le bouton de la souris, le clip est allongé en conséquence, et toutes les scènes suivantes sont décalées d'autant.

Vous avez oublié un clip ? Faites de la place !

Vous avez oublié un clip lors du montage ? L'insertion ultérieure ne pose aucun problème.

1 Positionnez la tête de lecture à l'emplacement où le clip doit être inséré.

Il est facile d'accéder aux points de montage dans la fenêtre **Moniteur**, en utilisant les touches de pilotage. L'affichage est immédiatement actualisé et montre les images participant à ce point.

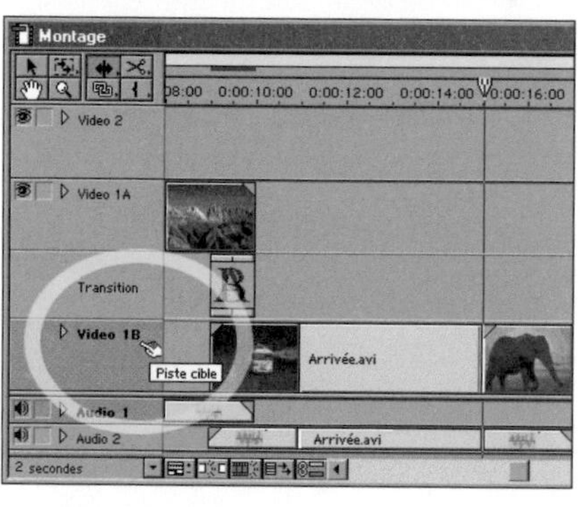

2 Activez la piste sur laquelle le clip doit venir prendre place.

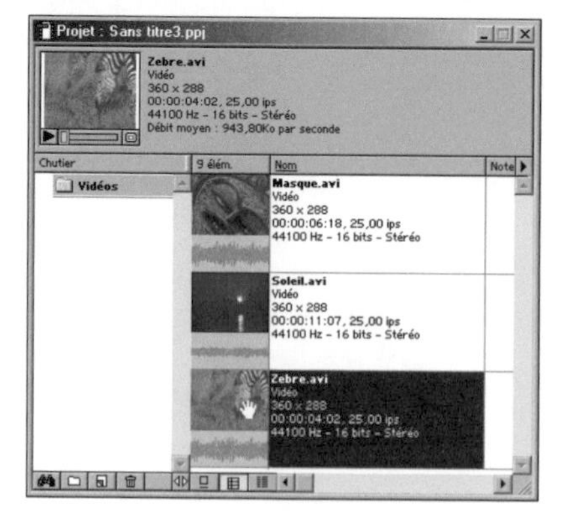

3 Chargez le clip à insérer dans la fenêtre **Élément**, en double-cliquant dessus dans la fenêtre de projet.

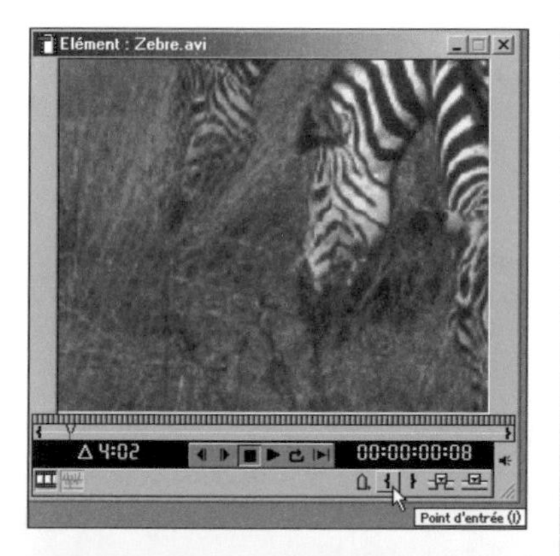

4 Rendez-vous avec les touches de pilotage à l'endroit à partir duquel la scène devra être visible dans le futur film et définissez le point d'entrée.

5 Procédez de même pour la fixation du point de sortie. Cela fait, il reste à envoyer le clip dans la fenêtre **Montage**.

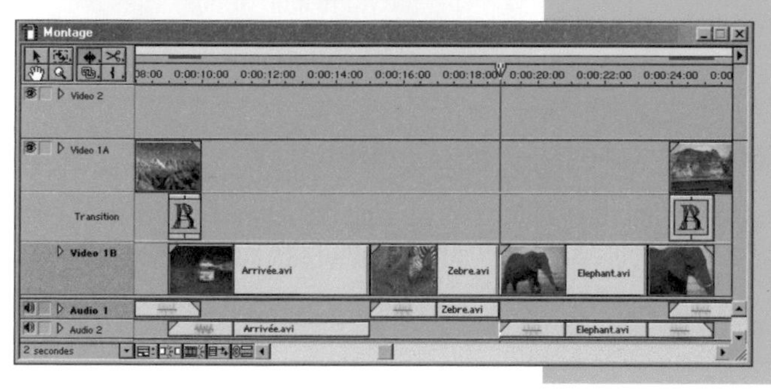

6 À partir du point d'insertion, tous les clips sont décalés vers la droite, de la longueur du nouveau clip.

Insérer un clip dans un montage terminé

Le film a été monté dans les délais ; mais voici qu'un nouveau clip doit y prendre place, sans que le reste ne soit décalé. Avec Premiere, c'est un jeu d'enfant.

1 À l'endroit où le clip doit être inséré, placez une coupe pour un point d'entrée.

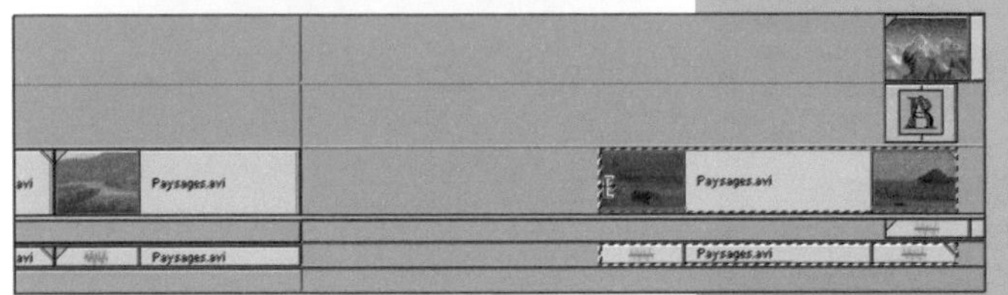

2 Avec l'outil **Sélection**, déplacez le reste du clip pour faire place au clip à insérer, jusqu'à ce que vous ayez trouvé un point de sortie adapté.

3 Déplacez les deux clips, à gauche et à droite du trou, sur une piste de surimpression, et insérez le clip manquant sur une piste de faible priorité.

4 Vérifiez le résultat, et positionnez le clip inséré de sorte que ce résultat vous convienne. Au besoin, modifiez les points d'entrée et de sortie.

Coupe effective des scènes indésirables

Pour les scènes que vous souhaitez supprimer radicalement, le plus simple est de placer un point de coupe à la fin de la scène à retirer, puis d'utiliser l'outil **Modifier les ondulations** pour redimensionner le clip.

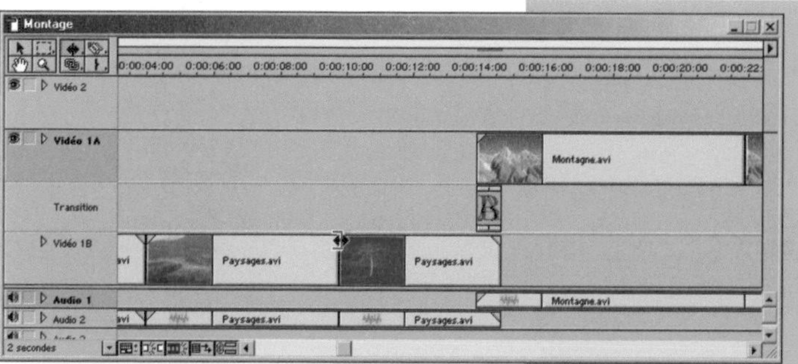

1 Faites une coupe dans le clip à l'emplacement voulu, puis activez l'outil **Modifier les ondulations**.

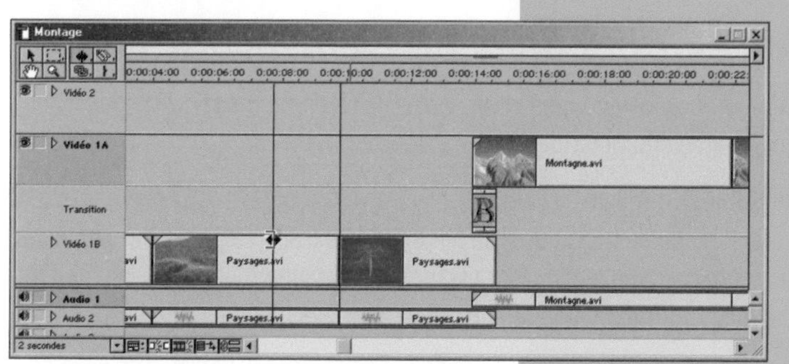

2 Faites glisser la fin du clip à retirer vers la gauche.

Dans la fenêtre **Moniteur**, vous verrez, à droite, l'image suivante et à gauche la position actuelle dans le clip, c'est-à-dire l'emplacement où le clip sera raccourci lorsque vous relâchez le bouton de la souris.

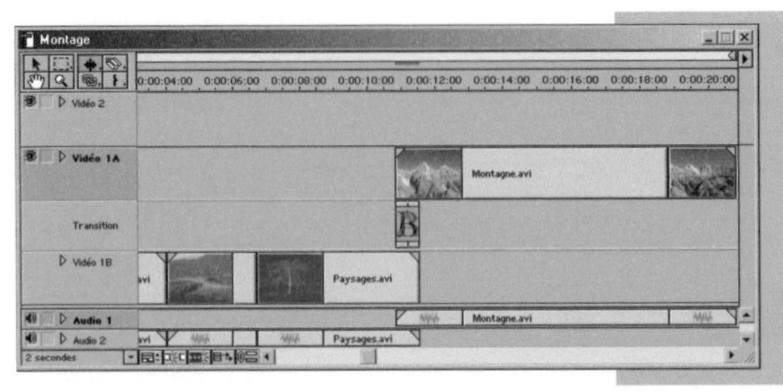

3 Relâchez le bouton de la souris lorsque vous aurez trouvé un endroit adéquat. Le clip est automatiquement abrégé et la suite est accolée.

Combiner des extraits dans un élément virtuel

Si vous avez effectué de nombreuses coupes et un vaste travail de montage, vous pouvez combiner l'ensemble dans un élément virtuel.

L'élément virtuel est utilisable comme un clip normal, c'est-à-dire avec le mode *Étirement débit*, avec des transitions et des effets, etc. Les constructions complexes, s'étendant sur plusieurs pistes et intervenant à répétition dans le film (par exemple l'animation d'un logo), ne sont à construire qu'une seule fois : pour les répétitions, vous ferez appel à un élément virtuel.

C'est également une solution pour appliquer des modifications, par exemple des effets, sur un grand nombre d'éléments.

Voici comment combiner des clips en un élément virtuel.

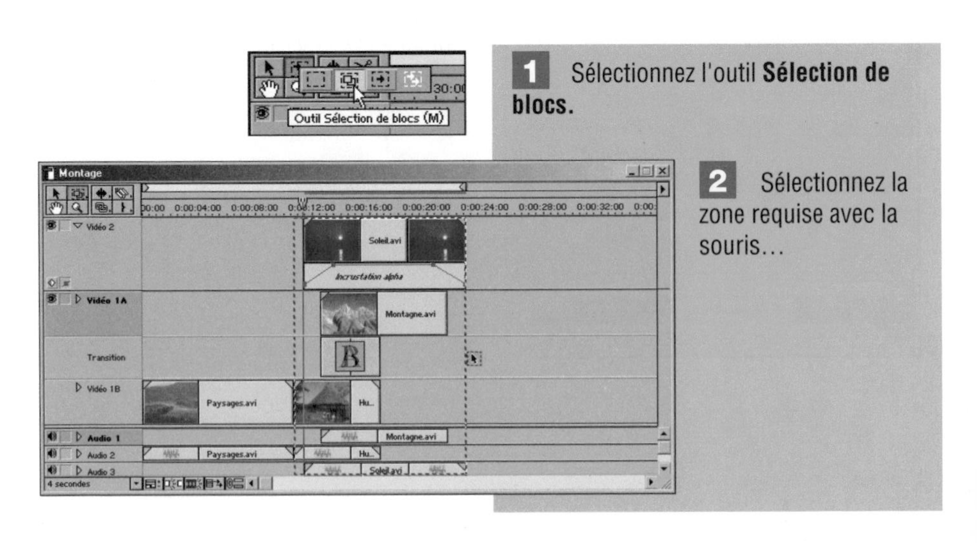

1 Sélectionnez l'outil **Sélection de blocs.**

2 Sélectionnez la zone requise avec la souris...

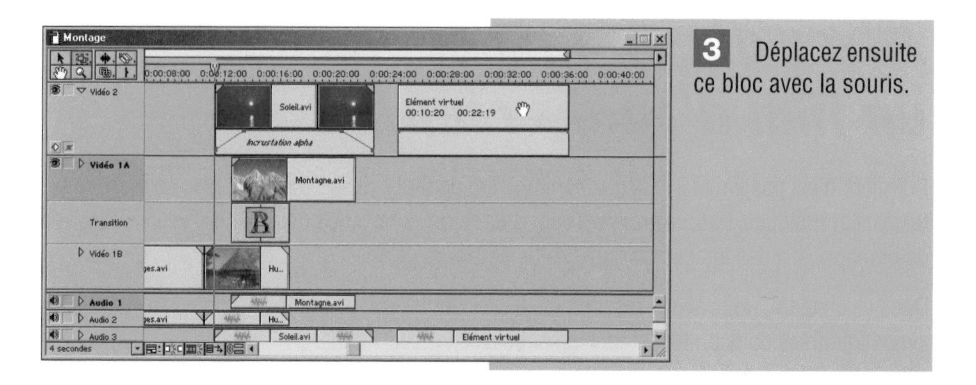

3 Déplacez ensuite ce bloc avec la souris.

INFO

Afficher le début et la fin du clip

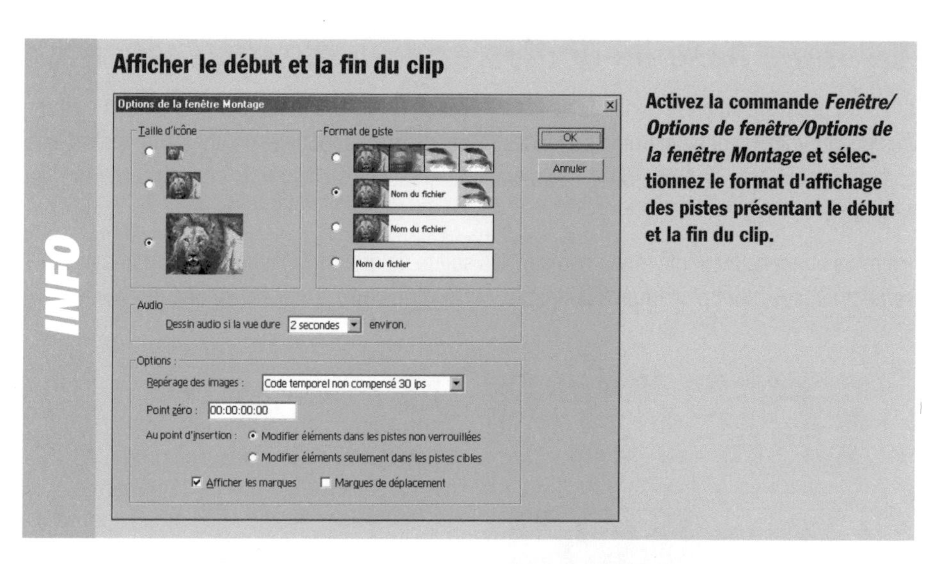

Activez la commande *Fenêtre/Options de fenêtre/Options de la fenêtre Montage* et sélectionnez le format d'affichage des pistes présentant le début et la fin du clip.

L'intérêt de cette forme de présentation est qu'elle est très rapide. Il n'y a pas de temps d'attente liés aux innombrables images individuelles dans la fenêtre **Montage**.

Mixer diaporama et vidéo : un film d'anniversaire

Premiere n'est pas limité à la seule manipulation de films : il sait travailler avec de nombreux formats graphiques. Dans la pratique, vous serez ainsi confronté à des images fixes, sous forme de bitmaps, et à des images composées de plusieurs calques.

Dans ce chapitre, nous avons rassemblé un certain nombre de photos numérisées et nous les avons intégrées dans un film d'anniversaire, avec un clip vidéo.

Le film à base de photos et d'un montage vidéo

L'album photos a sa place dans toutes les familles. Il recèle toujours quelques trésors cachés, des instantanés ou des polaroïds pris à des moments exceptionnels, qu'une caméra n'est pas toujours en mesure de saisir. Dans Premiere, il est possible de combiner ces éléments pour en faire un film.

Pour les images, une règle fondamentale : les sujets de grande taille, remplissant quasi entièrement l'image, sont plus impressionnants, car la diffusion sur un téléviseur a des limites.

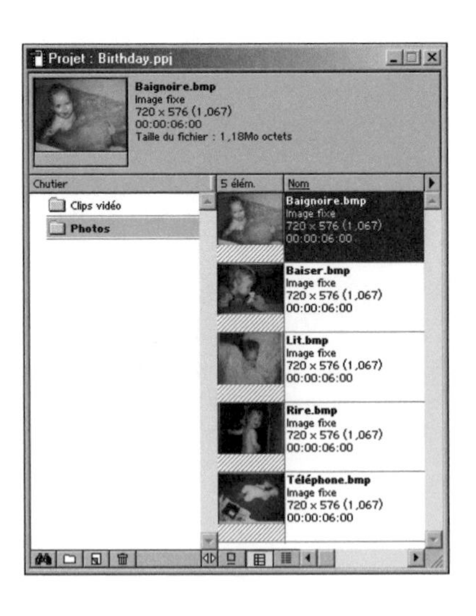

1 Numérisez ces photos et enregistrez-les comme bitmaps, si possible dans le format (en pixels) du projet Premiere. Vous les importerez ensuite dans la fenêtre de projet comme à l'accoutumée, par un double clic.

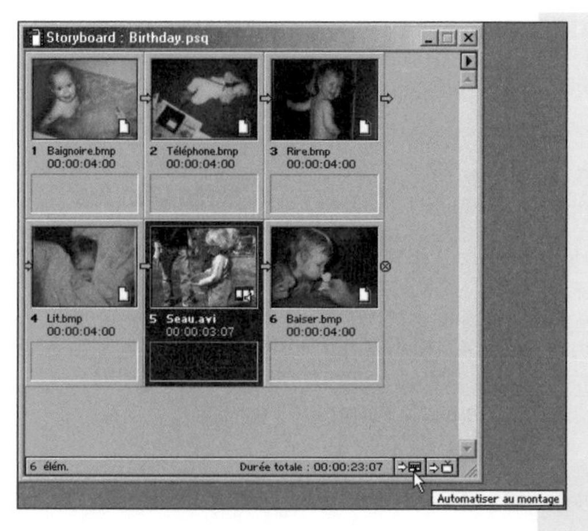

2 La combinaison des images fixes et animées peut être définie dans un Storyboard ou directement dans la fenêtre **Montage**. Essayez de ne pas accoler un trop grand nombre d'images fixes.

La solution que nous présentons ici, le Storyboard, permet une définition plus souple et plus confortable de la chronologie. Avec un double clic, il est possible de régler individuellement la durée d'affichage de chaque image. En principe, 3 à 5 secondes suffisent.

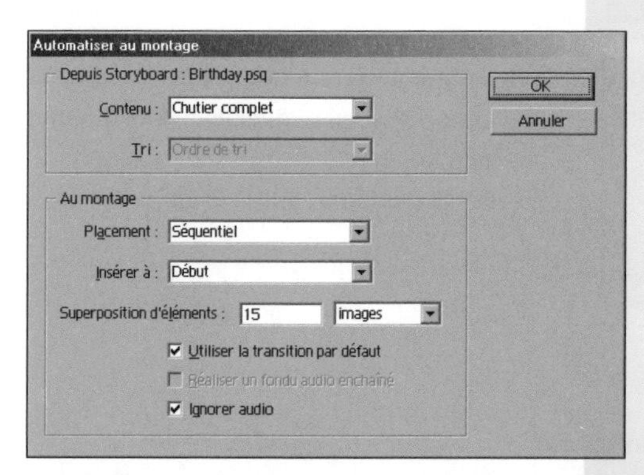

Le bouton **Automatiser au montage** transfère tous les éléments dans la fenêtre **Montage**.

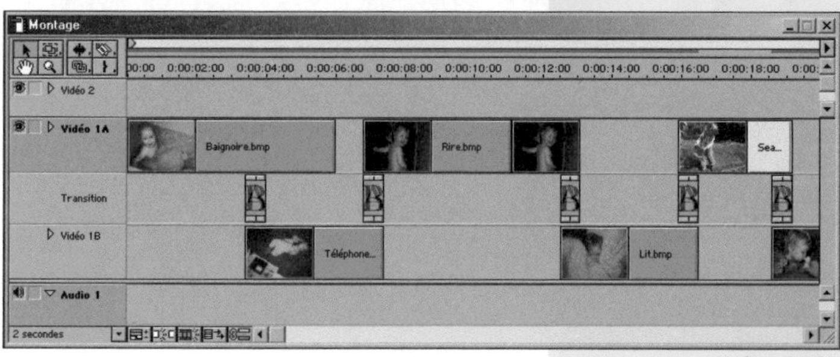

3 Et voici le résultat après un clic sur OK (figure ci-contre).

4 En ce qui concerne les transitions entre photo et vidéo, vous avez entière latitude : coupe franche ou transition par fondu, tout est à votre convenance.

Modification ultérieure de la durée d'affichage des images fixes

Une image fixe insérée dans le montage peut voir sa durée d'affichage varier.

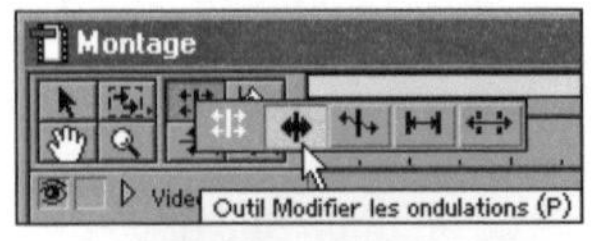

1 Sélectionnez l'outil **Modifier les ondulations**.

2 Placez le pointeur à la fin de l'élément, jusqu'à ce que le pointeur prenne la forme de l'outil.

3 Appuyez sur le bouton de la souris, maintenez-le ainsi et déplacez l'extrémité de l'élément vers la droite, pour l'allonger, ou vers la gauche, pour le réduire.

INFO

Quelle longueur ? Voir les informations

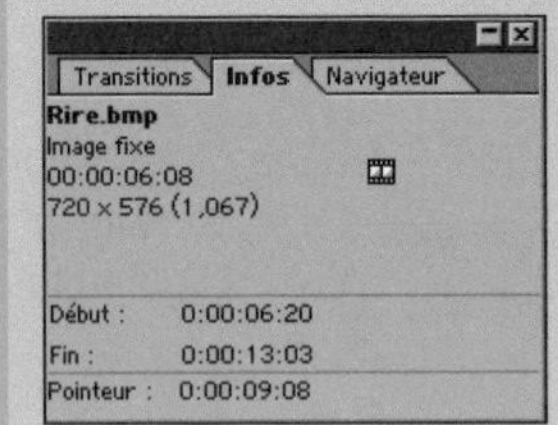

Pour appliquer une longueur précise à un élément, affichez la fenêtre *Infos*. C'est elle qui affiche cette donnée.

Titres et génériques professionnels

Bien évidemment, Premiere dispose d'un générateur de titres. À première vue, il peut vous sembler spartiate, mais ne vous y trompez pas !

La construction d'un titre, comme dans tous les programmes de ce type, est orientée "objet" ; en d'autres mots, les objets graphiques ou les textes que vous mettez en place restent éditables individuellement.

Pas un film sans titre - un titre personnel

Le premier titre est vite créé.

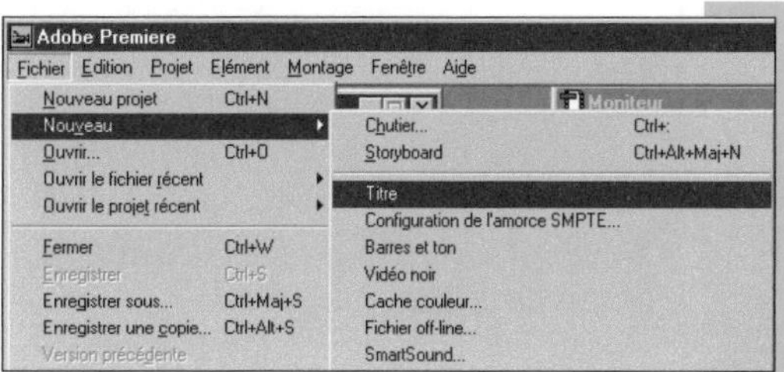

1 Le générateur de titre est ouvert par la commande **Fichier/ Nouveau/Titre**. Si vous disposez déjà d'un titre (fichier avec extension *.ptl*), vous pouvez également double-cliquer dessus.

La centrale de commande est claire et facile d'emploi : à gauche, une boîte à outils avec sélection des couleurs et réglage de transparence ; à droite, une zone d'édition du titre.

L'apprentissage de cette interface est très rapide ; elle est hautement intuitive. À titre d'exemple, pour créer une ombre pour un objet sélectionné, il suffit de positionner celle-ci avec la souris, dans la petite fenêtre, au bas de la boîte à outils.

Pour définir le format d'un texte, sachez que tous les paramètres sont accessibles, soit par le menu **Titre**, soit par un clic avec le bouton droit de la souris dans la fenêtre de titre.

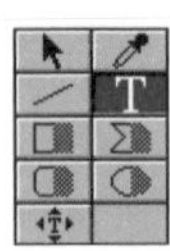

2 Pour pouvoir écrire un texte, il faut d'abord sélectionner l'outil **Texte**...

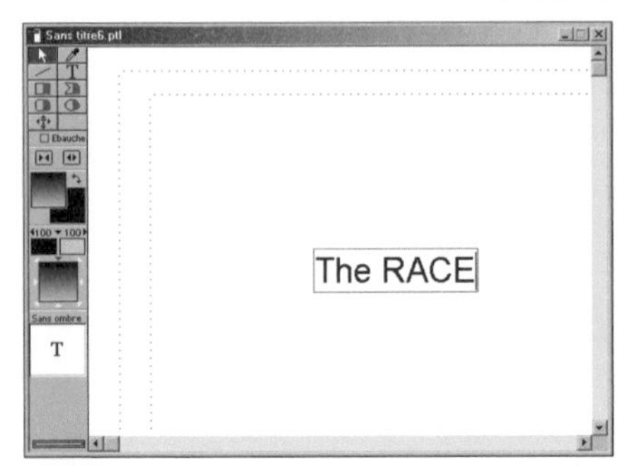

... avant de cliquer dans la fenêtre d'édition et de commencer la saisie.

3 Lors de l'abandon du cadre de saisie du texte par sélection d'un autre outil, ou suite à un clic en un autre endroit de la fenêtre, Premiere applique au texte la couleur ou le dégradé de premier plan définis dans la boîte à outils.

4 Par le sélecteur de couleur, il est possible de modifier l'apparence de l'objet sélectionné.

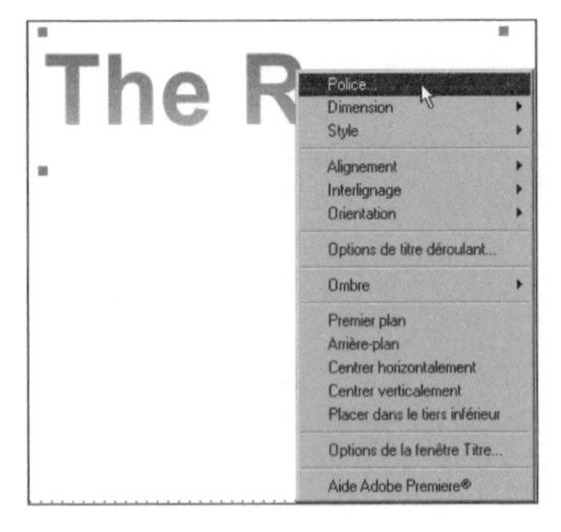

5 Un clic avec le bouton droit de la souris sur un objet sélectionné ouvre son menu contextuel : celui-ci propose diverses options de mise en forme.

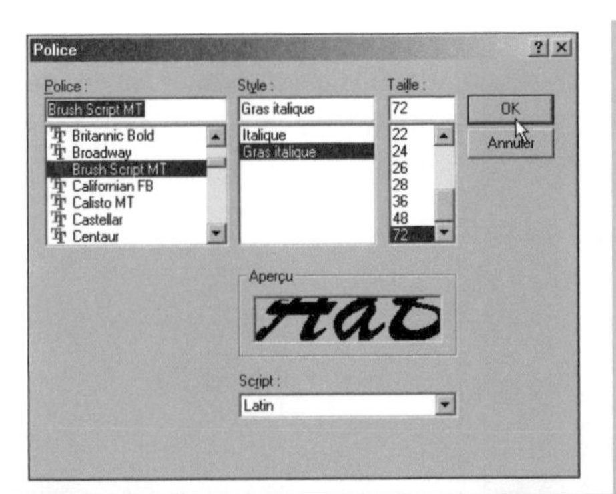

Pour la sélection de la police, il faut un peu de doigté. Elle doit être choisie en fonction du contenu et, principalement, au vu de ses caractéristiques de lisibilité. Pour notre sujet, une police dynamique et élégante s'impose.

Le résultat est tout à fait acceptable.

6 Le tableau de titre ainsi créé est ensuite enregistré par la commande **Fichier/Enregistrer sous**.

Un élément comme arrière-plan du titre

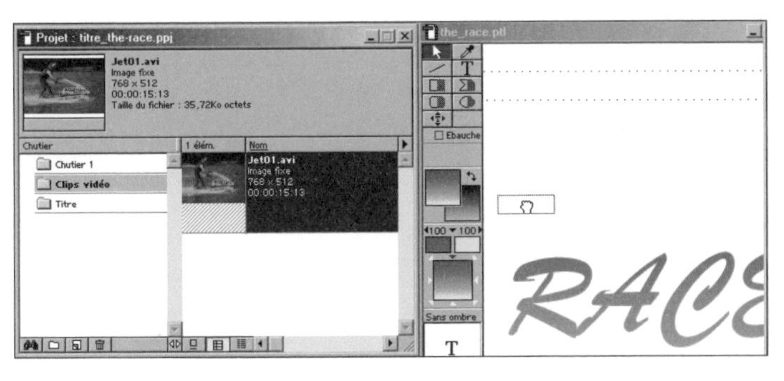

Pour juger, dès la création, de quelle façon le titre s'harmonisera avec son arrière-plan, vous avez possibilité de tirer un clip dans la fenêtre de titre.

L'arrière-plan ainsi positionné sert à l'orientation et permet de positionner le texte sans d'innombrables expérimentations.

INFO

Une image quelconque tirée du clip par une image postérisée

Si vous souhaitez placer dans la fenêtre de titre une image autre que la première du clip, chargez ce dernier dans la fenêtre *Élément* ; rendez-vous ensuite à la position requise et créez une image postérisée, par la combinaison de touches Ctrl+Alt+0 (clavier alphabétique). Si le clip est déjà en place comme arrière-plan du titre, l'image est automatiquement actualisée.

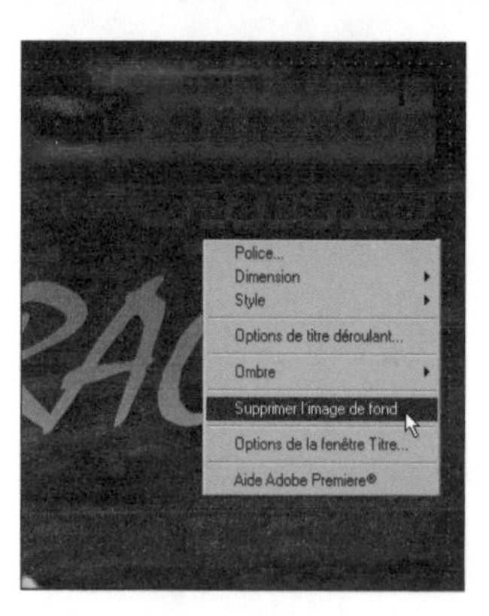

Un clic de souris suffit à supprimer cette image de fond.

Titre transparent : clip de titre sur piste de surimpression

Une question sérieuse et importante doit être évoquée : quel est le rôle du titre, de quel arrière-plan a-t-il besoin ?

Un titre sur un arrière-plan noir n'est pas forcément la solution la plus attrayante, même si l'on gagne beaucoup en lisibilité. L'idéal est de penser, dès le tournage, au futur titre et de filmer des motifs qui se prêtent au titrage, à condition que vous ayez opté pour un arrière-plan réel.

Pour éviter que le titre n'apparaisse systématiquement sur un fond blanc, son clip doit être affecté d'une transparence. Premiere s'en charge pour vous.

1 Le futur clip d'arrière-plan est placé sur la piste vidéo 1.

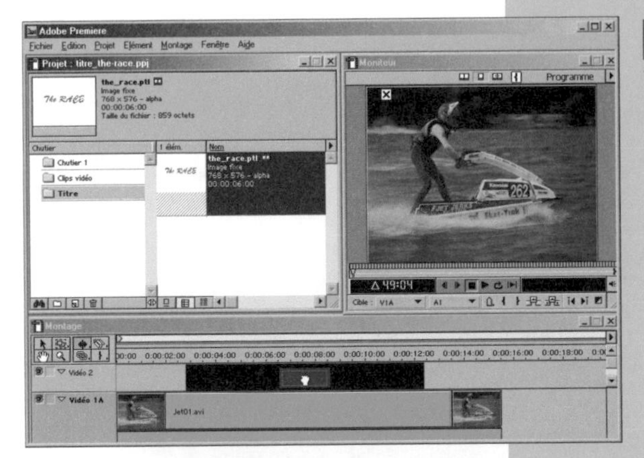

2 Faites glisser le clip de titre depuis la fenêtre de projet sur une piste de surimpression.

Comme le titre est placé sur une piste de surimpression, Premiere lui affecte automatiquement un cache blanc alpha : l'arrière-plan blanc est invisible, ce que vous constatez aisément en faisant défiler le film dans la fenêtre **Moniteur**, en maintenant la touche Alt appuyée, tout en déplaçant la tête de lecture dans la fenêtre **Montage**.

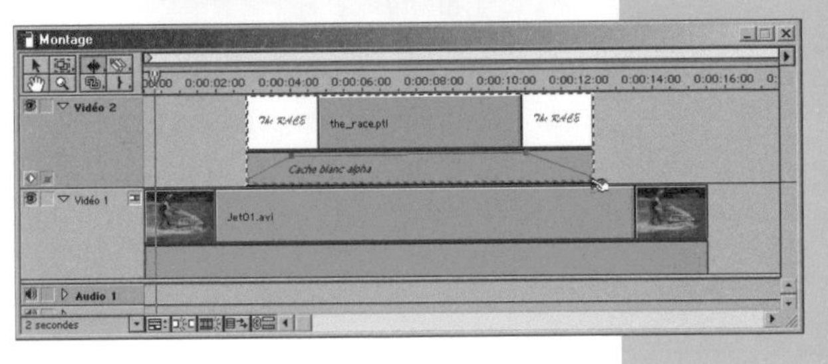

3 Ce titre, nous allons le faire apparaître et disparaître progressivement, par le réglage de transparence.

4 Le titre apparaît en une seconde, et disparaît dans le même laps de temps.

Un titre en mouvement : l'éditeur de mouvement

Que diriez-vous si, au lieu d'afficher un titre fixe, nous le mettions en mouvement : le titre pourrait ainsi apparaître en "volant", ce qui animerait encore un peu plus la scène.

Le point de départ est le clip de la piste vidéo 2 (sans transition) et le clip d'arrière-plan de la piste vidéo 1.

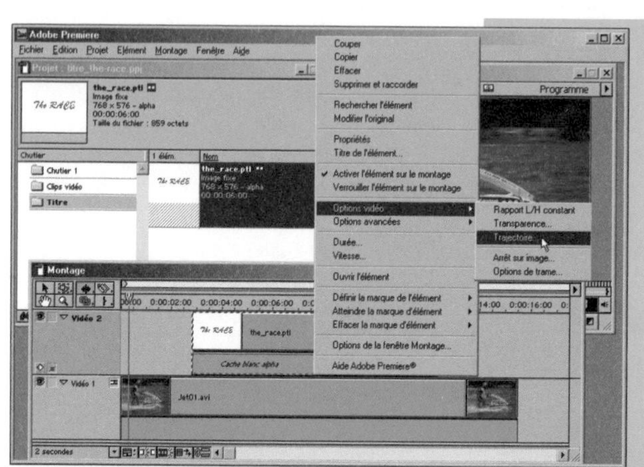

1 Un clic avec le bouton droit de la souris sur le clip de titre...

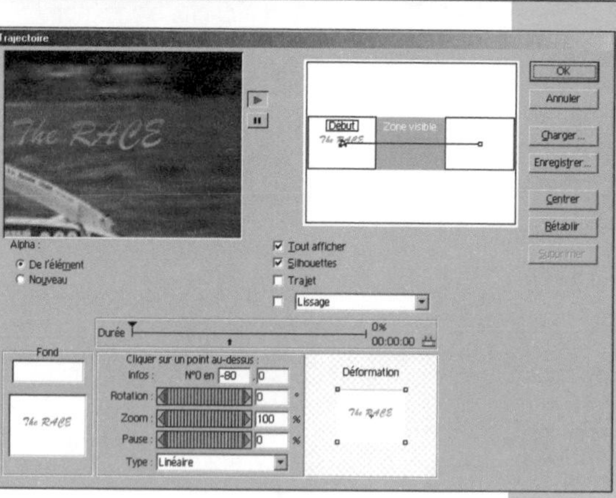

... permet d'accéder à la commande **Trajectoire** des options vidéo.

La prévisualisation en cours montre la structure standard : le clip traverse l'image de gauche à droite.

Il n'y a pas grand-chose à modifier : nous souhaitons simplement que le titre se stabilise un court instant, au milieu de l'image.

2 Désactivez l'aperçu d'un clic sur le bouton **Pause**.

3 En déplaçant dans un sens et dans l'autre la petite flèche, sous l'échelle des temps, vous pouvez piloter avec précision l'accès à un emplacement précis du clip.

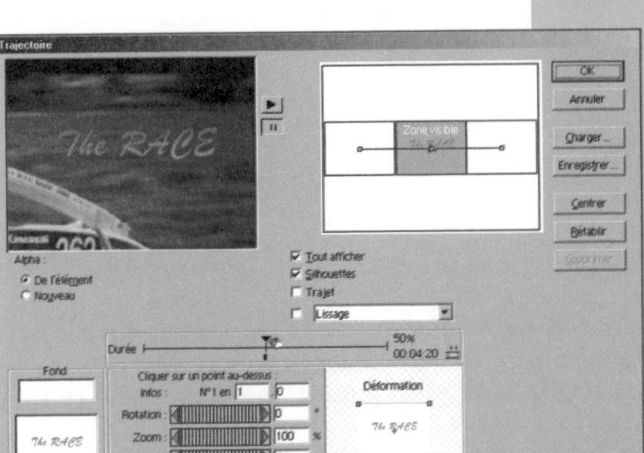

4 Déterminez la position où le titre est parfaitement centré dans l'image et cliquez en cette position, au-dessus de l'échelle des temps. Vous venez de créer une image clé.

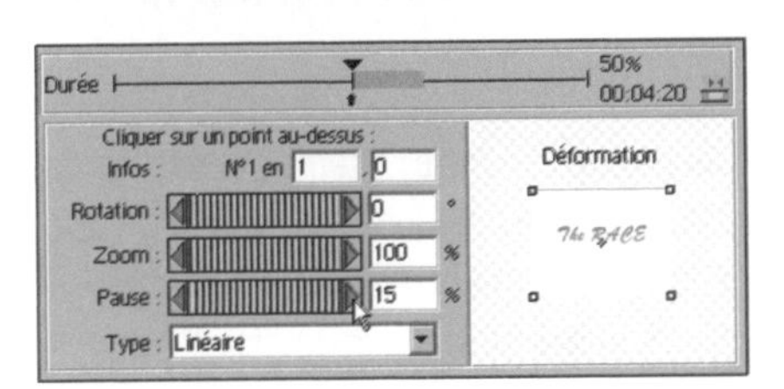

5 Déplacez avec la souris, en maintenant le bouton appuyé, le curseur de réglage *Pause*, pour définir la durée de la pause lorsque le clip arrivera à cet emplacement. Cette pause est matérialisée sous forme d'une barre bleue, sur l'échelle des temps.

Pour juger de l'effet, cliquez sur le bouton de lecture, à droite de la fenêtre de prévisualisation.

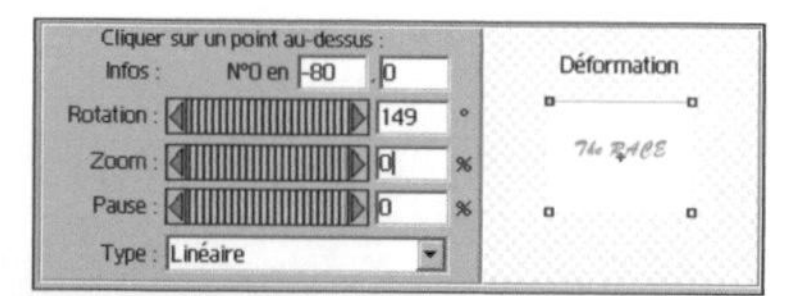

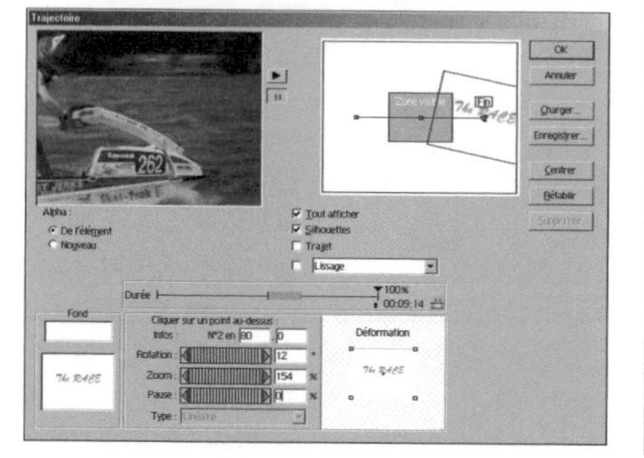

6 Pour que le titre se tourne dans l'image, nous activons la première image clé...

7 ... et nous modifions la valeur des curseurs *Rotation* et *Zoom*.

8 Procédez de même pour la dernière image clé.

Après fermeture de l'éditeur, vous pouvez admirer le résultat.

> **INFO**
>
> **Recycler les anciens titres**
>
> **Il est toujours intéressant de passer du temps sur les titres de vos films. Souvent, vous pourrez récupérer le fruit de votre travail pour un autre film, en changeant le texte, la police ou les paramètres de trajectoire, mais sans être obligé de reproduire le même travail à chaque fois en partant de zéro.**

Délaver les images d'arrière-plan complexes par des surfaces de couleur

Cet exemple montre l'intérêt d'une telle image d'arrière-plan pour juger de l'effet d'un titre. Il s'agit d'une image relativement complexe ; elle rend la lecture du texte délicate.

Si vous souhaitez malgré tout utiliser ces éléments, une surface de couleur peut considérablement améliorer les choses.

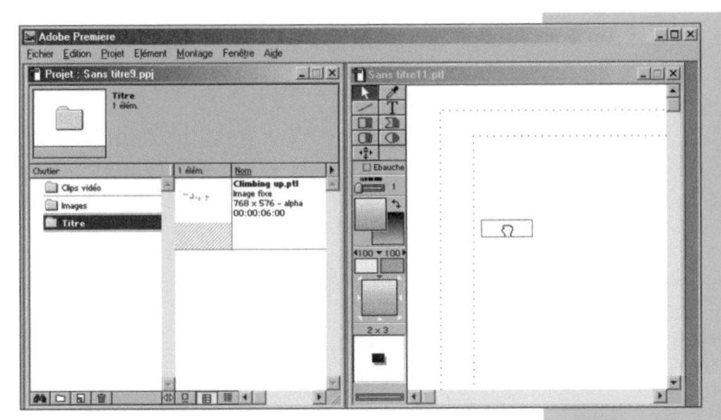

1 Créez un nouveau titre, et prenez le premier titre comme arrière-plan (faites glisser le premier dans la fenêtre de titre).

2 Avec l'outil **Polygone rempli**, nous créons une zone qui servira d'arrière-plan au texte. Le titre d'arrière-plan permet de tracer ce rectangle et de l'ajuster parfaitement au texte.

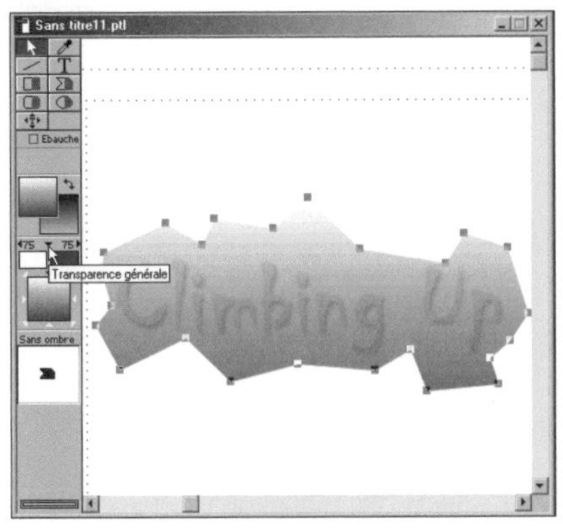

3 Comme couleur, nous avons choisi un dégradé de blanc vers gris clair, avec une transparence d'environ 75 %.

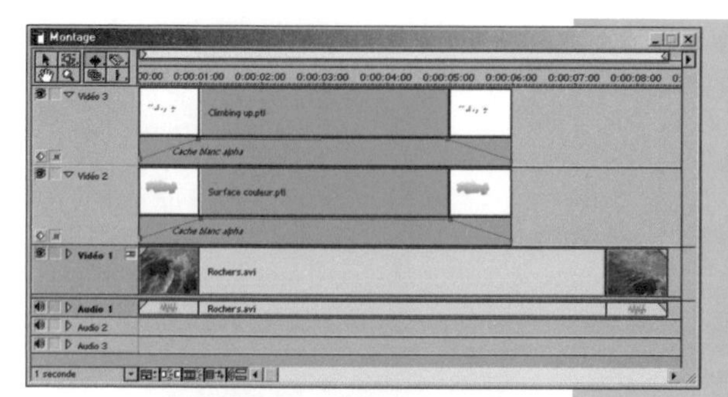

4 Pour le tableau, nous avons créé une deuxième piste de surimpression (clic avec le bouton droit de la souris dans la fenêtre **Montage** et commande **Ajouter une piste vidéo**, dans le menu contextuel). Puis nous avons organisé les clips de manière à ce que le titre complet, avec tous ses éléments, apparaisse et disparaisse progressivement.

INFO

Des effets appliqués aux titres

Les clips de titre peuvent tout à fait être affectés de filtres ou d'effets. Ces derniers peuvent donner du relief au titre, à condition de faire très attention à sa lisibilité : un papier cadeau fait rarement un bon papier à lettre !

Sous-titre : quand les mots manquent

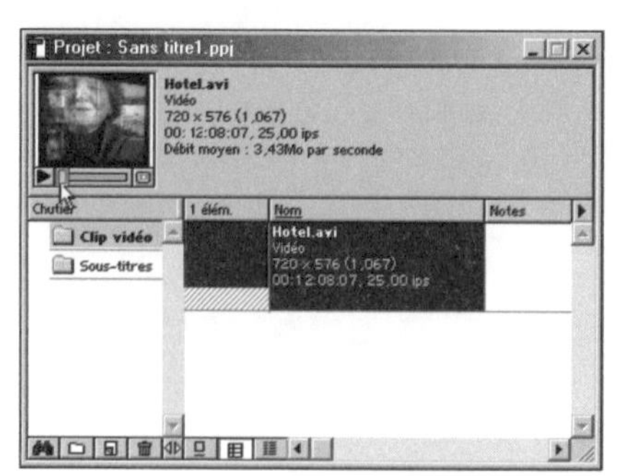

Pour la création de sous-titres, le générateur de titre de Premiere est un outil bien adapté. Le film à sous-titrer est d'abord ouvert ; il s'agit dans ce cas d'un fichier vidéo prêt à l'emploi, lu à partir du master.

Pour les sous-titres, nous créons un nouveau chutier, dans la fenêtre **Projet**.

Par l'aperçu de cette fenêtre, nous cherchons la première image à sous-titrer.

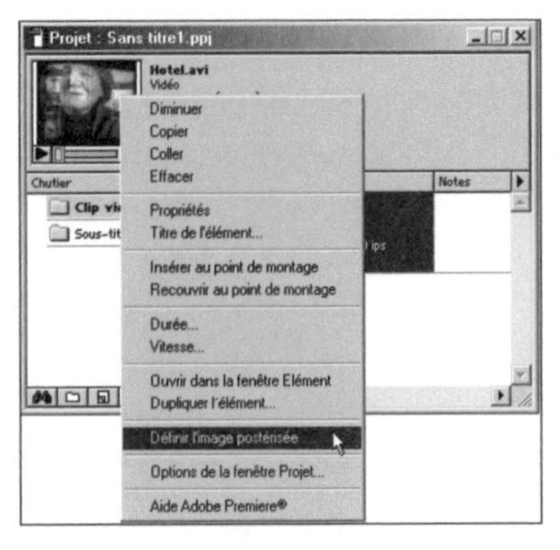

L'image affichée dans l'aperçu du clip peut être définie comme image de titre, par le menu contextuel, ouvert en cliquant dessus avec le bouton droit. Cette image sert en principe à la présentation, dans la fenêtre **Projet**, d'une image typique du clip ; bien souvent en effet, la première image du film n'est pas très expressive et ne donne pas d'indication sur le contenu (ici, il s'agit par exemple d'un fond totalement noir).

Pour la création du titre, cette image postérisée est bien pratique, comme vous allez vite vous en rendre compte.

1 Activez la commande **Fichier/ Nouveau/Titre**.

Ce tableau de titre nous servira de modèle.

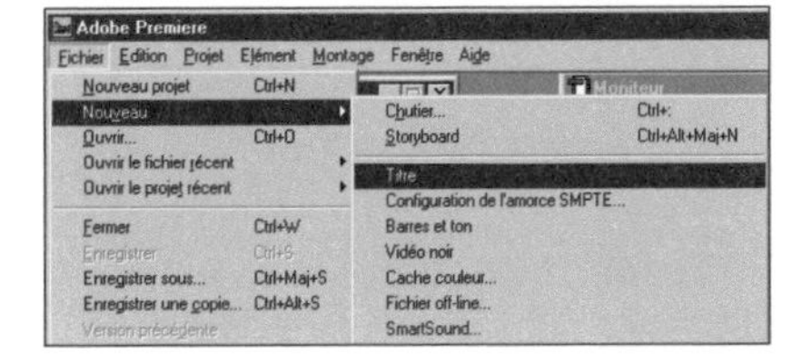

2 Pour utiliser notre image postérisée comme image d'arrière-plan du titre, il suffit de faire glisser le clip de la fenêtre **Projet** dans la fenêtre **Titre**.

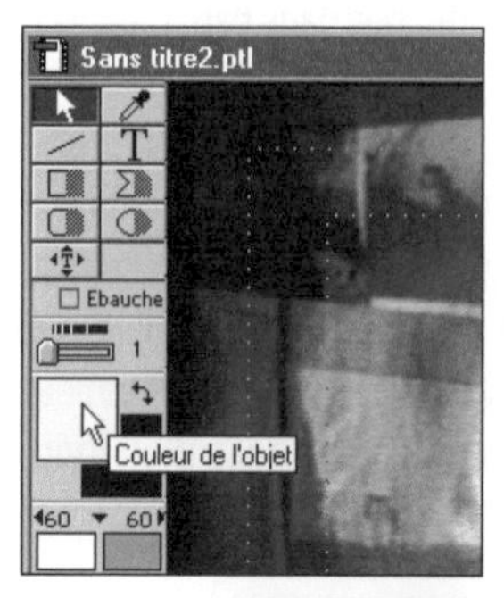

3 Pour que le texte soit toujours bien lisible sur l'arrière-plan changeant, nous le plaçons sur une surface presque transparente.

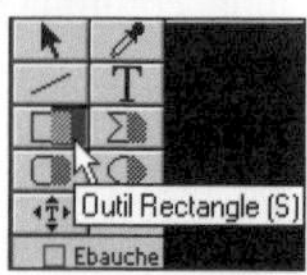

Après avoir sélectionné la couleur noire, nous traçons le rectangle d'arrière-plan avec l'outil **Rectangle**.

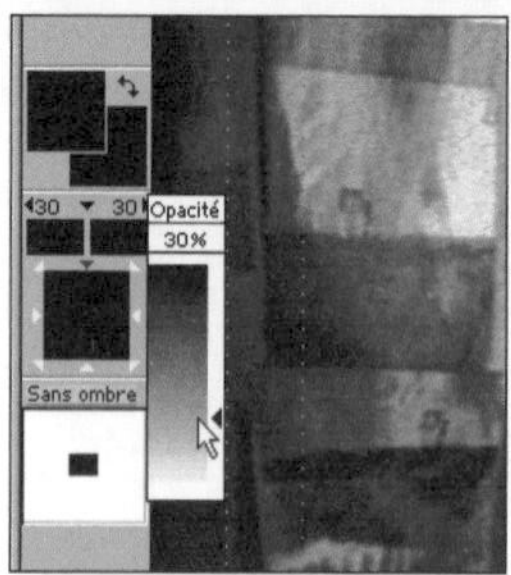

4 Pour appliquer à ce rectangle une transparence homogène, sélectionnez-le et fixez les deux curseurs de réglage de la transparence sur une même valeur, comprise entre 20 et 30 %.

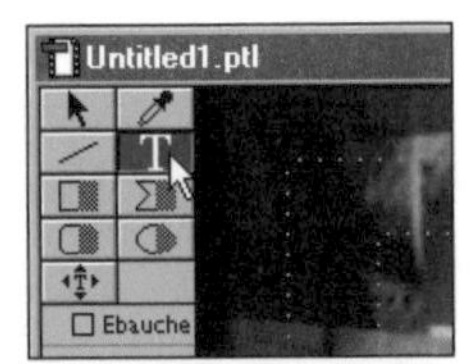

5 Pour la saisie du texte, il nous faut l'outil **Texte**.

Après un clic à la position requise, la saisie peut commencer.

6 En fonction des paramètres, une fois saisi, le texte devra être sélectionné avec la souris, pour lui appliquer la couleur (blanc) et la transparence (les deux curseurs sur 100 %) requises.

Voilà pour le texte brut.

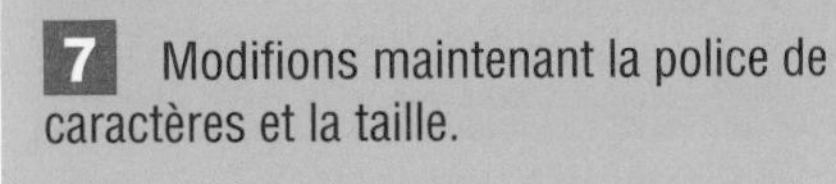

7 Modifions maintenant la police de caractères et la taille.

Le plus simple est d'ouvrir la boîte de dialogue **Police** par le menu contextuel, après un clic avec le bouton droit de la souris dans le texte.

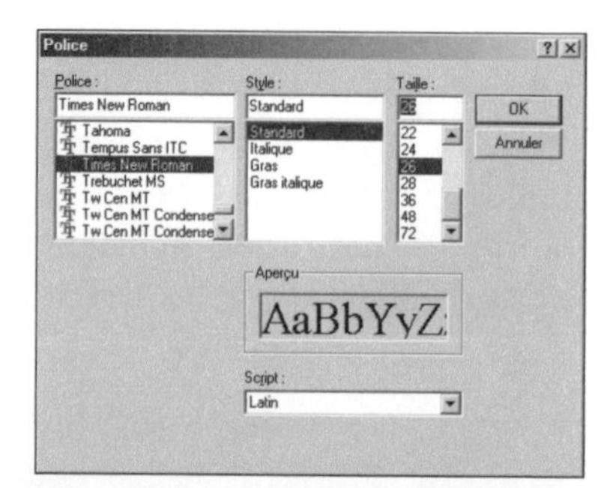

Par cette boîte de dialogue, vous définirez police et taille, sachant que cette dernière peut également être définie par la commande de menu **Titre/Dimension**.

8 Avec la souris, vous pouvez ensuite positionner le texte à souhait.

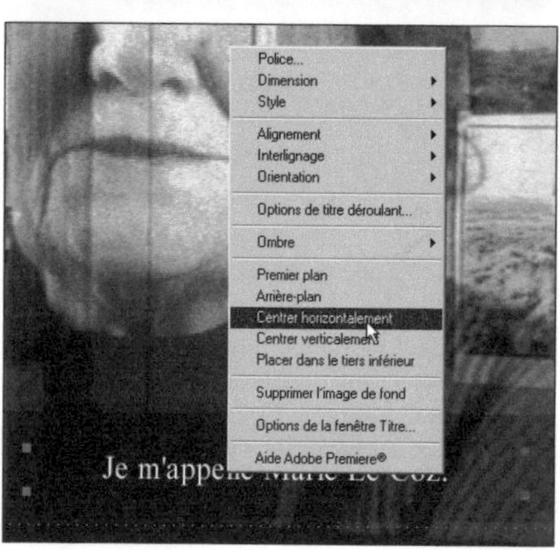

En deux clics de souris, le texte est centré horizontalement.

Terminé !

Enregistrez le titre par la commande **Fichier/Enregistrer sous**, sachant que les fichiers de titres seront numérotés, pour permettre leur exploitation ultérieure.

INFO

Toujours dans l'image : les zones de titre protégées

En principe, les parties circonscrites par des cadres en pointillés signalent les zones garanties comme étant visibles sur l'écran de votre téléviseur. Le cadre intérieur correspond à la zone dite "Title Safe", le cadre extérieur indiquant la zone "Action Safe". Si ces cadres ne sont pas affichés, activez les options de la fenêtre de titre par son menu contextuel et cochez la case *Afficher les Titres admissibles*.

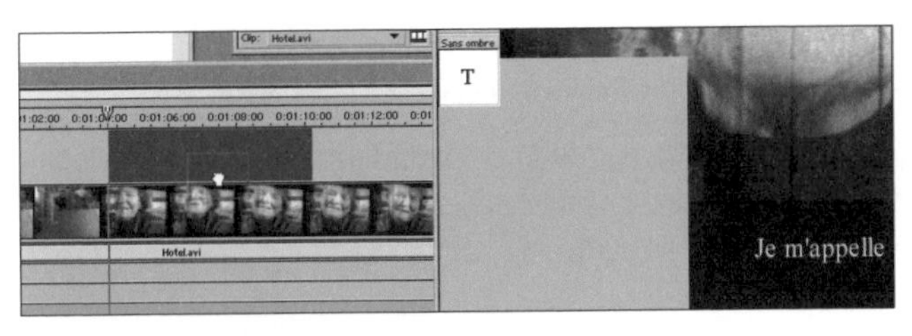

Pour positionner le titre dans le film, avancez jusqu'à l'emplacement requis, puis faites-le glisser sur la piste concernée de la fenêtre **Montage**.

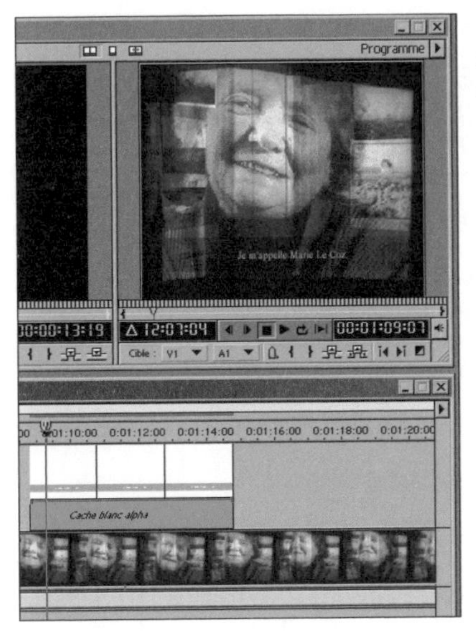

Un aperçu dans la fenêtre **Montage** (scrubbing avec la touche Alt appuyée) permet de visualiser le titre.

INFO

Malgré la transparence, le titre reste blanc ?

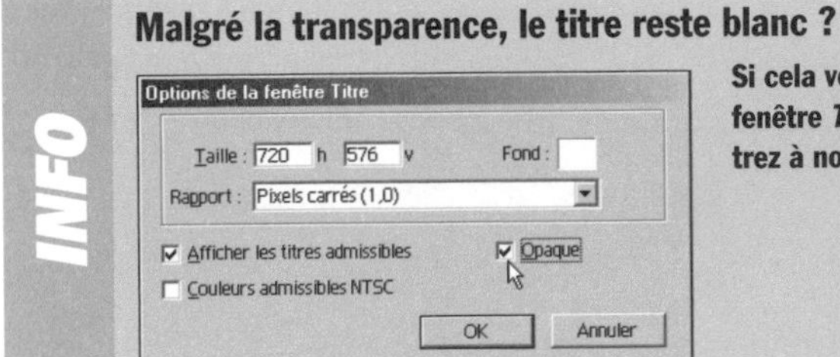

Si cela vous arrive, passez dans les options de fenêtre *Titre*, activez l'option *Opaque* et enregistrez à nouveau le titre.

Pour les autres tableaux, vous pouvez conserver la fenêtre **Titre** ouverte. Il suffit à chaque fois de modifier le texte et d'enregistrer le tout sous un autre nom.

Si une nouvelle image d'arrière-plan doit intervenir, supprimez celle en place par la commande **Supprimer l'image d'arrière-plan** dans le menu contextuel de la fenêtre **Titre**.

Lorsque tous les sous-titres sont créés et dotés de la longueur requise, il reste à recalculer le film dans son ensemble, si vous ne disposez pas d'un matériel permettant la fusion en temps réel (par exemple Pinnacle DV-500 ou Matrox RT-2000).

Créer une version en une autre langue

1 Tous les titres (*.PLT) sont copiés dans un nouveau dossier de la fenêtre **Projet** (par exemple le dossier *Anglais*) ; le dossier initial est temporairement renommé (par exemple de *Sous-titres* en *Français*).

2 Ouvrez le projet Premiere avec les sous-titres en français.

3 Du fait du changement de nom du dossier d'origine, les tableaux de titre ne sont pas localisés. Le programme demande où se trouvent ces titres.

4 Spécifiez le dossier *Anglais*.

5 Lorsque Premiere a ouvert le projet avec les nouveaux liens, enregistrez ce projet sous un autre nom.

Le générique déroulant classique

Simple, élégant et rapide : le titre déroulant.

Le texte du générique défile verticalement à l'écran, en général de bas en haut. Dans Premiere, vous créerez ce générique avec l'éditeur de titre.

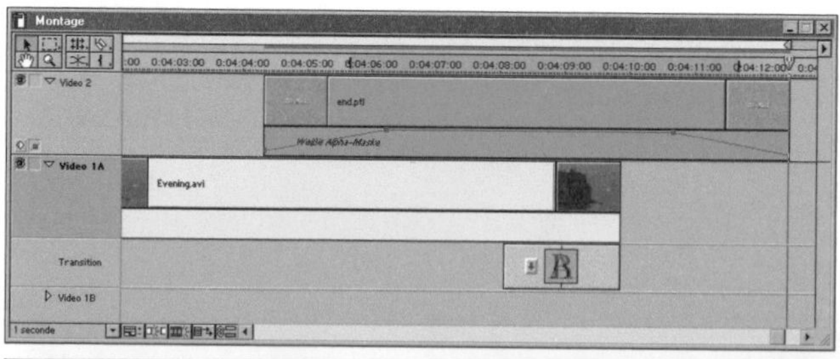

Pour notre exemple, nous souhaitons que soit affiché un titre The End.

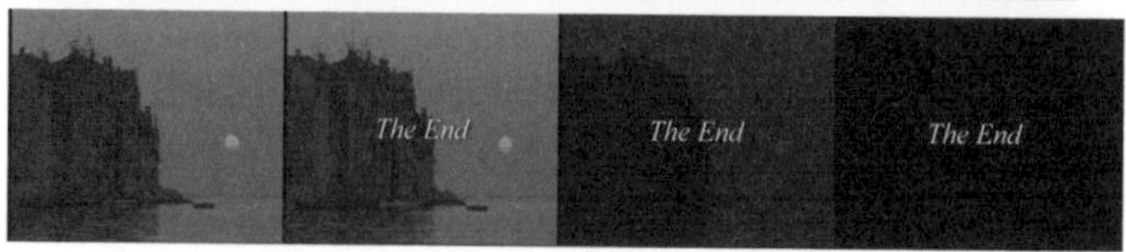

La piste 1 contient un coucher de soleil par-dessus lequel le titre The End (piste vidéo 2)

doit apparaître après quelques secondes. Les deux restent à l'écran un moment, puis la vidéo d'arrière-plan disparaît, le titre `The End` reste un moment seul à l'écran, puis il disparaît lentement, par modification de l'opacité.

Lorsque `The End` a disparu, vient le générique, c'est-à-dire la liste de toutes les personnes qui ont travaillé sur le film, avec défilement vertical de bas en haut.

Let's Roll

1 Comme pour n'importe quel autre titre, activez la commande **Fichier/ Nouveau/Titre**.

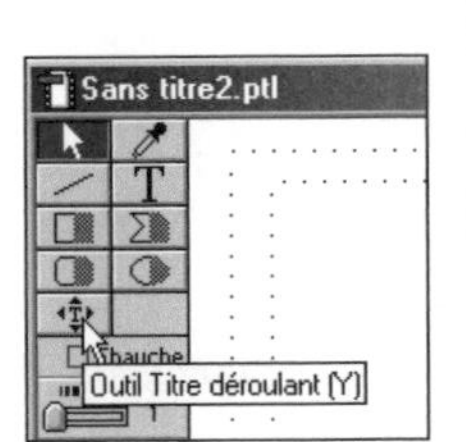

2 Dans la fenêtre de l'éditeur, nous utilisons un outil spécial pour l'animation : l'outil **Titre déroulant**.

3 Tracez un cadre dans lequel le texte final défilera.

À noter que le futur texte ne sera effectivement visible que dans ce cadre. Si le texte déborde, le débord ne sera pas affiché. Heureusement, la taille du cadre est modifiable à tout moment.

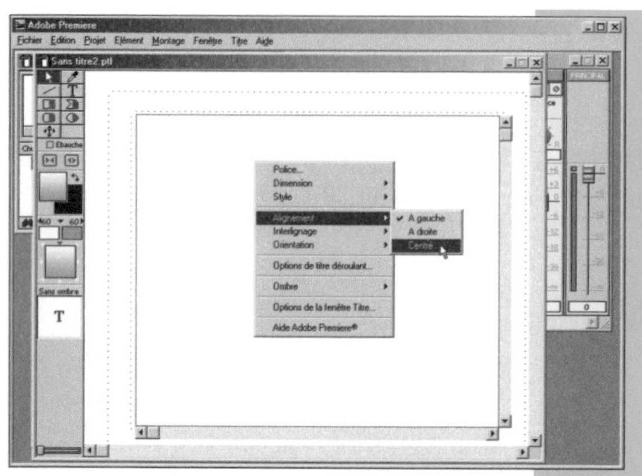

4 Commencez par définir l'alignement du texte ; ouvrez pour cela le menu contextuel d'un clic avec le bouton droit de la souris.

La saisie peut maintenant commencer.

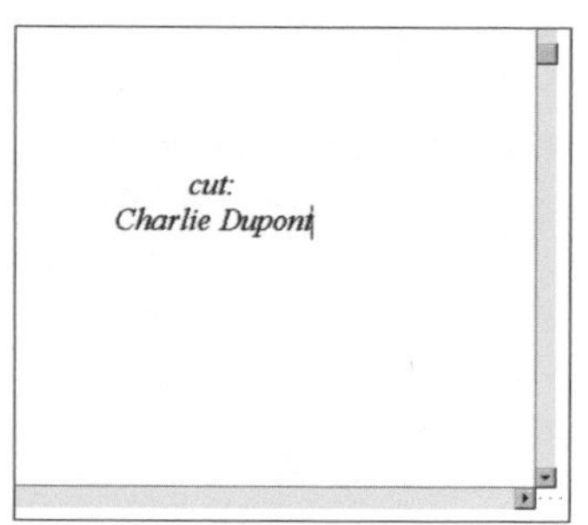

5 Pour que le titre surgisse par la suite du néant, commencez le texte par plusieurs lignes vierges. Ci-contre notre générique.

6 L'agencement typographique est absolument libre. Comme dans un traitement de texte, vous pouvez sélectionner un caractère avec la souris et lui appliquer divers attributs par le menu contextuel.

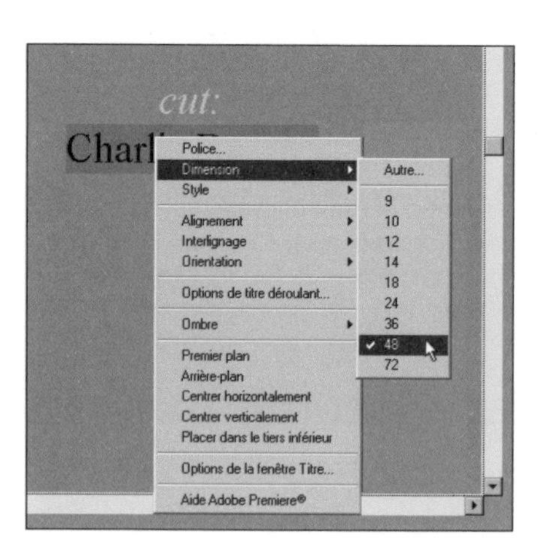

Par la zone de sélection de couleur, à gauche, vous pourrez également définir pour chaque caractère un dégradé et une valeur d'opacité. En outre, dans notre exemple, comme nous avons choisi la couleur blanche pour le nom des personnes, nous avons opté pour un arrière-plan gris pour la fenêtre **Titre**. Ce paramètre n'a pas d'incidence sur la sortie future, mais permet une meilleure lisibilité dans l'éditeur.

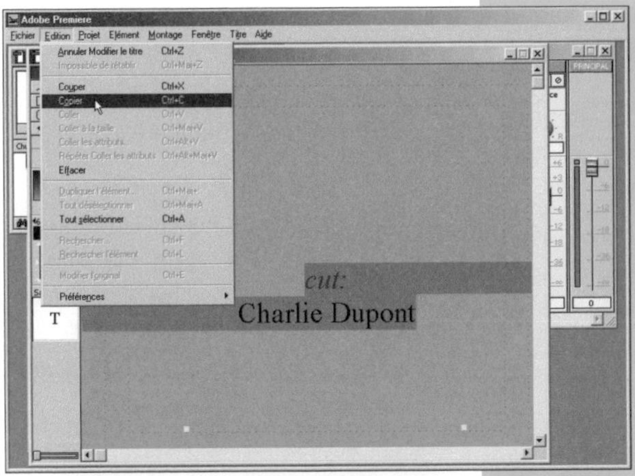

7 Lorsque l'une des entrées de la liste est au point, vous pouvez la sélectionner et la copier dans le presse-papiers, par la commande **Édition/Copier**.

Le stockage dans le presse-papiers d'un élément formaté permet d'économiser une masse de travail en vous évitant d'avoir à reformater l'ensemble des entrées de la liste : il suffit d'activer la commande **Édition/Coller** et de modifier le texte.

INFO

Les caractères spéciaux par la Table des caractères

Lors de la saisie des titres, il peut arriver que vous ayez besoin de caractères spéciaux, par exemple le symbole de copyright. Sous Windows, le programme Table des caractères, accessible par *Démarrer/Programmes/Accessoires/Outils système*, peut servir à trouver les codes appropriés. En ce qui concerne le symbole de copyright, il s'agit du code Alt+169 (sur le pavé numérique).

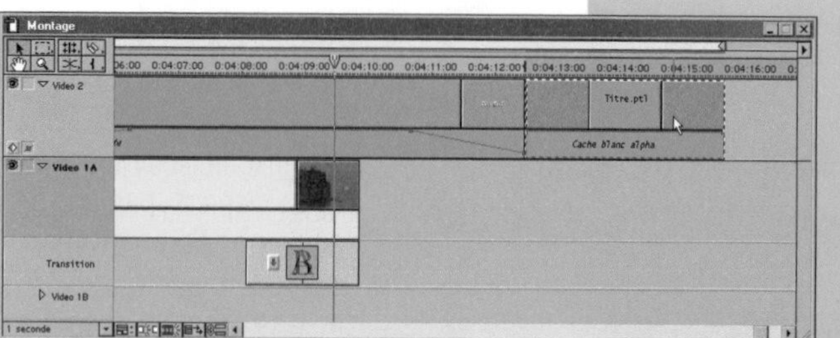

8 Le titre terminé est ensuite enregistré et placé directement derrière le clip `The End`.

9 La vitesse de défilement de notre titre est tout simplement définie par la longueur du clip : il est modifiable par déplacement des points d'entrée et de sortie.

À condition que la dernière entrée du titre soit suivie d'un nombre suffisant de lignes vierges, le titre défile intégralement dans l'image.

Il est par ailleurs envisageable de terminer le générique en laissant les dernières entrées en place, par exemple en terminant par l'indication de copyright, puis d'effacer le titre.

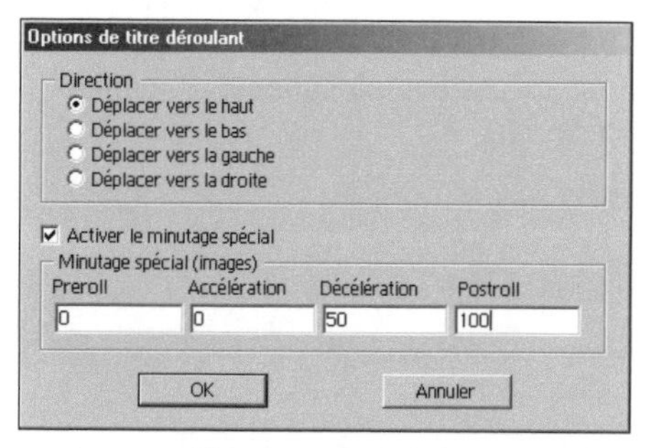

Dans ce cas, vous activerez, dans l'éditeur de titre, la commande **Options de titre déroulant**. La boîte de dialogue de même nom propose différentes options.

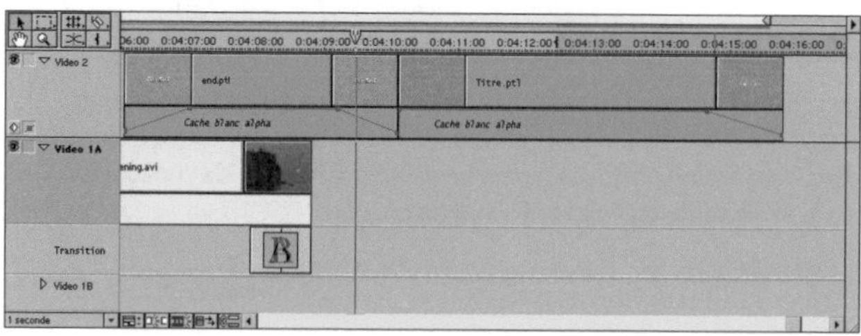

Avec ces paramètres, notre titre s'arrêtera en 50 images (soit 2 secondes) et restera fixe durant 4 secondes, ce qui suffit amplement pour le faire disparaître.

Le studio audio de Premiere

L'esthétique des films muets et l'accompagnement par une musique live est une technique désuète : aujourd'hui, les films ne peuvent plus se passer de son consubstantiel à l'image. Les bandes sonores sont toujours plus travaillées ; elles combinent de plus en plus de pistes audio : l'ensemble doit être parfaitement adapté aux images.

Premiere 6 est équipé de nombreuses fonctions audio, qui facilitent à cet égard grandement la vie.

Dans ce chapitre, nous aborderons les manipulations des pistes audio ; nous remplacerons le son original par un autre matériel audio et nous effectuerons quelques opérations de mixage.

Le son et la musique

Musique et film ont entretenu de tout temps des relations étroites. Même à l'époque du cinéma muet, le film était accompagné de musique, même si celle-ci n'était pas enregistrée sur une piste son mais jouée en direct par un pianiste. C'était à lui qu'il incombait d'illustrer de façon sonore les images projetées sur la toile.

La musique : facteur d'émotion

L'utilisation judicieuse de la musique dans un film est un outil extrêmement puissant. La musique permet de renforcer les émotions et de produire des contrastes.

À ne pas négliger toutefois : une musique permanente peut porter sur les nerfs des spectateurs et dégrader l'appréciation générale que ceux-ci ont du film.

Pour un film, il est essentiel d'établir un bon équilibre entre les images et la musique. Pour parvenir à ce résultat, il faut aux professionnels du cinéma une bonne dose d'esprit critique, pour juger objectivement et avec réalisme de leur travail. Souvent, une musique simple permet d'obtenir les meilleurs résultats. Une simple basse est souvent plus efficace qu'un orchestre symphonique.

Faites le test suivant : avec un film TV quelconque, coupez le son et accompagnez les images de différents morceaux instrumentaux à partir d'un CD audio. Vous serez surpris de voir combien la musique influe sur la perception des scènes !

Où prendre la musique ?

Votre discothèque personnelle

Il est très facile d'utiliser, en guise de musique, les archives personnelles ou celles de vos amis : CD, 33 tours, cassettes, etc.

Cette technique n'est pas limitée aux films d'amateurs. Stanley Kubrick, qui ne peut pas véritablement être considéré comme un amateur, avait régulièrement recours à des morceaux (il est vrai souvent peu connus) de musique classique. Dans "2001 - Odyssée de l'espace", il a par exemple fait appel à une valse de Richard Strauss, "Le Beau Danube bleu".

Mais on ne trouve pas la musique sous les pas d'un cheval ; derrière chaque morceau, il y a un compositeur et, souvent, des droits d'auteurs. Ne les négligez pas !

S'il s'agit d'un film de vacances, réservé exclusivement au cercle familial, il n'y a bien évidemment pas de problème de droits d'auteur : vous pouvez exploiter n'importe quel morceau de musique.

Dans le cas d'une diffusion publique du film, il en va autrement. C'est là qu'intervient la SACEM, l'organisme chargé de faire respecter la réglementation sur les droits d'auteurs et de répartir les dividendes ainsi encaissés.

Si une chaîne de TV envisage de diffuser votre film, vous n'avez en principe pas à vous préoccuper de tels détails. Les morceaux de musiques doivent être listés, avec titre, interprète et durée. Les droits à payer à la SACEM sont alors du ressort du diffuseur.

Libraries : prêt à l'emploi

Les "libraries", en cours à l'époque du cinéma muet, existent toujours. Divers fournisseurs proposent des bibliothèques de musique, sur CD. Qu'il s'agisse d'un film sur l'industrie lourde ou des paysages de montagne, les musiques sont classées par thèmes et vous y trouverez certainement votre bonheur. Bien évidemment, l'emploi de ces musiques est payant.

Une composition personnelle

L'idéal est bien sûr de composer une musique originale pour le film et de la faire interpréter (ou de l'interpréter vous-même). Dans ce cas, le problème des droits ne se pose pas. La musique peut même être une source de revenus complémentaire pour vous.

La musique créée spécialement pour un film a l'avantage inestimable d'être "coupée sur mesure" pour vos images. Car, en général, elle n'est créée qu'après le tournage et le montage des images.

Certains points précis de synchronisation, par exemple les coupes ou les chutes, peuvent encore être accentués et renforcés par la musique.

Avec des productions très courtes, par exemple des spots publicitaires de quelques secondes, il est bon de s'interroger sur un éventuel appel à un compositeur, car le coût peut très rapidement devenir rédhibitoire pour le budget du spot.

La musique à partir d'une boîte à outils PC

Pour ceux qui, durant leur jeunesse, donnaient la préférence aux salles obscures plutôt qu'à l'apprentissage du piano (c'est-à-dire ceux qui ont une fibre musicale, mais sans jouer véritablement d'un instrument), il existe une autre solution.

Avec les performances sans cesse croissantes des processeurs et l'installation quasi systématique d'une carte son sur tous les PC, la diffusion simultanée de plusieurs fichiers de son ne pose aujourd'hui plus de problème.

L'idée est simple : à partir de "Samples" et de "Sample Loops", c'est-à-dire de courts extraits numérisés de mélodies et de rythmes, le but est de créer des morceaux de musique personnalisés à l'aide d'une boîte à outils.

Dans le package de programmes accompagnant les cartes d'édition vidéo, vous trouverez souvent ce type de boîtes à outils, par exemple le programme Acid Music de Sonic Foundry.

Son utilisation est très simple et très intuitive, surtout si vous maîtrisez déjà la fenêtre **Montage** de Premiere.

Sur une échelle de temps, comme dans Premiere, les boucles (Loops) peuvent être réparties sur différentes pistes et répétées à l'infini. Vous en définirez la longueur, les extraits, la position, et vous les transposerez en d'autres tonalités (en conservant bien sûr la même durée).

Le résultat final peut ensuite être exporté comme fichier audio.

Les puristes de l'édition musicale ne seront peut-être pas d'accord, mais nous sommes d'avis que dans certaines situations, c'est un excellent moyen de créer une musique de film.

En général, ces musiques ne durent que quelques secondes. Au lieu de perdre un temps considérable à parcourir votre collection de CD ou une bibliothèque de sons, il est souvent plus rapide de composer quelques mesures par ce biais. D'autant que, dans les bibliothèques, ce qui fait le plus souvent défaut, ce sont des extraits très courts, un solo instrumental ou un tempo. Avec la boîte à outils et un peu d'expérience, vous produirez sans trop de problème une musique personnelle, et parfaitement adaptée à votre réalisation.

Il existe à l'heure actuelle d'innombrables CD de bouclages, dont un des avantages et non des moindres est que les Samples sont libres de tout droit.

Sonorisation : utiliser plusieurs pistes son

Un film ne vaut que ce que vaut sa bande son. Ce qui était impensable il y a un siècle relève aujourd'hui de la plus banale normalité : ce que nous voyons dans le film est brillamment illustré par le son. D'où la nécessité d'utiliser d'innombrables pistes audio.

Beaucoup de bruits et de sons émanant d'un film n'ont en réalité jamais été entendus sur le lieu du tournage : ils ont été ajoutés en studio.

Avec Premiere, il est possible d'intégrer le studio son dans le poste de montage. Les 99 pistes disponibles sont sans aucun doute amplement suffisantes, et vous aurez beaucoup de mal à approcher les limites du programme.

Prise de son ou importation de son dans Premiere

Ces 99 pistes ne sont pas seulement réservées au son du clip vidéo en cours de montage. Il y a souvent de la musique ou des bruits séparés, nécessaires au produit, et qui doivent arriver par un moyen ou un autre sur l'ordinateur. Anciennement, seuls les disques vinyle ou les bandes de magnétophone entraient en ligne de compte. À l'ère du numérique, nous disposons de techniques très diversifiées et d'une multitude de formats, susceptibles de livrer des sons :

- La musique est en général enregistrée sur un CD. Cette solution est facile d'emploi et rapide d'accès.
- Également envisageable : les sons sous forme de fichiers, par exemple en format MP3, devenu le standard grâce à Internet.
- Divers formats d'enregistrement de son, par exemple le MiniDisc, le DAT ou la cassette compacte.

Importation de titre de CD

Bien sûr, il est possible de numériser la musique d'un CD par l'entrée analogique d'une carte vidéo ou son ; mais cette procédure ne présente que des inconvénients :

- Le son perd en qualité, du fait des conversions numérique-analogique et vice versa.
- Pour une reconstruction ultérieure du montage, le morceau de musique ne peut plus être numérisé manuellement avec suffisamment de précision.

■ La procédure n'est exécutable en principe qu'en temps réel ; c'est-à-dire que la numérisation d'un morceau de 8 minutes dure effectivement 8 minutes.

Comme les informations audio sont déjà sous forme numérique sur le CD, il suffit d'un logiciel capable de transférer ces informations sur le disque dur de l'ordinateur.

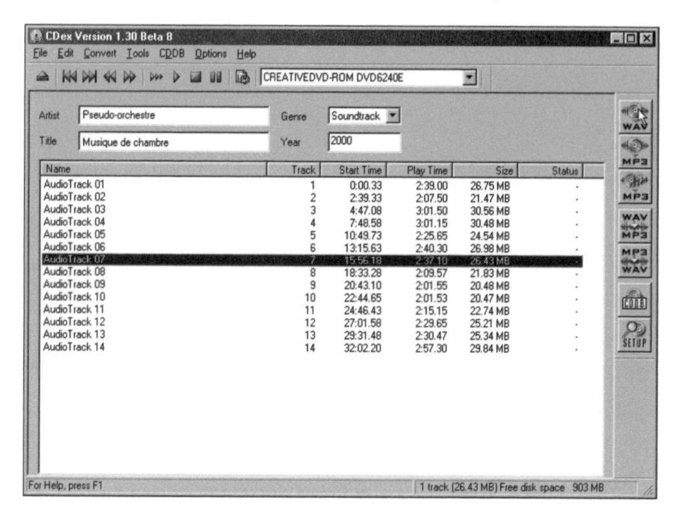

Si vous ne disposez pas d'un éditeur audio maîtrisant cette fonction (par exemple Wavelab), vous pouvez faire appel à un excellent utilitaire en shareware : CDex. Avec un lecteur de CD-Rom moderne, vous pourrez ainsi transférer sur le disque n'importe quel titre de CD, la durée de l'opération étant réduite au tiers de la durée de diffusion du titre.

Un fichier audio créé par ce biais est identique à chaque lecture. En d'autres mots, même si les données ont été supprimées, le projet Premiere peut être reconstruit par une nouvelle lecture de la piste CD.

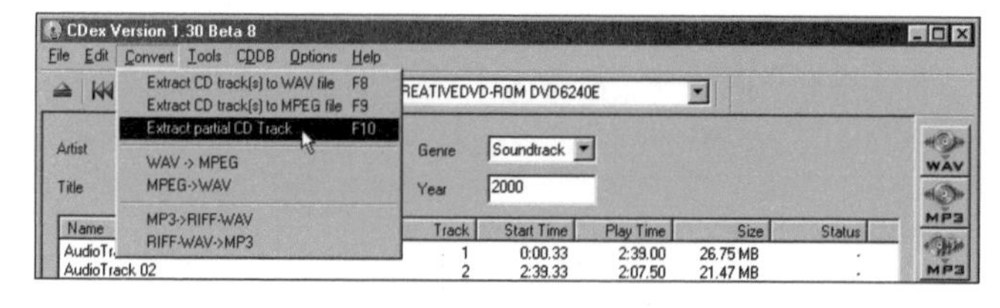

Même si vous ne souhaitez exploiter que 6 secondes du morceau, une fonction permet d'importer très précisément la partie choisie du titre et d'économiser ainsi l'espace disque.

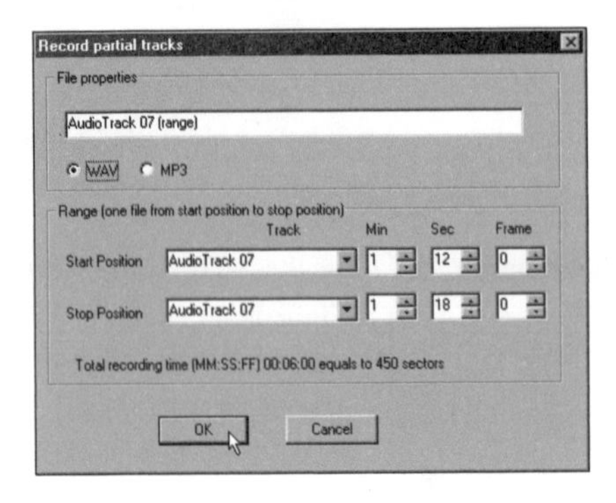

Il suffit pour cela de définir le point d'entrée et de sortie du fragment...

... et déjà la musique est disponible sur votre ordinateur.

Utilisation de fichiers MP3

Son succès est lié à Internet : MPEG-Layer 3, ou plus brièvement MP3, est un format audio capable de réduire le volume des données audio, par exemple d'un CD, sans perte notable de qualité, à environ un dixième du volume initial. L'accent doit être mis sur la notion de "réduction" car, à l'inverse d'une véritable compression sans aucune perte, MP3 délaisse un certain nombre de données.

Vous vous en rendrez compte si vous créez des fichiers MP3 avec un taux de transfert extrêmement bas, par exemple 32 Ko. Ce taux est par ailleurs parfaitement adapté pour la création d'effets sonores.

L'encodage (encoding) d'un fichier MP3, obtenu par exemple par e-mail, en format Windows AVI, est également possible avec CDex. Il en va de même de la conversion de fichier WAV en MP3.

Si vous travaillez dans Premiere avec le taux d'échantillonnage habituel dans le domaine professionnel, soit 48 kHz, comme le fait par exemple la carte vidéo RT2000 de Matrox, il faut encore une conversion de 44,1 kHz en 48 kHz. Mais cette opération est à la portée de n'importe quel éditeur audio.

Numériser du matériel analogique

Pour tous les formats non numériques, la règle est simple : il faut les numériser.

Et c'est là qu'interviennent les cartes vidéo et son.

Une carte son n'est en fait requise que si la carte vidéo dispose de connecteurs DV. En revanche, si les entrées audio sont de type analogique, il est en principe possible de connecter n'importe quelle sortie d'un lecteur et d'entreprendre la numérisation par le menu **Fichier/Acquisition**.

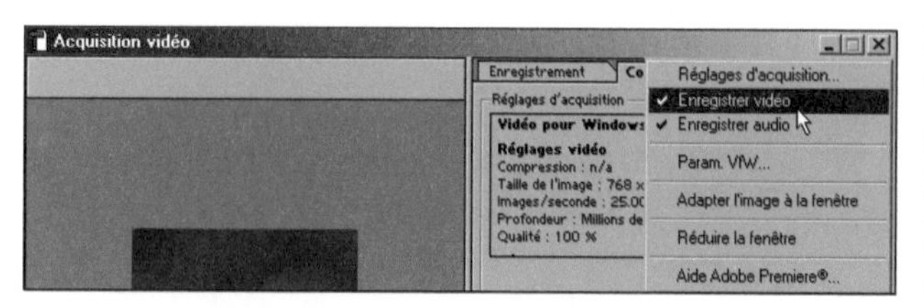

Pour éviter que les données vidéo soient également acquises, il suffit de désactiver l'acquisition vidéo, par la commande de menu correspondante.

Lorsque les informations audio sont en place sur votre disque dur, par l'un de ces moyens, vous pouvez les arranger sur les pistes son.

Enregistrer le son dans Premiere

En matière d'enregistrement, la meilleure qualité est obtenue par l'enregistrement analogique. Mais les possibilités phénoménales d'édition et d'intervention sur les enregistrements numériques confèrent à ces derniers des avantages indéniables.

Copie, ajout d'effets sans addition de bruit de fond, copie et coupes par la souris, édition à l'écran, enregistrement d'étapes intermédiaires, undo/redo, etc. : pour l'édition audio, rien ne vaut un son numérique.

Principe élémentaire : sans un bon matériel de départ, rien n'est possible !

Si vous envisagez d'enregistrer un commentaire directement via le micro connecté à la carte son, il faut non seulement une carte son de bonne qualité, mais également un excellent micro et un environnement adéquat. Un PC fait énormément de bruit et un narrateur utilisant un micro de bas de gamme dans une salle de bain pourvue de carrelage est trahi de suite. Une règle à respecter : utilisez un micro de qualité et éloignez-vous du PC.

Enregistrement audio "quick and dirty", par la carte son

Pour numériser un son purement analogique, vous devrez faire appel à un programme d'enregistrement audio externe, mais que vous pouvez solliciter à partir de Premiere.

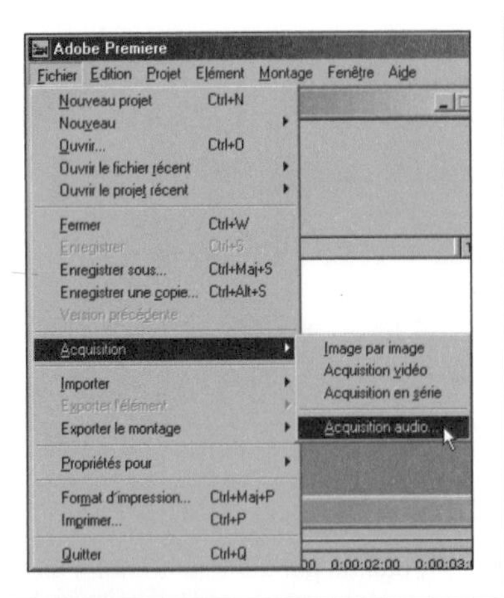

1 Pour lancer le logiciel d'enregistrement, activez la commande **Fichier/ Acquisition/Acquisition audio**. Au premier appel de cette commande, Premiere vous demande de localiser le programme susceptible de procéder à l'enregistrement.

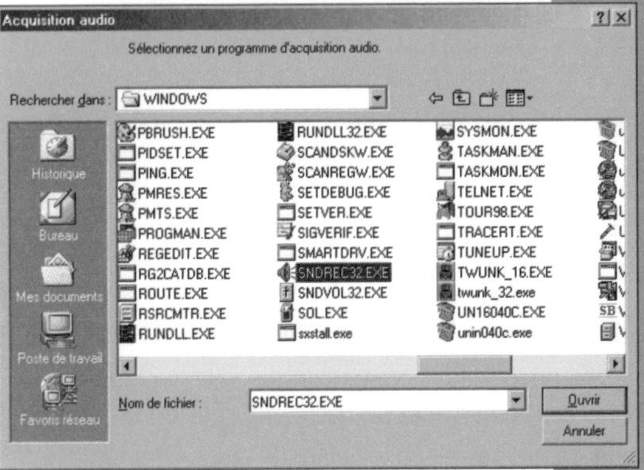

2 Si aucun enregistreur n'a été sélectionné, localisez ce programme par la boîte de dialogue **Acquisition audio**. Sous Windows 9x et Me, il s'agit en principe de *C:\Windows\Sndrec32.exe*. Mais sachez que la plupart des cartes son sont accompagnées d'utilitaires plus confortables, souvent des versions allégées de programmes d'enregistrement commerciaux.

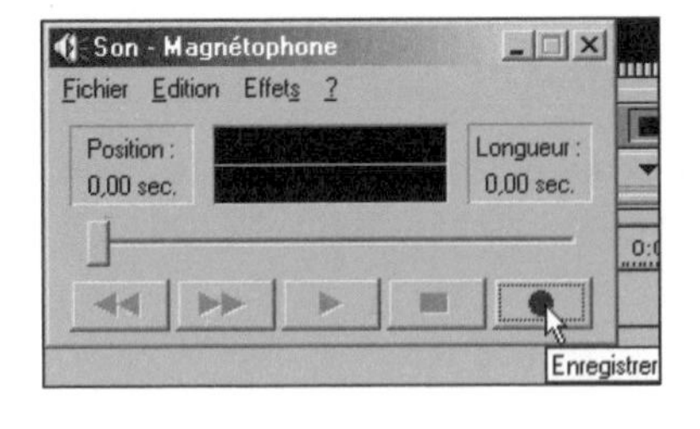

3 Après installation de l'application, celle-ci est ouverte. Lors des prochains appels de la commande d'acquisition audio, elle apparaîtra automatiquement.

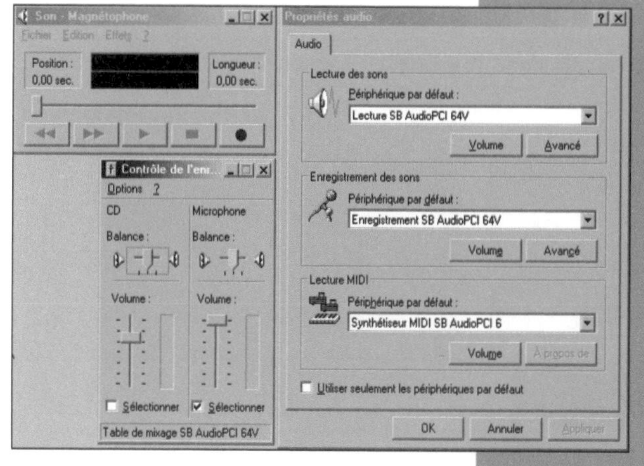

4 Pour l'enregistrement, le premier réglage à opérer est le gain, c'est-à-dire le volume. Le gain ne doit en aucun cas présenter des pointes (peaks) de plus de 0 dB. Un dépassement de cette limite est irréparable, vous serez obligé de recommencer l'enregistrement. En fonction des logiciels, le module d'enregistrement peut prendre des aspects très divers.

5 Pour démarrer l'enregistrement, cliquez sur le bouton marqué d'un cercle rouge.

INFO

Choisir le bon format audio pour éviter les conversions

Lors de l'enregistrement, choisissez un format adapté à votre carte son, de manière à éviter les conversions dans Premiere.

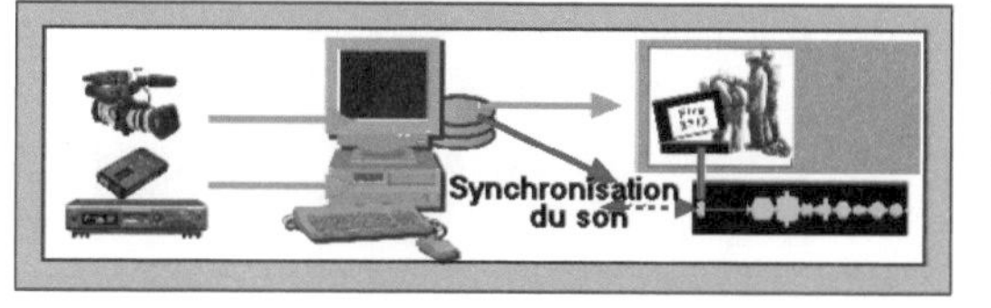

Du média au PC : pour synchroniser le son avec l'image, il suffit de déplacer la piste audio de façon judicieuse.

INFO

Son numérique : il suffit de rester synchrone

Avec DV, Minidisk ou DAT, un dépassement de la limite de gain au niveau de l'entrée numérique de la carte son ne pose pas de problème et n'occasionne pas de perte de qualité. L'essentiel est de disposer d'un bon convertisseur et d'une bonne carte son. Dans le projet, il suffit ensuite de positionner correctement le son. Lors de la fermeture de la porte, placez le bruit de celle-ci sur la première image où cette porte est fermée ; lors d'un commentaire, positionnez le clip audio sur la première image où les lèvres du sujet bougent, etc. Évitez autant que faire se peut les conversions ainsi que les allers-retours AD-DA.

Les clips audio de la fenêtre de projet dans la fenêtre Montage

Les clips audio numériques sont importés dans le projet par la commande **Fichier/Importer/Fichier**.

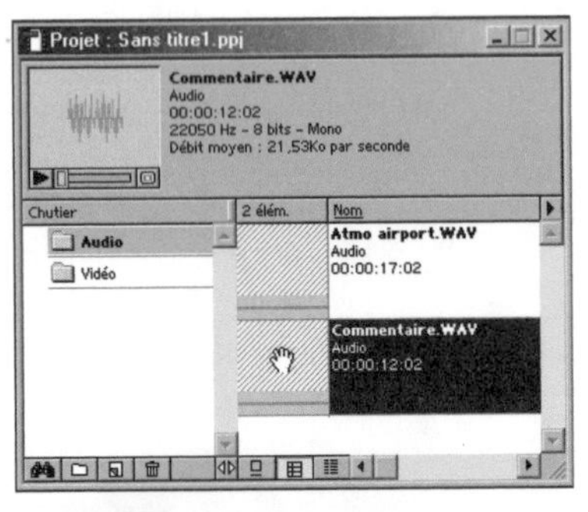

1 Un double clic sur un fichier de son...

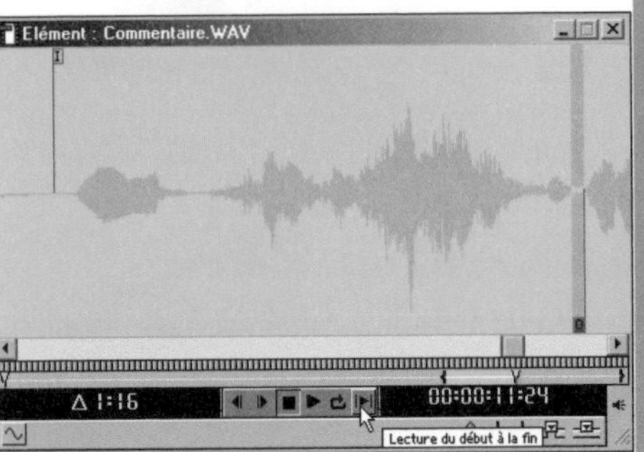

... ouvre ce fichier dans une fenêtre **Élément** spécialement dédiée aux clips audio. Vous pouvez ainsi l'écouter et placer les marques requises.

C'est dans cette fenêtre que vous placerez les points d'entrée et de sortie.

2 Pour définir un point d'entrée, utilisez l'accolade ouvrante, le point de sortie étant mis en place par l'accolade fermante. Ces points peuvent être déplacés avec la souris. Les symboles de droite définissent le mode d'insertion du clip : insertion ou incrustation.

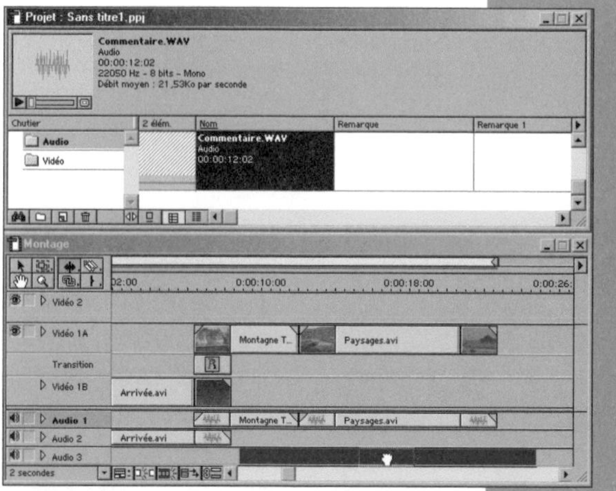

3 De la fenêtre de projet à la fenêtre **Montage**, le chemin est rapide : il suffit de faire glisser le clip avec la souris, comme vous le faites avec des clips vidéo. Ces clips audio prennent place sur les pistes audio. Certaines pistes audio peuvent être couplées à des pistes vidéo, assurant ainsi la synchronisation entre image et son.

Activation/désactivation de la synchronisation image/son

Pour chaque clip vidéo importé dans Premiere, les images et le son sont couplés tant que le mode synchronisation est actif.

Le mode actuellement actif est identifiable par une petite icône au bas de la fenêtre **Montage**. Un simple clic de souris sur ce bouton permet de commuter dans l'autre mode.

Premiere serait cependant bien gauche s'il n'existait pas au minimum une autre façon de changer de mode. Par le menu du coin supérieur droit de la fenêtre **Montage**, tout comme dans le menu contextuel de la fenêtre, vous retrouvez la commande **Sélection synchronisée**.

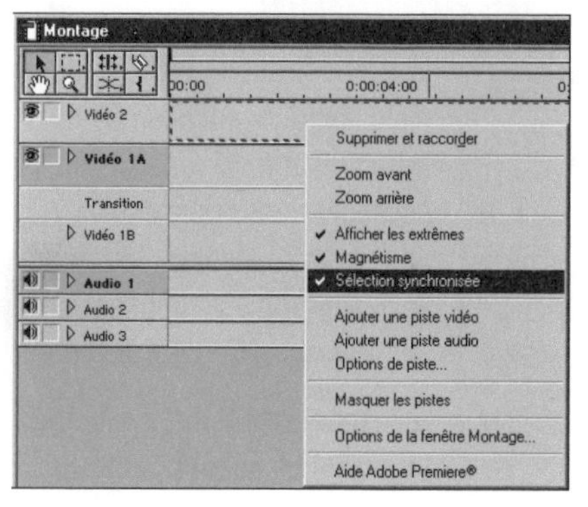

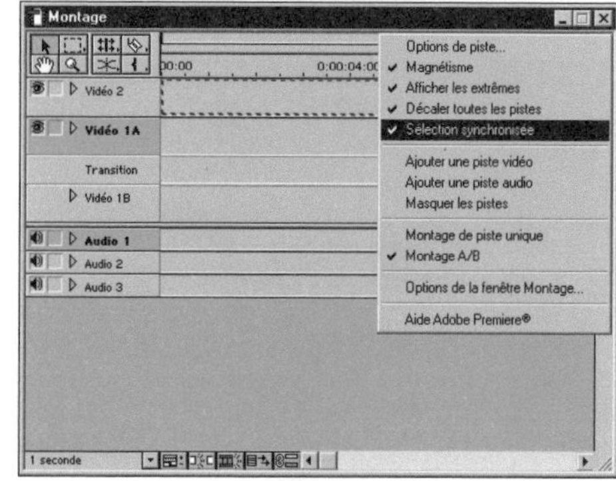

Si le mode Synchronisation est actif, les modifications des points d'entrée et de sortie, ainsi que le déplacement du clip, s'appliquent toujours aux deux parties, ce qui est appréciable car, en général, vous chercherez cette synchronisation.

Déplacer les images sans toucher au son

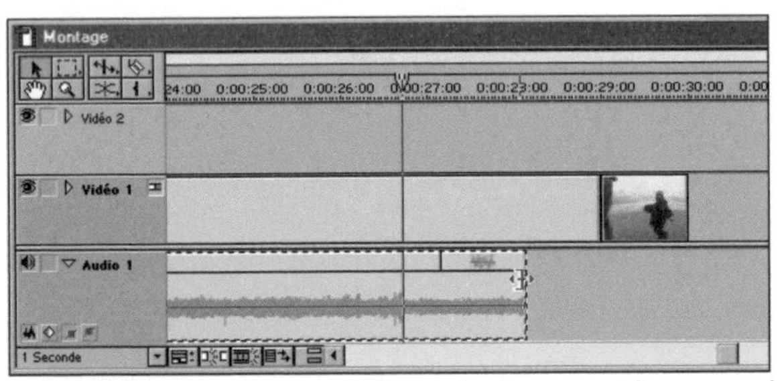

Pour annuler brièvement ce couplage entre image et son, par exemple lors des actions de souris destinées à déplacer ou à modifier les points d'entrée et de sortie, il suffit d'appuyer simultanément sur les touches [Ctrl] et [Alt], pour dissocier les images et le son. C'est souvent bien utile, car les images et le son ne doivent pas forcément changer en même temps, lors du montage.

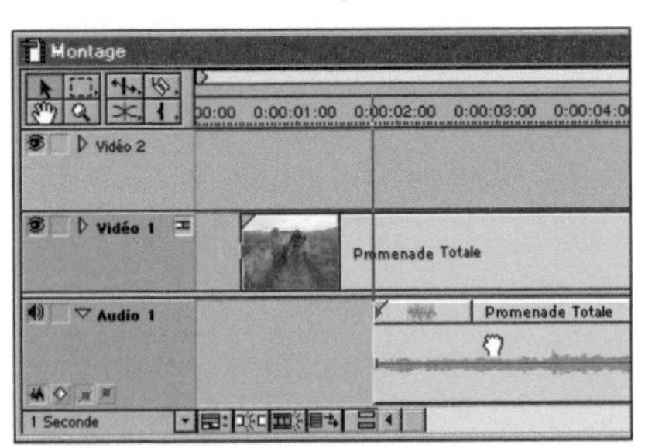

Tant que vous déplacez simplement les points d'entrée et de sortie, le clip reste synchrone. Mais si vous déplacez des images ou le clip audio, il devient asynchrone, ce que Premiere signale par une marque rouge au début du clip.

Réglage du volume et de la stéréophonie

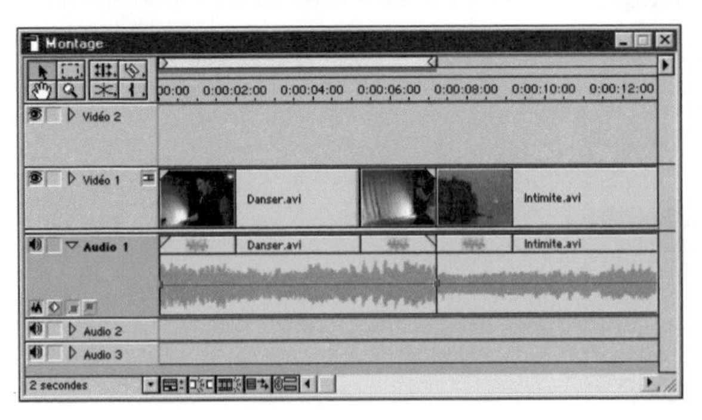

Les modifications brutales de la piste son donnent des résultats très étonnants. Si vous alignez les scènes les unes derrière les autres dans la fenêtre **Montage**, les pistes son sont alignées elles aussi les unes derrière les autres.

À chaque changement d'image, intervient un saut de la bande

son, ce qui rend la coupure encore plus manifeste. Le changement abrupt de la piste son est inhabituel pour l'esprit des spectateurs, car ce phénomène n'intervient pratiquement jamais dans la nature. C'est pourquoi il attire si fort l'attention. Cet effet disgracieux peut également être utilisé volontairement dans le film, pour renforcer les coupures.

Fondus sonores en mode étirement

Pour aplanir les transitions même entre des scènes totalement différentes, vous utiliserez un fondu sonore. Comme pour les fondus entre les images, le son d'un clip se fond lentement dans le son du clip suivant.

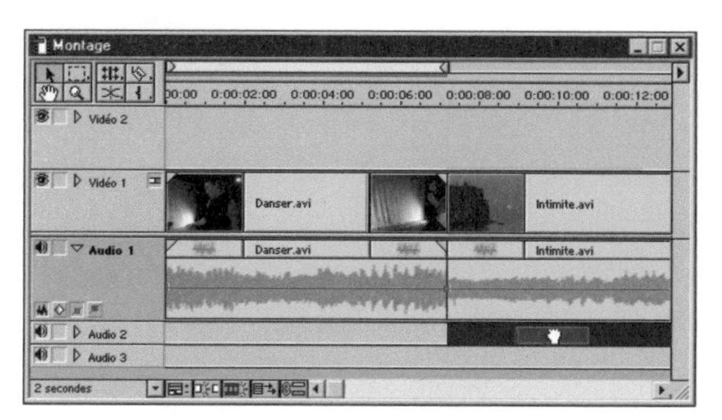

La condition à cela est de disposer de suffisamment de son, avant le point d'entrée ou de sortie, pour pouvoir créer effectivement le fondu. Dans l'exemple précédent, les deux clips sont placés sur la même piste. Pour pouvoir créer le fondu sonore, les éléments audio des deux clips doivent être positionnés sur des pistes son différentes. Il suffit d'en déplacer une en maintenant les touches Ctrl+Alt appuyées.

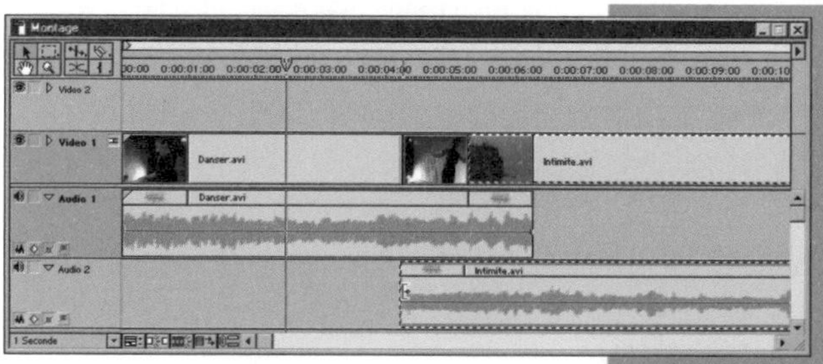

1 Pour créer une surimpression, vous pourrez déplacer, à nouveau avec la combinaison de touches Ctrl+Alt, le point de sortie du clip audio du haut vers la droite, et le point d'entrée du clip du bas vers la gauche.

La superposition des deux pistes son dure environ 1 seconde à la diffusion. Le fondu croisé intervient dans l'étape suivante, pour laquelle nous faisons appel à l'outil **Croix fondue**.

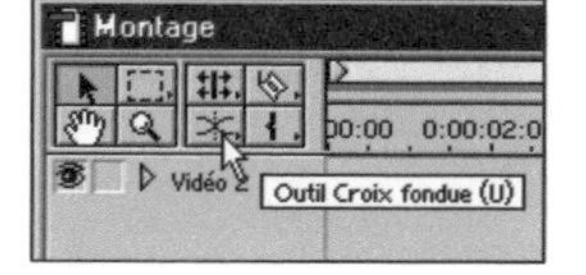

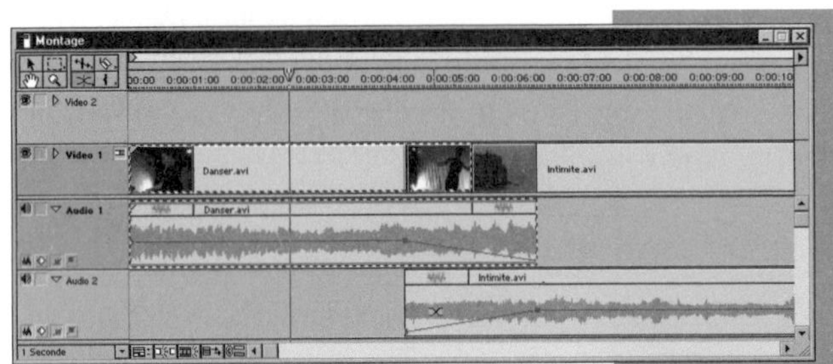

2 Une fois cet outil activé, il reste à cliquer sur les deux pistes son, dans la zone de superposition. La position fait l'objet d'un bref éclair rouge et les clips sont automatiquement fondus à la bonne longueur, comme le montre la ligne de volume.

La somme des deux pistes reste toujours à 100 %.

Bien que les images n'aient pas été affectées, la coupure est ressentie comme moins brutale lors de la prochaine diffusion ; la transition est plus agréable et plus fluide.

Le fondu sonore est également intéressant dans le cas d'une série de clips similaires car, dans ce cas, la transition audio deviendra totalement indécelable.

Réglage ciblé du volume

Dans le dernier exercice, nous avons vu comment le volume pouvait être modifié. Premiere a généré automatiquement de nouvelles poignées sur la ligne rouge matérialisant le volume, lors de la création du fondu.

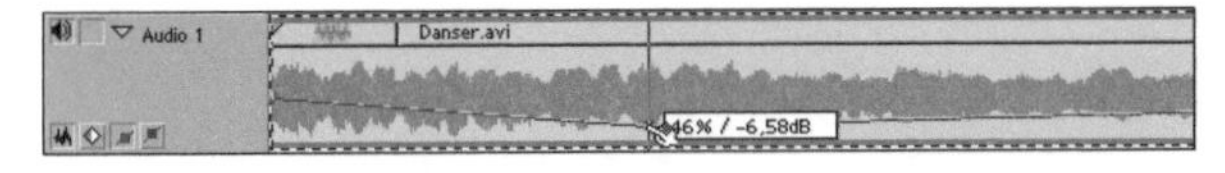

Ces poignées peuvent être déplacées dans toutes les directions, avec la souris. Pour en créer d'autres, cliquez tout simplement sur la ligne rouge. Pour supprimer une poignée, faites-la glisser hors du clip. La valeur standard de volume est située à 100 %-0 dB, à mi-hauteur.

Si vous déplacez l'une de ces poignées vers le haut, vous pouvez afficher une petite fenêtre présentant les valeurs numériques exactes, en maintenant la toucher [Maj] appuyée.

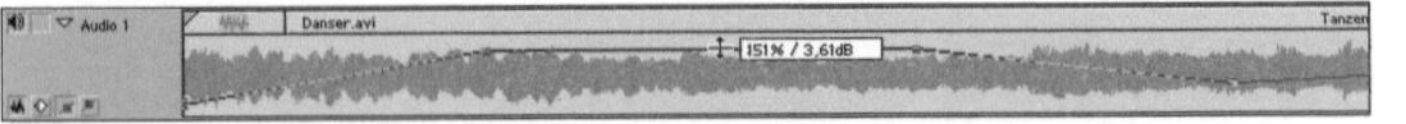

Les manipulations ne se limitent pas à une poignée isolée : en maintenant [Ctrl]+[Alt] appuyées, vous pourrez modifier le volume entre deux poignées (le curseur prend une forme appropriée).

Pour finir, vous pouvez même augmenter le volume pour l'ensemble du clip en une seule fois.

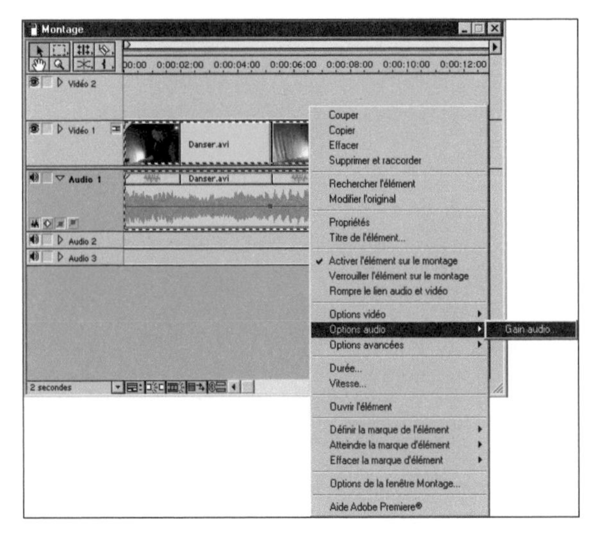

Cliquez avec le bouton droit de la souris sur la piste son, pour ouvrir le menu contextuel : vous y trouverez la commande **Options audio/Gain audio**

Dans la boîte de dialogue suivante, vous pourrez spécifier des valeurs comprises entre 1 et 200 %, pour le volume du clip. Les données audio effectives, sur le disque dur, ne sont pas modifiées. L'opération consiste simplement à définir le volume avec lequel les données audio doivent être livrées par Premiere aux périphériques de son. Le réglage peut être annulé à tout moment.

Son et orientation : effets sonores pour l'avion

Le son stéréo est aujourd'hui le standard : cela signifie que les sons sont enregistrés à partir de deux micros et restitués au travers de deux haut-parleurs (ou plus).

Grâce à la configuration de ses oreilles, l'homme est ainsi en mesure de définir la direction d'un son. Le pavillon, la forme de la tête et une étonnante exploitation des signaux permettent même de reconnaître un son provenant de l'arrière ou du haut.

Avec la stéréo simple, les sons peuvent couvrir la plage qui va de gauche à droite. Comme dans un film, les images ne sont regardées que par les spectateurs ; il n'est pas indispensable de donner l'impression que le son vient de derrière.

Pour chaque moment d'un clip audio, Premiere gère une information de volume (la ligne rouge dans le clip, lorsqu'il est déroulé dans la fenêtre **Montage**) mais également une valeur définissant la position dans le panorama. Par défaut, cette valeur est de 50 %, c'est-à-dire au centre.

Le clip vidéo d'un avion de chasse volant de droite vers la gauche est sonorisé par un clip audio séparé. Le son passe de droite à gauche en même temps que l'avion traverse l'écran, le volume maximum étant livré lorsque il est au milieu de l'écran.

1 Pour passer au réglage du panoramique : dans la fenêtre **Montage**, vous avez le choix entre l'affichage des étirements de volume (la ligne rouge) ou celui des étirements du panorama (la ligne bleue) du clip audio. Ces affichages sont commandés par deux petits boutons, un rouge et un bleu, dans l'en-tête de la piste audio.

Un clic sur le bouton bleu et voici la ligne de panoramique (ci-contre).

La ligne bleue de panoramique en position médiane indique que le signal est réparti à égalité entre la gauche et la droite.

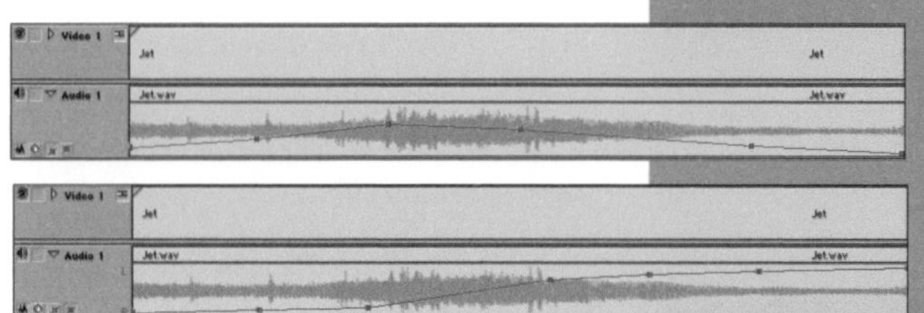

2 La manipulation de cette ligne est réalisée, comme pour le volume, par des poignées.

En combinant les paramètres de volume et de panoramique, un clip mono peut simuler un effet spatial.

Il ne s'agit là que du son de l'avion. Il faut bien évidemment ajouter un fond d'atmosphère, pour que les deux canaux diffusent un son en permanence.

Table de mixage virtuelle de Premiere

Une des fonctions les plus évidentes qui ont enrichi Premiere 6 est certainement la table de mixage.

Avec son aide, vous pourrez agencer idéalement toutes les pistes d'un projet. Simultanément, vous pourrez contrôler si le volume global est trop faible ou trop élevé.

Avec la table de mixage de Premiere, vous aurez accès au réglage du volume de toutes les pistes son pendant que le film est joué dans la fenêtre **Montage**. Dans Premiere, cette procédure est appelée *Automatisation*.

Mixage et rendu simultanés

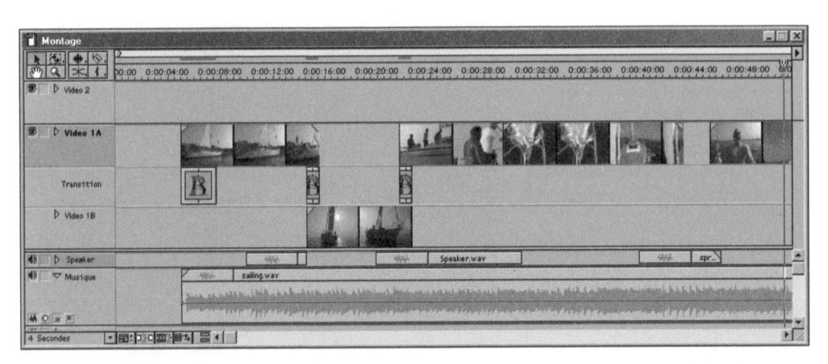

Dans notre exemple, il s'agitd'ajouter un commentaire dans une séquence vidéo accompagnée d'un fond musical.

INFO

Avance dans le montage

Sur un plan général, il est conseillé de laisser au film une certaine avance, de sorte qu'il soit possible d'intervenir sur le volume dès les premières secondes du film.

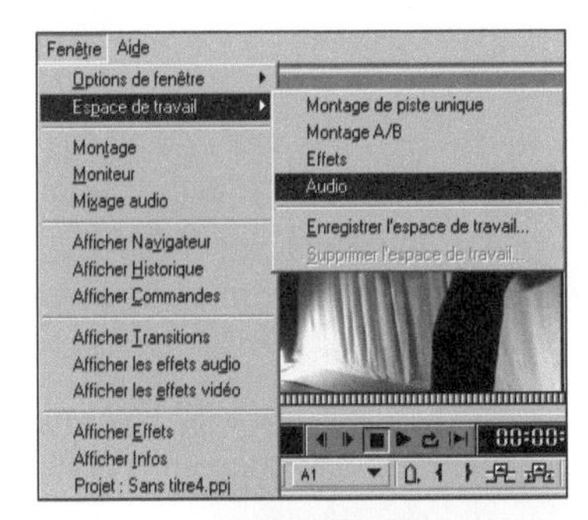

1 L'ouverture de la fenêtre de la table de mixage peut se commander de deux façons : par activation de la répartition par défaut des fenêtres de Premiere (**Fenêtre/ Espace de travail/Audio**) ou par la commande **Fenêtre/Mixage audio**.

Toutes les pistes se retrouvent dans la table de mixage.

Pour chacune des trois pistes, vous disposez d'un contrôle de réglage du panoramique et d'un curseur de réglage du volume de sortie.

Tout à droite, se trouve le fondu principal, celui qui permet de contrôler la somme des autres. Si vous n'avez besoin que de l'affichage des pistes ou de celui du fondu principal, vous pouvez modifier à cet effet les options d'affichage de la fenêtre de mixage.

Tant que les commutateurs du haut de la table de mixage sont dans l'état suivant (voir ci-contre), vous pouvez entreprendre tous les tests que vous souhaitez.

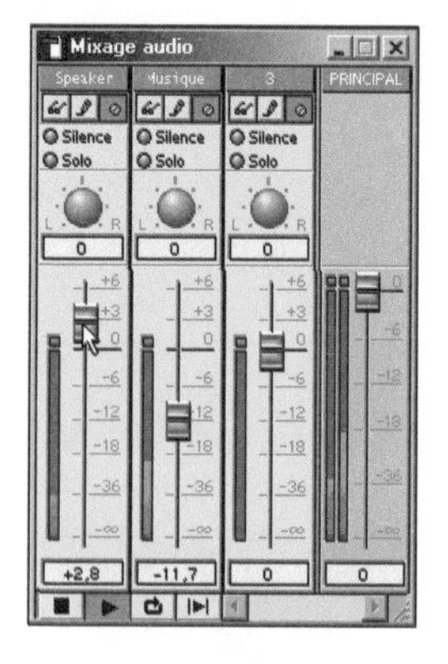

2 En guise d'essai, placez la tête de lecture à la position requise, dans la fenêtre **Montage**, lancez la lecture (Barre d'espace dans la fenêtre **Montage**, bouton **Lecture** dans la fenêtre **Mixage audio** ou **Moniteur**) et modifiez les curseurs des diverses pistes.

3 Pour que les réglages de volume soient enregistrés, il est possible d'activer le bouton **Automatisation en écriture** pour chaque piste individuellement.

4 La tête de lecture est placée en début de film et la diffusion commence.

5 Juste avant l'intervention des commentaires, le volume de la piste son est réduit avec le curseur adéquat de la table de mixage (selon la musique, de -6 à -12 dB) pour retrouver la position de départ (0 dB) après le commentaire.

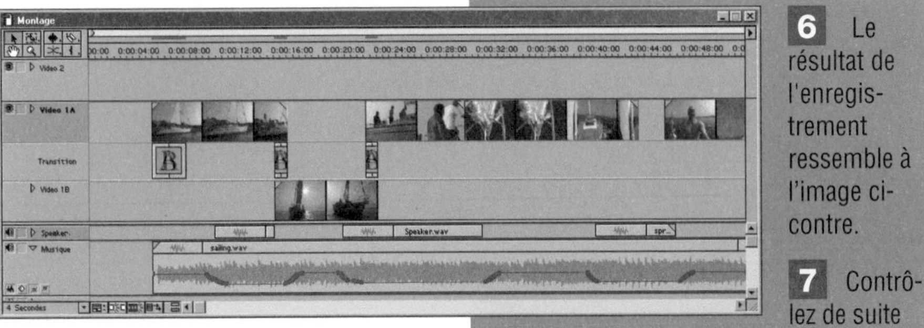

6 Le résultat de l'enregistrement ressemble à l'image ci-contre.

7 Contrôlez de suite l'enregistrement en diffusant une nouvelle fois le film. Vous constaterez que les curseurs retrouvent automatiquement leurs positions.

Protection en écriture pour les pistes

Si le résultat vous convient, vous pourrez empêcher un écrasement par mégarde des paramètres en activant le bouton **Automatisation en lecture** dans la table de mixage.

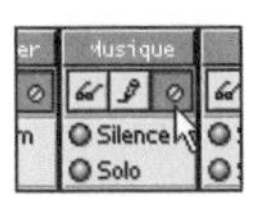

En désactivant l'automatisation, la piste retrouve son état original.

Réglage simultané de plusieurs pistes

Bien sûr, en activant l'enregistrement pour plusieurs pistes, vous pouvez régler celles-ci indépendamment les unes des autres. Mais, avec 3 pistes ou plus, l'opération est plus que délicate. Nous vous conseillons plutôt de travailler en plusieurs passages, en vous concentrant à chaque fois sur une piste précise.

Sélection de piste par Silence et Solo

Avec des projets de grande ampleur, il peut être intéressant de désactiver momentanément les pistes sans grande importance pour le mixage.

Dans la table de mixage, vous disposez à cet effet du bouton **Silence** pour chaque piste.

Vous apprécierez également de n'entendre qu'une seule piste : cliquez sur le bouton **Solo** de la piste concernée.

Couplage de pistes

Si les changements apportés aux curseurs doivent s'appliquer à plusieurs pistes, faites appel à la fonction de groupage.

Pour grouper plusieurs pistes, cliquez avec le bouton droit de la souris sur le curseur concerné d'une des pistes, et sélectionnez un groupe numéroté.

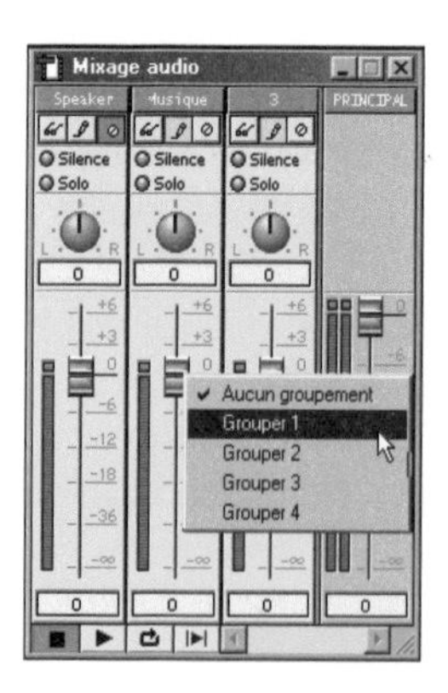

Répétez l'opération pour les autres pistes à rassembler dans ce groupe.

L'affectation d'un numéro de groupe a pour effet de changer la couleur du curseur.

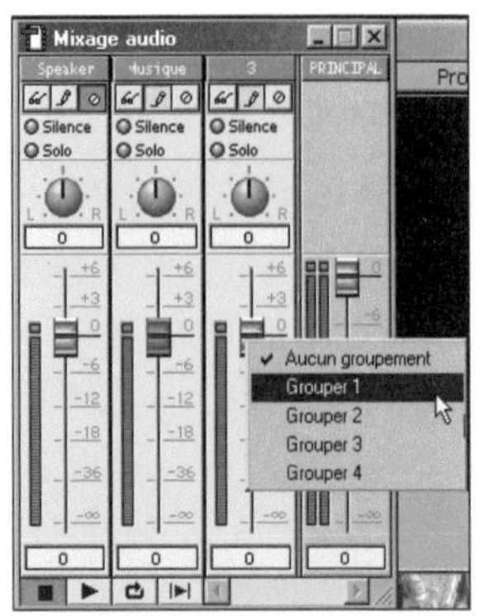

Dans Premiere, vous pouvez constituer jusqu'à 4 groupes de curseurs.

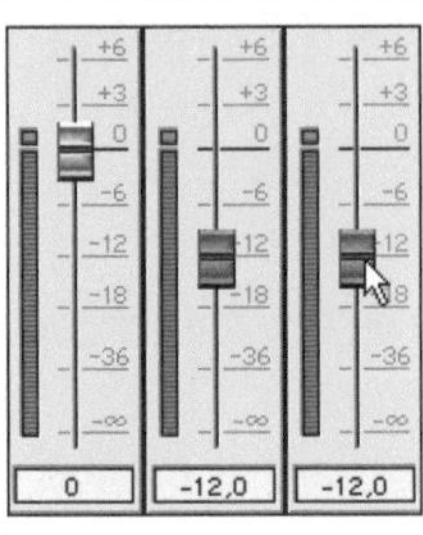

Désormais, les deux curseurs obéissent à la souris.

Options avancées du mixage

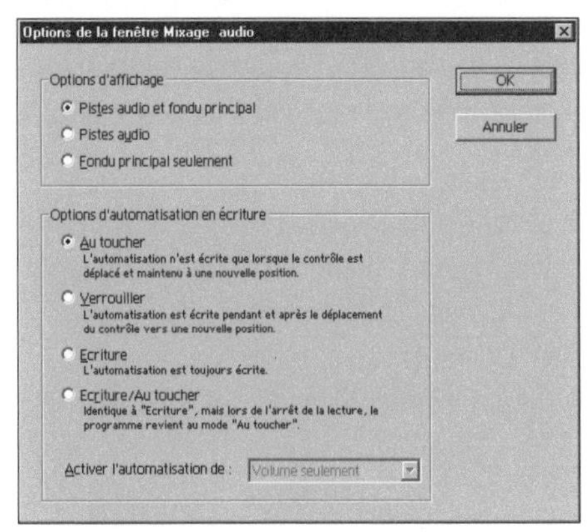

Un clic avec le bouton droit de la souris dans la zone supérieure de la fenêtre **Mixage audio** permet d'accéder à la commande **Options de la fenêtre Mixage audio**.

Indépendamment des divers modes d'affichage, vous pourrez y préciser le comportement des curseurs de réglage lors de la lecture, lorsque la fonction **Automatisation en écriture** est active.

Au toucher

Mode par défaut. L'automatisation n'est écrite que lorsque le curseur est déplacé et maintenu (clic et bouton de souris appuyé) à la nouvelle position. Si vous relâchez le bouton de la souris, le curseur retrouve la valeur précédente.

Verrouiller

Tant que les curseurs ne sont pas touchés, ils conservent les valeurs actives.

L'automatisation est écrite pendant et après le déplacement du contrôle vers une nouvelle position.

Lorsque vous relâchez le bouton de la souris, Premiere écrit pour le reste la dernière valeur définie.

Écriture

Dans ce mode, toutes les valeurs actuelles sont écrites. Il est ainsi possible de fixer un curseur sur une valeur particulière avant l'enregistrement : celle-ci sera écrite durant tout l'enregistrement, sans que vous ayez à maintenir le curseur.

Écriture/Au toucher

Cette option est intéressante si, ne souhaitant utiliser qu'une fois l'option précédente *Écriture*, vous voulez revenir ensuite automatiquement au mode standard *Au Toucher.*

Filtres sonores - réglages et effets

Les filtres interviennent en général dans deux situations : pour les corrections et pour les effets.

En fonction de la distance du micro et de son orientation par rapport à l'événement ainsi que du lieu du tournage, les scènes ont une sonorité différente. Il est très rare d'obtenir dès le départ une homogénéité sonore parfaite.

Le matériel brut d'un film se compose toujours de passages audio de sonorités différentes. Ce phénomène est particulièrement amplifié si vous utilisez pour la même piste son des microphones différents. Prise de son avec une perche, en différents endroits, micro clip, micro circulaire... ; tous ces appareils livrent des sonorités différentes qui doivent être corrigées et homogénéisées. Pour cette opération, Adobe Premiere propose des filtres. On les appelle parfois Equalizers.

Dans le deuxième cas de figure, les effets, le filtre permet d'intégrer par exemple un écho artificiel, un effet de résonance, etc. Ainsi, un couloir sombre prendra une dimension encore beaucoup plus mystérieuse si vous lui ajoutez un effet adapté.

Les options de filtre de Premiere sont faciles à comprendre et permettent d'intervenir dans la grande majorité des cas.

Les filtres de Premiere par Drag and Drop

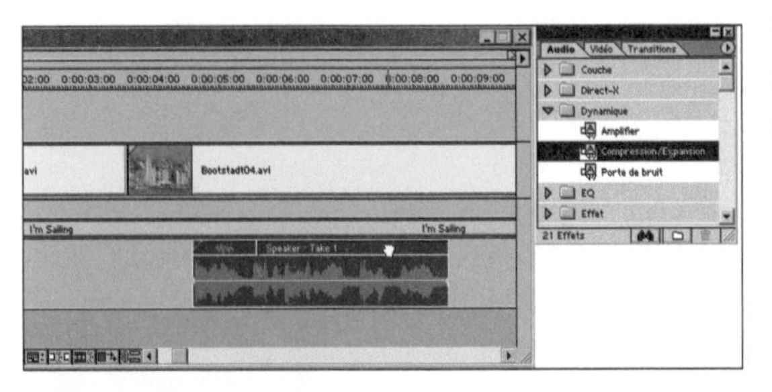

Un filtre de ce type est simplement ajouté par Drag and Drop à la piste son, à partir de la fenêtre **Filtres**.

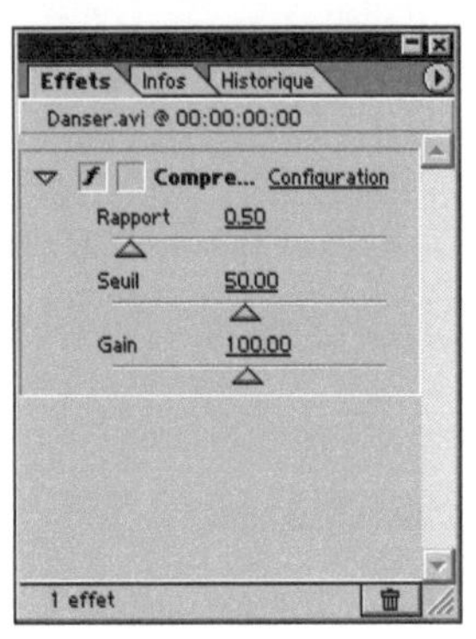

Comme pour les effets vidéo, les paramètres réglables apparaissent automatiquement dans la fenêtre **Effets**.

Bien évidemment, il est possible d'affecter plusieurs filtres à un même clip audio. Contrairement aux effets vidéo, les filtres sont diffusés, en fonction de l'ordinateur, sans rendering, en temps réel.

La mise en place d'images clés permet de modifier le son et de l'adapter aux circonstances au fil du clip.

Pour tous les filtres disposant d'une boîte de dialogue, vous aurez également possibilité d'une pré-diffusion en temps réel de l'effet avec les paramètres que vous venez de définir.

Les filtres permettant des corrections

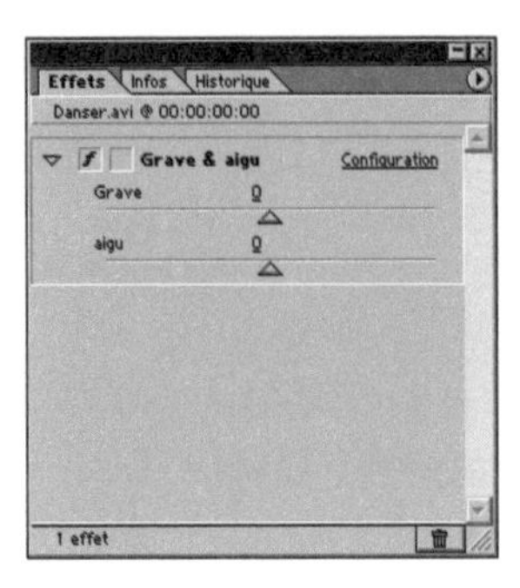

- *Grave & aigu*

Si, pour une raison quelconque, le son doit être abaissé, ou si les basses sont insuffisantes, cet effet permettra de conférer plus de brillance au son.

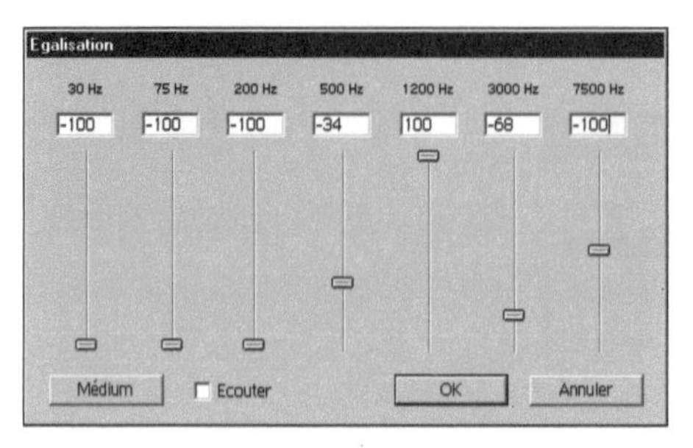

■ *Égalisation*

Cet outil est connu pour la plupart d'entre nous sous le nom "Equalizer". Il s'agit d'une variante étendue du filtre *Basse & aigu*, par lequel il est possible de diminuer ou d'augmenter certaines fréquences sonores. S'il s'agit de travailler avec encore plus de précision, nous vous conseillons le filtre *Égalisation panoramique*.

De cette façon, toutes les fréquences gênantes, par exemple les bruits de machines, peuvent être éliminées sans endommager le reste du signal.

C'est d'ailleurs également un moyen de créer de nouveaux effets : les paramètres de l'illustration précédente permettent d'obtenir un son ressemblant à celui livré par un téléphone. Pour les scènes dans lesquelles intervient un dialogue au téléphone, il permettra de simuler parfaitement le correspondant à l'autre bout du fil.

■ *Égalisation paramétrique*

C'est la méthode la plus précise pour intervenir sur des fréquences bien distinctes.

Vous pouvez ainsi améliorer jusqu'à trois bandes différentes dans l'élément audio. Le taux d'échantillonnage limite la réponse de fréquence d'un élément, de sorte que chaque bande peut isoler une plage comprise entre 0 Hz et la valeur de fréquence égale à la moitié du taux d'échantillonnage spécifié dans la boîte de dialogue **Options audio**.

Avec l'option *Écoute*, il est relativement facile de pourchasser les fréquences dérangeantes. Le bruit permanent dans un avion, par exemple, peut ainsi être sensiblement réduit, voire éliminé.

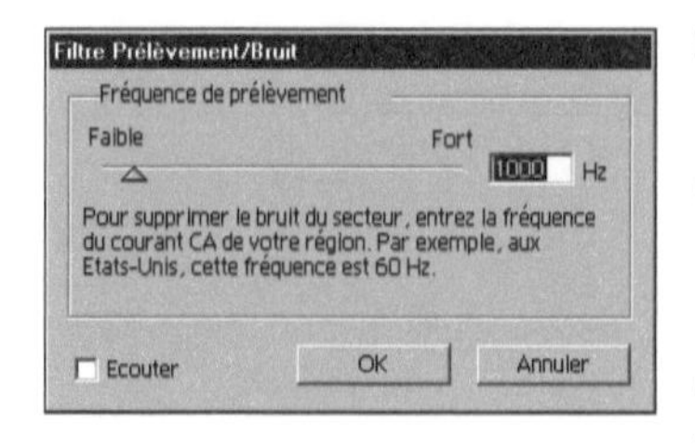

■ *Prélèvement/Bruit*

Un bruit peut avoir des causes très diverses. Il s'agit souvent de circuits électriques proches, dont le champ interfère avec le signal sonore passant par le câble du micro. Ces interférences peuvent également être le fait d'émetteurs puissants, ou d'un système d'alarme fonctionnant par ondes radio.

Si la fréquence est connue, vous pouvez essayer de limiter ces bruits par ce filtre.

- *Porte de bruit*

Vous venez de réaliser une interview et, pendant les temps morts, la piste son fait entendre un vrombissement sourd : avec ce filtre, vous pourrez y remédier.

Le filtre utilise le volume du signal : si ce volume tombe sous une certaine valeur (la valeur seuil), le clip est rendu automatiquement muet. La rapidité de la désactivation est fixée par le paramètre *Temps de descente*.

De l'état brut à la perfection : mixage sonore

L'édition des sons ne commence en général qu'après le montage du film.

Jusqu'à ce stade, les clips sonores ont la même longueur que le clip vidéo. C'est là qu'interviennent les étapes suivantes :

- fondu des transitions ;
- retouches audio ;
- mixage par les volumes.

Fondu des transitions

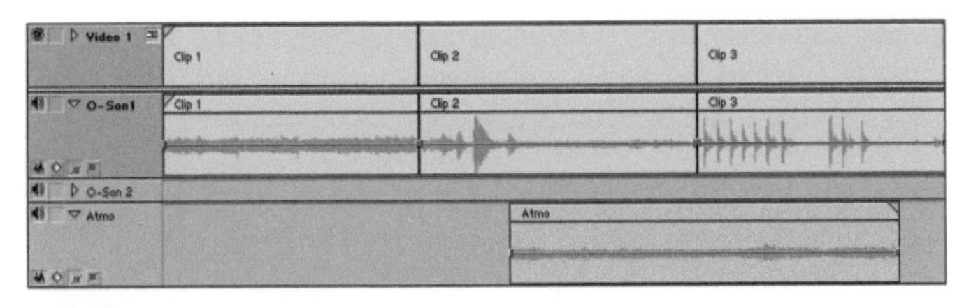

Lorsque deux clips audio se suivent, ou si un clip commence sur une autre piste, la transition est souvent audible.

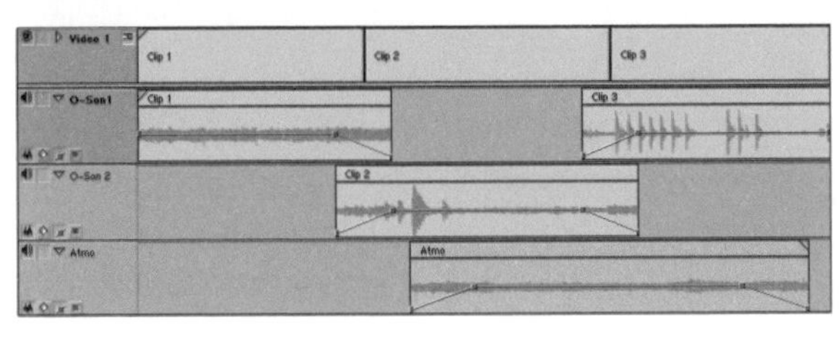

D'où la nécessité de mettre en place des transitions douces, avec le fondu sonore évoqué précédemment dans ce chapitre. Les clips qui se rajoutent doivent être activés et désactivés judicieusement.

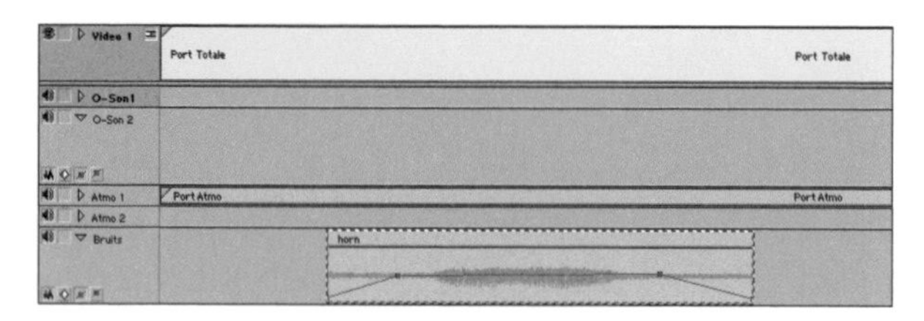

Les bruits individuels enregistrés sur le lieu de tournage renferment en général une part d'atmosphère et ne peuvent pas commencer brutalement.

Dans ce cas, il faut une diffusion progressive.

Parfois, il y a possibilité de mettre en place une avance ou un retard pour un son (J-Cut ou L-Cut) : cette solution est souvent appliquée pour l'intégration de commentaires ou paroles.

Un son décalé est souvent une bonne formule. Pendant un bref instant; le spectateur a l'impression que le son est le fruit de son imagination, puis l'image vient lui donner confirmation qu'il l'a bien entendu.

La méthode est souvent employée : un commentaire est directement suivi par le sujet évoqué dans les paroles.

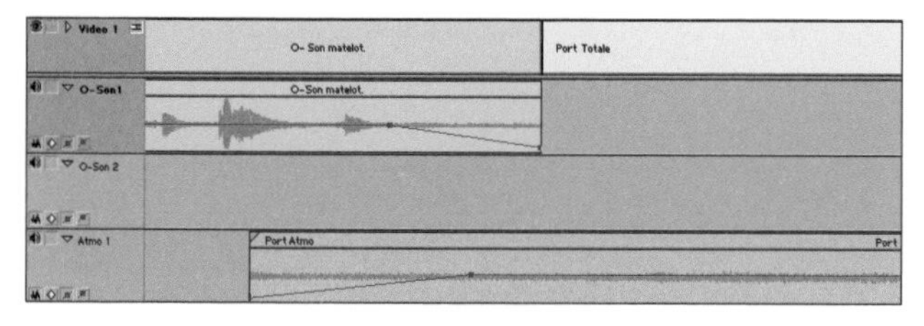

Exemple : dans le commentaire, le protagoniste d'un reportage, par exemple un marin, évoque le fait qu'il souhaite reprendre la mer au plus vite.

Après cette affirmation, l'image du marin reste en place quelques secondes, mais l'atmosphère du port est immédiatement diffusée pour introduire la suite.

La technique du L-Cut est exactement l'inverse. Le son de la scène précédente se poursuit alors que la scène suivante est déjà en cours.

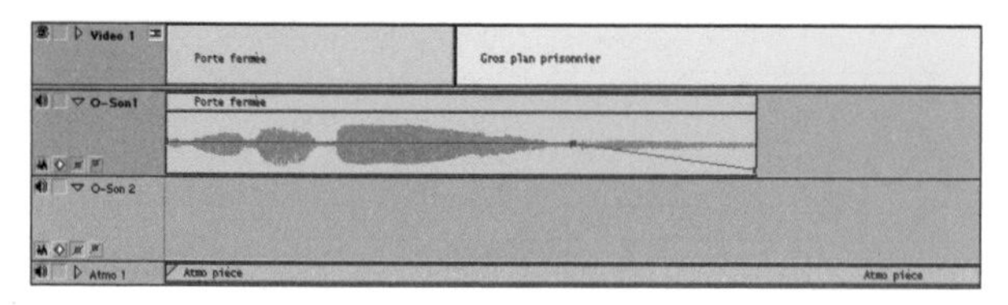

En voici un exemple : la porte de la cellule se referme lourdement, le peine s'enclenche et résonne alors que le gros plan du prisonnier est déjà à l'écran.

Retouches audio

Tout comme l'image, il arrive que dans le son interviennent des éléments indésirables : des bruissements du vent, des craquements, quelqu'un qui tousse ou qui parle dans la piste d'atmosphère. Souvent, ces défauts ne durent qu'une fraction de seconde, mais il faut les corriger.

La procédure de la retouche audio est très proche de celle de la retouche d'images : les positions défectueuses sont en principe "masquées" par des extraits du même clip.

Généralement, le défaut est même perceptible dans l'ondulation de la piste son. Un toux intempestive dans une piste d'atmosphère est reconnaissable au pic (peak) de l'ondulation.

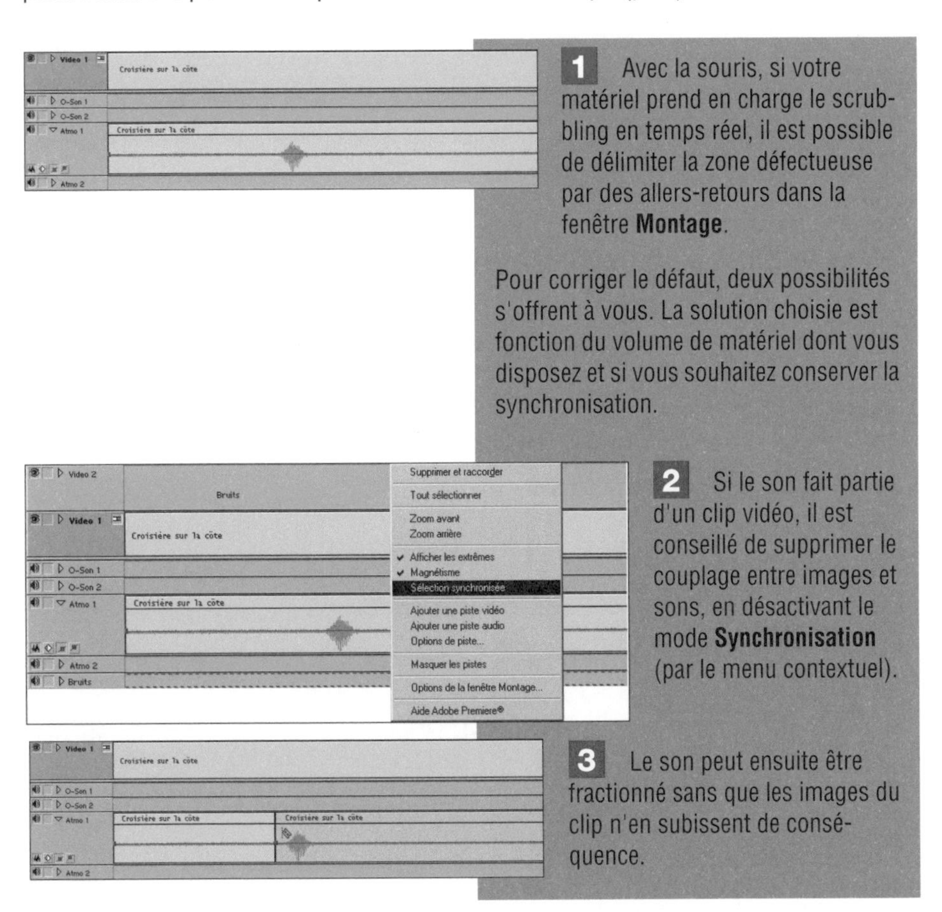

1 Avec la souris, si votre matériel prend en charge le scrubbling en temps réel, il est possible de délimiter la zone défectueuse par des allers-retours dans la fenêtre **Montage**.

Pour corriger le défaut, deux possibilités s'offrent à vous. La solution choisie est fonction du volume de matériel dont vous disposez et si vous souhaitez conserver la synchronisation.

2 Si le son fait partie d'un clip vidéo, il est conseillé de supprimer le couplage entre images et sons, en désactivant le mode **Synchronisation** (par le menu contextuel).

3 Le son peut ensuite être fractionné sans que les images du clip n'en subissent de conséquence.

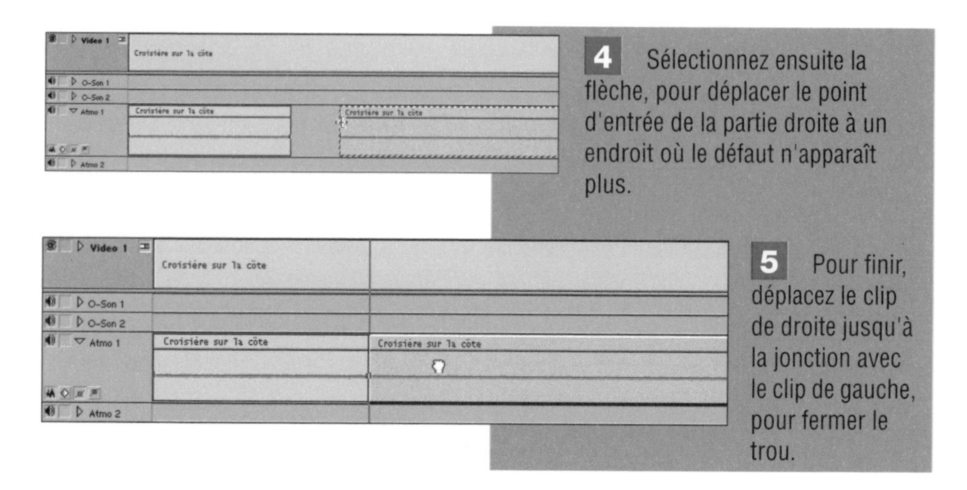

4 Sélectionnez ensuite la flèche, pour déplacer le point d'entrée de la partie droite à un endroit où le défaut n'apparaît plus.

5 Pour finir, déplacez le clip de droite jusqu'à la jonction avec le clip de gauche, pour fermer le trou.

Si la coupure est audible, il est facile d'y remédier. Essayez d'autres points d'entrée et de sortie, ou peut-être un fondu des deux parties, si vous avez suffisamment de matière pour le réaliser.

"Pansement" audio en couverture d'un bruit

Cette variante n'est cependant applicable que si la synchronisation n'est pas requise, car le fait de déplacer la partie droite du clip audio détruit la synchronisation avec les images.

Si la synchronisation du résultat n'est pas acceptable…

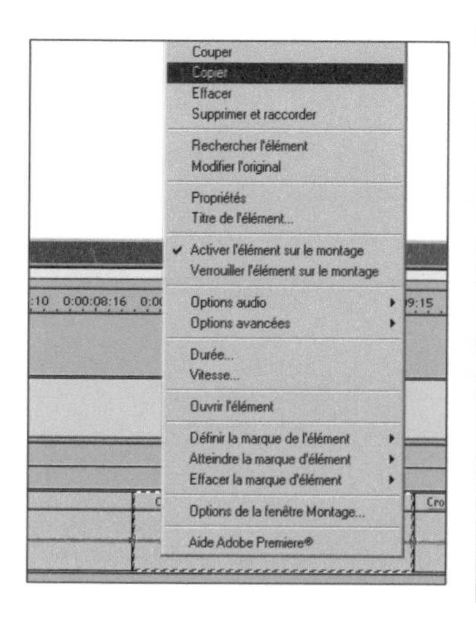

1 … fermez le trou non pas avec le clip de droite, mais en copiant un extrait légèrement plus grand, par le presse-papiers et la commande **Copier** du menu contextuel.

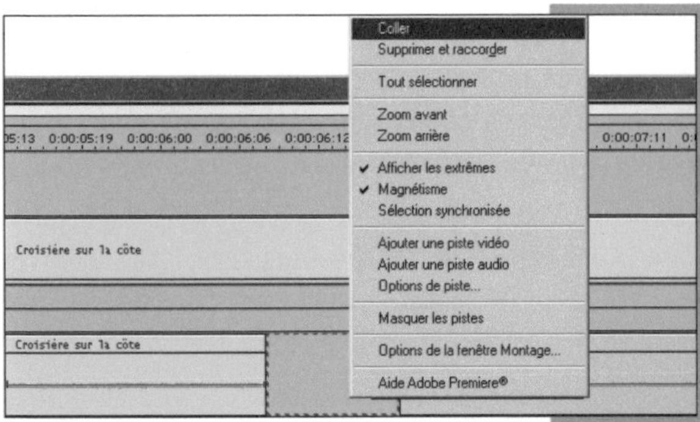

2 Il reste ensuite à coller le contenu du presse-papiers dans le trou, toujours par le menu contextuel et sa commande **Coller**.

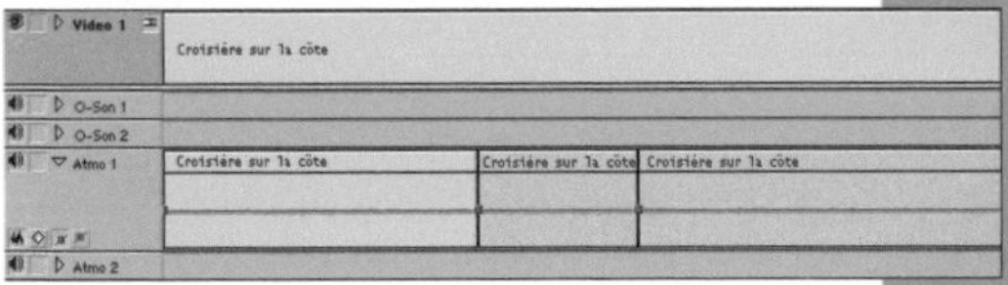

Si l'extrait utilisé est plus grand que le trou, ce dernier est intégralement comblé, sans que les autres clips ne soient déplacés.

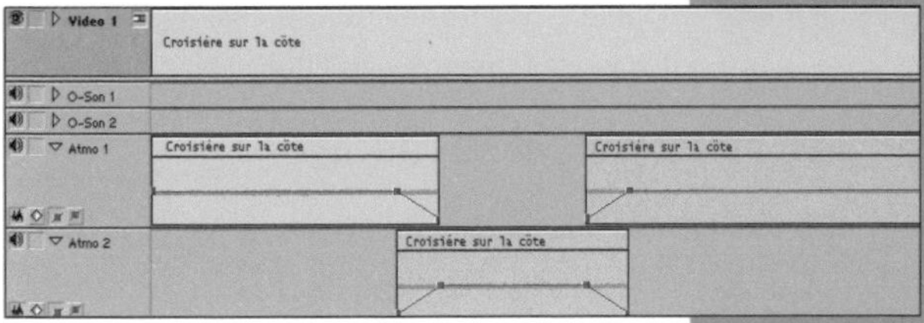

Si les transitions sont audibles, il y a toujours encore moyen de faire glisser le "pansement" sur une autre piste audio, de l'allonger au début et à la fin, et de réaliser un fondu sonore avec le reste du clip.

Transitions par effets spéciaux

Statistiquement, 98 % du travail de montage consiste en des coupes franches et des fondus, les 2 % restants faisant intervenir des effets spéciaux. Cependant, ces derniers ont tendance à prendre une importance de plus en plus prépondérante.

Ils permettent des bascules de la scène A à la scène B de manière absolument fantastique : les images "volent", sont pliées ou aspirées par un trou imaginaire. L'impression de qualité livrée par un programme de montage vidéo tient de plus en plus au nombre de ses effets spéciaux.

Les fondus par effets spéciaux sont utilisables comme les transitions par sous-pistes. Si vous appliquez un effet spécial en lieu et place d'un fondu enchaîné, vous obtiendrez en général des bordures d'images impropres, mais ce défaut est très facile à corriger.

Suppression du bord sur les images "volantes"

Avec les effets spéciaux, un nouvel aspect intervient : dès que les clips sont animés, leurs bordures pénètrent la zone visible de l'image. En fonction du format du clip, une bordure noire peut ainsi apparaître, mais elle n'a pas d'importance dans une diffusion normale.

Solution 1 : élimination des bordures par recadrage

Une bordure d'image dérangeante peut être coupée lors de la numérisation (*cropping*) ou éliminée ultérieurement par un filtre.

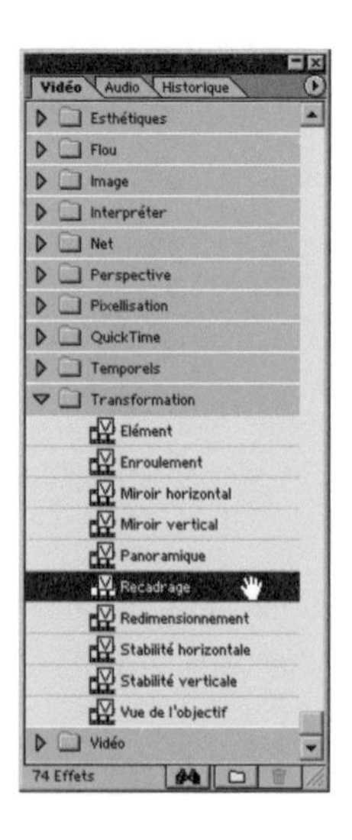

1 Faites tout simplement glisser l'effet vidéo *Recadrage*, dans le dossier *Transformation* de la fenêtre **Effets vidéo**, sur le clip concerné.

2 Nous allons mettre à profit les possibilités offertes par cet effet pour supprimer les bordures. Des quatre côtés de l'image, il est possible de retirer jusqu'à 20 %.

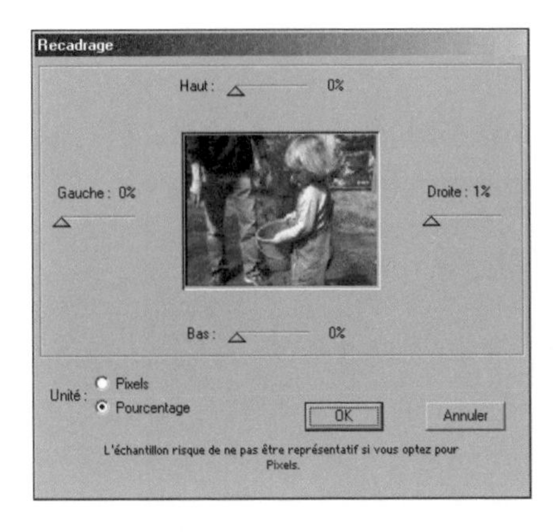

Mais attention : avec des valeurs élevées, des déformations apparaissent. Il est conseillé d'appliquer la même valeur pour les quatre côtés.

Si nous retirons 2 % des quatre côtés de cette image, la bordure disgracieuse est en principe éliminée.

Solution 2 : ajout volontaire d'une bordure correcte dans les paramètres de transition

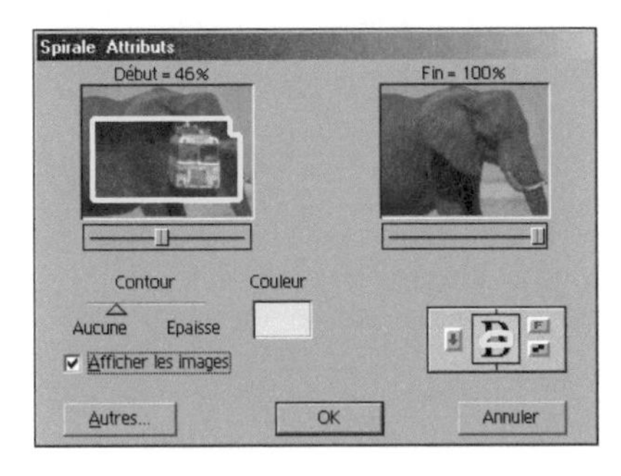

Dans de nombreuses boîtes de dialogue de configuration de transition, il est possible d'ajouter aux images des bordures de dimension réglable.

Transitions prédéfinies de Premiere

Premiere propose une vaste palette d'effets spéciaux de transition, regroupés dans la fenêtre **Transitions**.

Tous les effets fonctionnent selon un principe commun : ils fonctionnent dans les deux directions. À vous de décider si la scène A doit être fondue dans la scène B, ou inversement.

Transitions par effets spéciaux

Jetons un coup d'œil sur les transitions les plus intéressantes. Elles fonctionnent souvent sur un même principe et ne varient qu'au niveau de leur forme.

Nos scènes exemples correspondent aux deux figures suivantes.

Transition par mélange, sans mouvement

Dans cette catégorie de transition, rien ne bouge, ne tourne ou ne se déplace. Les images sont fondues l'une dans l'autre par des opérations de calcul.

Fondu additif : les valeurs de couleur des deux images sont additionnées. Le résultat est le plus lumineux au moment où les deux images ont la même intensité.

Masque : la transition *Effet spécial/Masque* est fondée sur une troisième image (ici *Spirale2.bmp*) librement définissable, dont les niveaux de gris spécifient l'ordre des zones à fondre. Il s'agit d'une forme complexe du *Fondu enchaîné*.

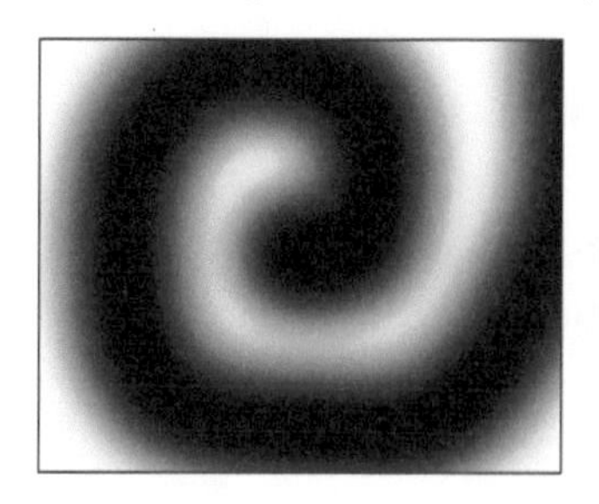

Fondu non additif : il s'appuie sur le même principe que la transition *Masque*, mais sans l'aide d'une image externe. Les informations de luminosité proviennent des clips eux-mêmes. Les zones les plus sombres de la scène A laissent entrevoir d'abord les zones correspondantes de la scène B ; puis s'y rajoutent progressivement les zones plus claires.

Fondu enchaîné : il fait partie du groupe des transitions par mélange sans mouvement.

Transitions 2D

Cette catégorie regroupe tous les effets qui ne travaillent qu'en deux dimensions, comme lorsque vous superposez deux photos ou des parties de photos.

Volet par bandes : cette transition du groupe *Balayage* imbrique les deux images sous forme de bandes horizontales.

Entrelacement : cette transition de la catégorie *Recouvrement* est surprenante.

Balayage : le concept de balayage intervient dans plusieurs transitions (*Balayage*, *Balayage radio*, *Balayage symétrique*, etc.). Une image est découverte selon un modèle de mouvement prédéfini.

Iris : ce groupe de transitions est très proche du balayage, mais avec une optique centrée.

Déplacement : avec cette transition du groupe *Recouvrement*, la scène A repousse la scène B.

Déchirement avec cette autre transition du groupe *Recouvrement*, un clip est imbriqué dans l'autre sous forme de bandes obliques, à partir d'un côté.

Transition par déformation de l'image

Avec ces effets 3D, une image au moins est déformée au cours de la transition. Nous allons vous en présenter quelques représentants, parmi les plus courants.

Pliage : avec cette transition de la catégorie *Trajectoire 3D*, la nouvelle image est dépliée ou l'ancienne est repliée.

Ouverture : issue de la catégorie *Page tournée ombrée*, cette transition ouvre la scène A à partir du milieu, avec des coins qui s'enroulent.

Volet arrière, *Volet avant*, *Porte de saloon* : une des scènes s'ouvre comme une porte battante ou une double porte battante.

Dégringolade : une image vidéo tourne sur elle-même et devient de plus en plus petite. Le point de fuite peut être défini : l'image B tourne dans l'image A, ou inversement.

Page tournée et *Page tournée ombrée* : ces deux transitions imitent l'action de feuilleter des pages.

Entonnoir : avec cette transition du groupe *Elargissement*, l'image est comme aspirée.

Rideau : du groupe *Trajectoire 3D*, cette transition simule l'ouverture d'un rideau, laissant apparaître l'autre scène.

Cube pivotant : du groupe *Trajectoire 3D*, cette transition simule un cube portant sur chaque face une scène différente.

Toutes ces transitions ne fonctionnent pas en temps réel ; elles doivent au préalable être calculées. Le développement des processeurs permet aujourd'hui d'exécuter les rendus sans que l'opération ne dure trop longtemps.

Autres transitions et effets spéciaux grâce aux plug-ins

Si vous êtes amateur de transition dans le style de l'effet "page tournée", il peut être intéressant de faire appel à des modules externes, les fameux plug-ins. Les effets de Premiere ne sont pas toujours d'excellente qualité. De la même manière que le plug-in Aged Film vient s'imbriquer dans Premiere comme un effet supplémentaire, vous trouverez également des transitions prenant place dans la liste des transitions, et étendant les fonctionnalités du programme. Ces plug-ins livrent souvent des résultats bien meilleurs que les transitions d'origine de Premiere. Nous allons vous en présenter deux, à titre d'exemple.

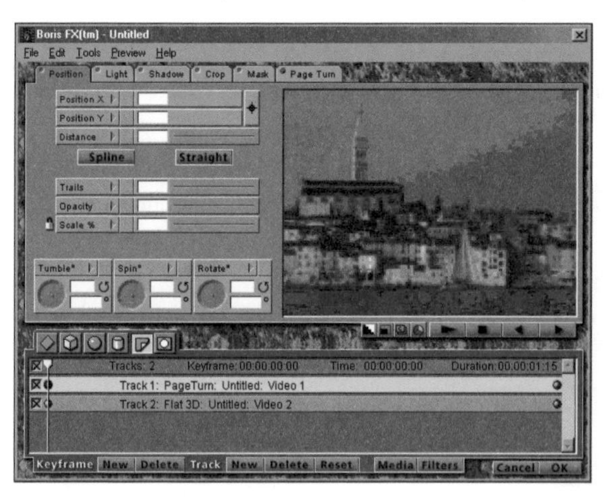

- *Boris FX* : c'est le grand classique de la société Artel. Même s'il ne fait l'objet que d'une seule nouvelle entrée dans la liste des transitions, il s'agit réellement d'un outil très puissant. Il demande cependant un certain temps d'apprentissage, pour en tirer toute la quintessence.

Avec ce plug-in, voici à quoi ressemble la transition Page tournée (*Page turn*).

Les paramètres tels que la lumière, les ombres, l'angle de déformation, etc., sont réglables ; vous pourrez même utiliser des images clés durant la transition pour modifier ces paramètres.

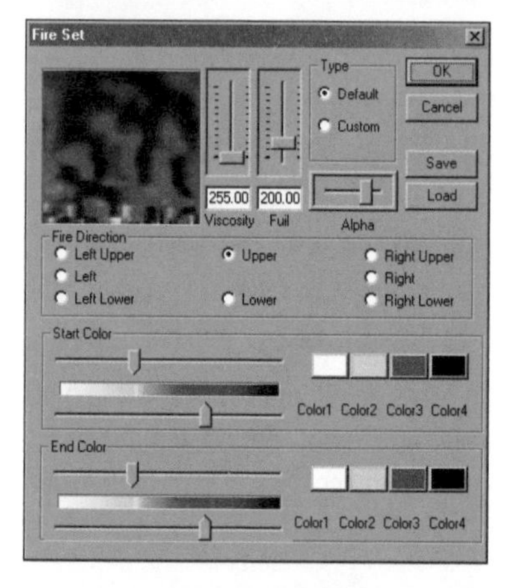

■ *PAN Fire* : un autre plug-in livrant des transitions tout à fait inhabituelles. Il a été conçu par la société Panopticum, et permet de "brûler" la scène A de différentes manières, les zones de transition étant représentées par des flammes. C'est le type d'effet que vous avez certainement vu dans la série Bonanza.

Voici le résultat des paramètres de l'illustration précédente.

Si vous accordez de l'importance aux effets en temps réel, dont les résultats sont souvent de meilleure facture que les effets prédéfinis de Premiere, la section suivante vous comblera d'aise.

Effets obtenus par matériel

Lorsque l'on envisage un travail fluide, une carte vidéo dotée de fonctionnalités en temps réel est inévitable. Surtout s'il s'agit de votre gagne-pain. Les clients n'ont en général jamais le temps d'attendre et acceptent mal les longues séances de calcul du rendu. Cela dit, tout le monde n'a pas les moyens financiers d'installer un poste de montage vidéo pour 150 ou 200 000 francs.

Les fonctions en temps réel entrent cependant doucement dans le domaine du possible grâce à l'évolution technologique et la baisse des prix. Citons à nouveau comme exemple la carte Matrox RT2000 : elle offre un excellent rapport performances/prix et peut intervenir sans problème même pour des productions professionnelles.

L'astuce de cette carte est qu'elle est livrée avec une carte graphique. C'est d'abord le seul moyen d'éviter toute incompatibilité, mais surtout une excellente solution pour accélérer notablement les effets vidéo 3D, du fait du lien entre les deux cartes. Les effets standards, par exemple les fondus enchaînés, les mélanges d'images, les transitions de type "Page turn" ou autres effets "image dans image" sont ainsi réalisables en temps réel, ce qui améliore très sensiblement le travail.

S'y ajoute une piste graphique en temps réel, ce qui permet même l'affichage ou le masquage progressif de titres sur des pistes vidéo en surimpression, sans calcul préalable. C'est là que l'ivraie se sépare du bon grain, car dans des vidéos pour entreprises ou des présentations de produits, il se peut qu'un logo doive être affiché durant toute la séquence : avec cette carte vidéo de Matrox, c'est parfaitement réalisable sans rendu.

Il en va de même du sous-titrage de films complets.

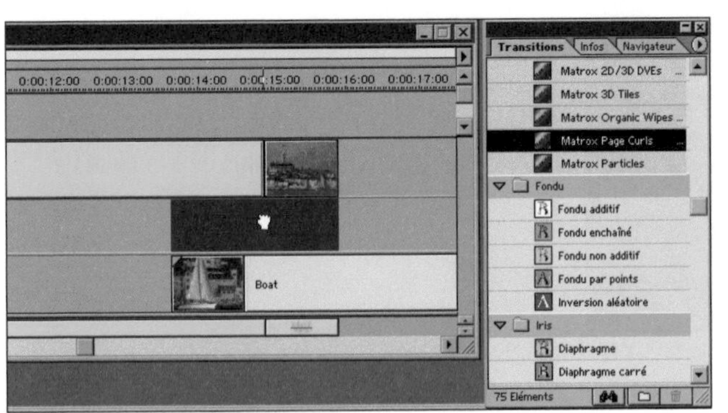

Avec ce type de cartes de haut de gamme, le constructeur livre en principe des effets et des transitions prédéfinis de bonne qualité, qui viennent étendre la fenêtre **Transition** de Premiere.

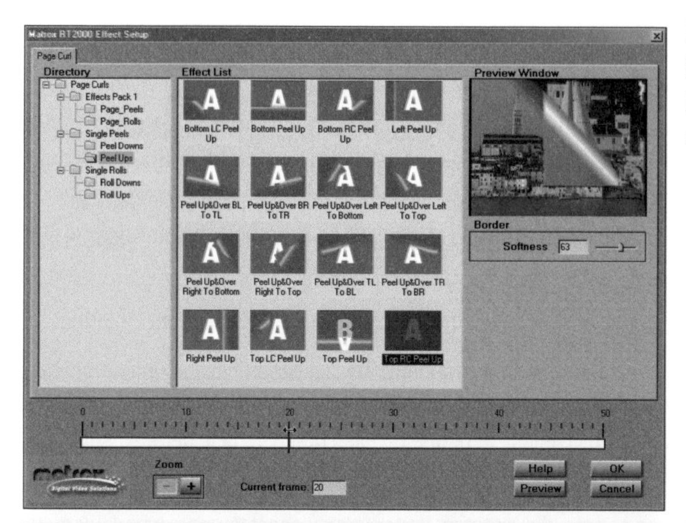

Un double clic sur la transition appliquée et l'embarras du choix commence…

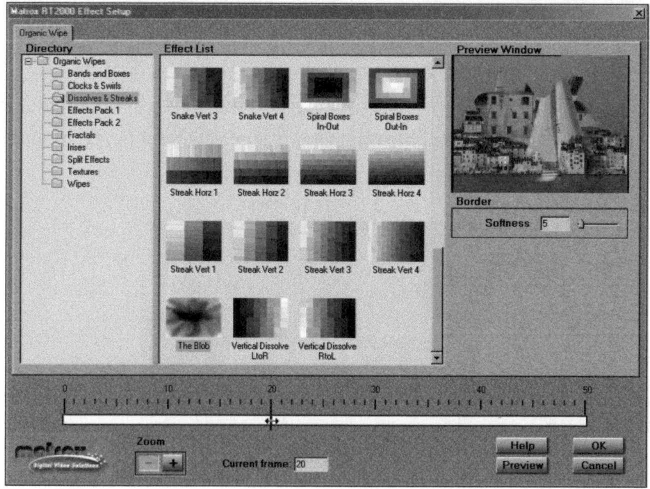

Parallèlement à la transition "Page turn", vous trouverez également un grand nombre de transitions de type "Organic wipes".

Quelle transition choisir ?

Aussi vastes et aussi belles que soient toutes ces possibilités offertes par notre ordinateur pour gérer le passage d'une scène à l'autre, la question principale reste toujours : "Quel est le rôle de la transition que nous allons mettre en place ?"

Transitions par effets spéciaux

Par son seul énoncé, cette question livre une règle fondamentale pour ces situations :

"Une transition est intéressante si elle a un rôle à jouer !"

Or, beaucoup de transitions ne jouent pas de rôle et ne sont pas en mesure d'atteindre un objectif, ce qui explique que l'industrie du film ne se soit pas précipitée d'emblée sur toutes ces nouvelles possibilités et qu'elle s'en tient largement aux recettes éprouvées. Pensez simplement aux transitions par balayage dans *Star Wars* ou aux transitions de type "spatio-temporel" dans le film *Highlander*.

Le problème, et en même temps la chance, des transitions, c'est qu'elles attirent l'attention.

Par ce seul fait, elles ne sont absolument pas à ranger dans la catégorie des coupes, franches ou douces, dont le seul but est de relier deux scènes avec un maximum de discrétion. Les transitions par effets spéciaux sont trop visibles : le risque qu'elles prennent la vedette au sujet proprement dit est omniprésent.

Si les images sont déformées en trois dimensions, l'attention du spectateur est invariablement attirée. Le contenu, le sujet du film, se doit impérativement de contrebalancer cet attrait, ne serait-ce que par un agencement adéquat. C'est le seul moyen d'arriver à une situation d'équilibre dans laquelle les images et les transitions se complètent mutuellement. Les effets 3D sont principalement utilisés dans le domaine des spots publicitaires et des clips vidéos car, dans ce type de productions, la forme revêt souvent plus d'importance que le fond.

Dans le sitcom *Home Improvement*, les transitions par effets spéciaux font pour ainsi dire partie de l'image de marque de la série. Au départ, il s'agissait de déformations d'images réalisées par ordinateur ; mais, au fil du temps, les transitions ont été largement agrémentées d'effets spéciaux à base d'objets réels présentant un lien avec la scène ou l'épisode.

Effets spéciaux personnalisés à base d'objets réels

Une transition par effet spécial peut faire intervenir des objets réels, ayant un rapport avec le sujet, pour un passage harmonieux d'une scène à l'autre.

À l'inverse d'un fondu enchaîné, que le spectateur ne remarque que très rarement, une transition par effet spécial se doit d'attirer l'attention.

Nous allons utiliser des clips vidéo d'enfants en train de jouer et assembler le tout de manière originale, avec des transitions impliquant le jouet.

Du fait de l'emploi d'objets réels, cette transition n'est pas une au sens strict du terme, il s'agit plutôt d'un film en surimpression, qui se focalise sur le jouet, dans le but de détourner l'attention du spectateur des changements de scènes.

En voici le principe : le jeu de construction est monté comme par magie et permet de bluffer le spectateur, tout en masquant le changement (très rapide) de scène.

Comme les pièces du jeu de construction sont en partie transparentes, elles doivent être tournées au préalable, selon la technique du "Green Screen" ou "Blue Screen", c'est-à-dire devant un arrière-plan de couleur.

Pour les pièces du jeu de construction, nous allons procéder à une acquisition image par image : la caméra est placée sur un trépied et orientée de haut en bas. Comme arrière-plan, nous avons disposé un carton vert, sachant que les pièces sont posées sur une plaque de verre placée aussi haut que possible au-dessus de ce carton. Cette installation permet un éclairage correct de l'arrière-plan, les pièces semblant flotter, sans ombre, dans l'image, ce qui facilite d'autant l'estampage futur de l'arrière-plan.

Création du jeu de construction

1 Placez la première pièce du jeu et déclenchez l'enregistrement un court instant, sans bouger la caméra.

Si votre caméra dispose d'un mode Photo, avec lequel les images sont enregistrées durant un laps de temps donné, vous pouvez l'utiliser : vous aurez ainsi des intervalles réguliers.

2 Placez la pièce suivante et refaites une courte prise de vue.

3 Poursuivez ainsi, pièce après pièce…

... jusqu'à ce que l'image soit totalement remplie.

Alternative : vous pouvez obtenir le même effet à l'envers, c'est-à-dire en partant de la construction complète et en retirant à chaque fois une ou plusieurs pièces, selon la vitesse avec laquelle cet effet doit se dérouler dans le film.

Raccourcissement des prises de vue

En fonction de la méthode de prise de vue choisie, vous obtiendrez, après chargement sur l'ordinateur, un clip de quelques secondes. Pour éviter que la transition ne s'éternise, un raccourcissement s'impose.

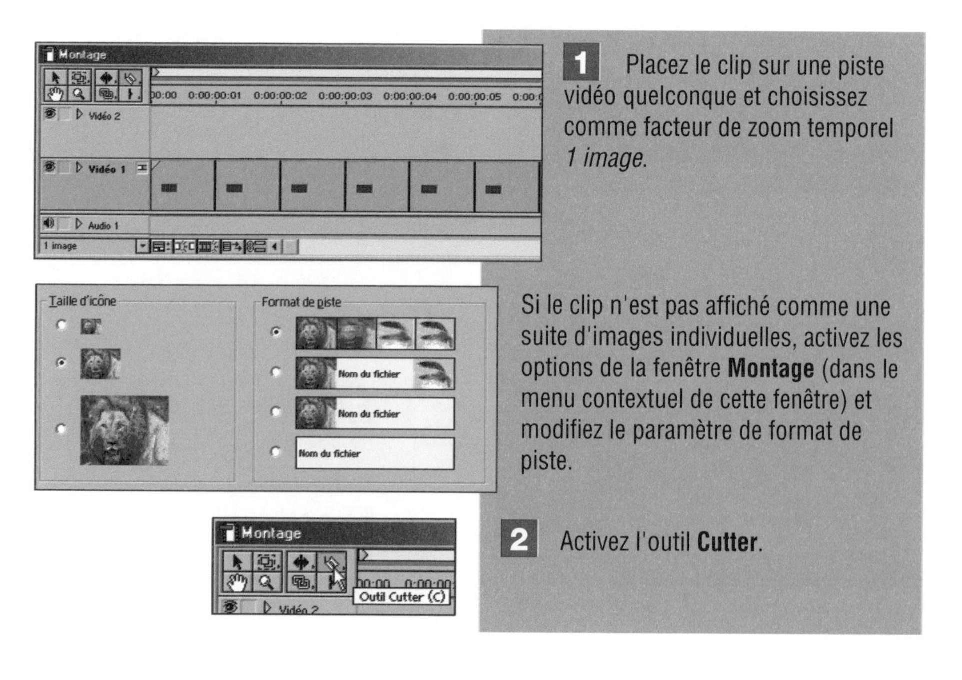

1 Placez le clip sur une piste vidéo quelconque et choisissez comme facteur de zoom temporel *1 image*.

Si le clip n'est pas affiché comme une suite d'images individuelles, activez les options de la fenêtre **Montage** (dans le menu contextuel de cette fenêtre) et modifiez le paramètre de format de piste.

2 Activez l'outil **Cutter**.

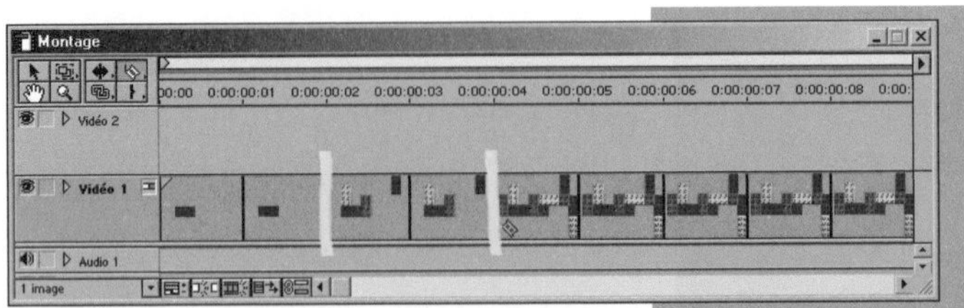

3 Faites défiler la piste et effectuez une coupe à chaque changement d'image, puis deux images plus loin.

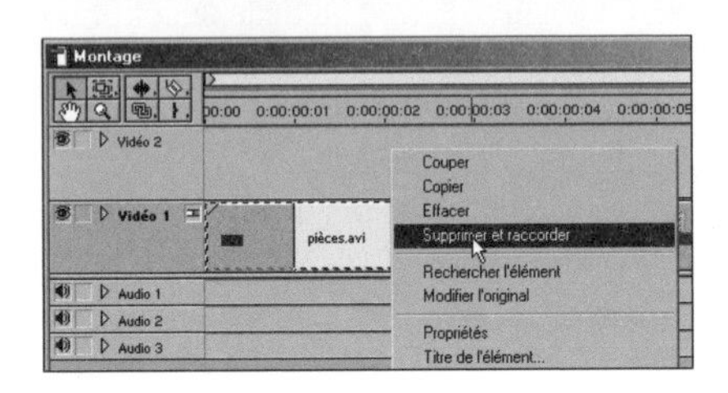

4 Lorsque toutes les coupes sont terminées, changez de format de piste pour n'afficher que l'image de début et de chaque clip, et le nom du fichier. Les grandes parties intermédiaires peuvent être supprimées par la commande **Supprimer et raccorder** du menu contextuel. Les clips suivants sont automatiquement décalés vers la gauche.

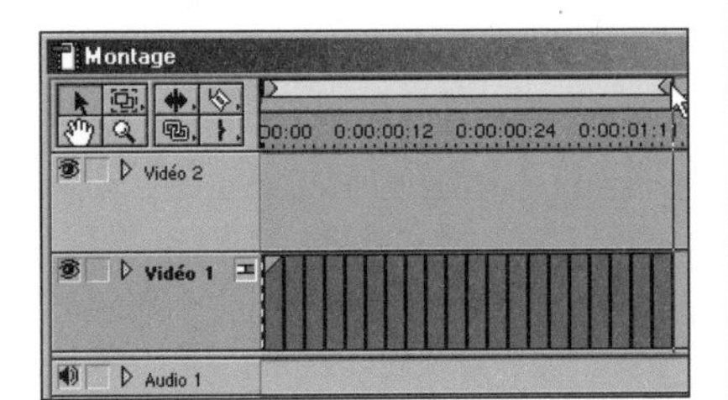

5 À partir de cette suite de petits clips, nous allons créer un clip unique.

Sélectionnez le tout dans la fenêtre **Montage**...

6 Activez la commande **Fichier/ Exporter/Séquence** en veillant à choisir le même format que les autres clips du projet.

Transition par surimpression de scènes

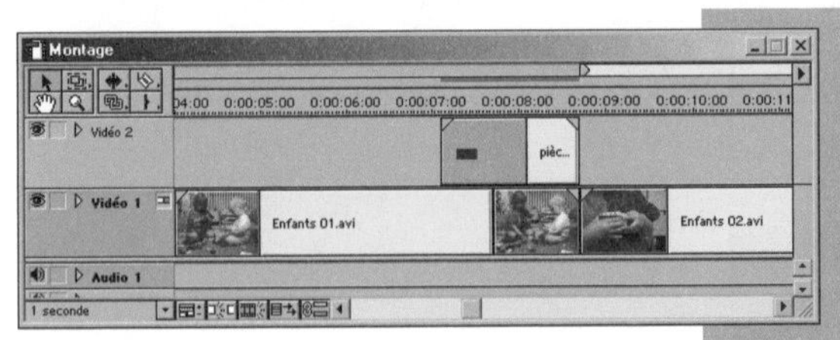

1 Préparez les pistes nécessaires :

- Piste vidéo 1 : les deux clips à lier, accolés l'un à l'autre.
- Piste vidéo 2 (piste de surimpression) : le nouveau clip, dont le point de sortie doit se trouver au point de jonction des deux clips de la piste 1.

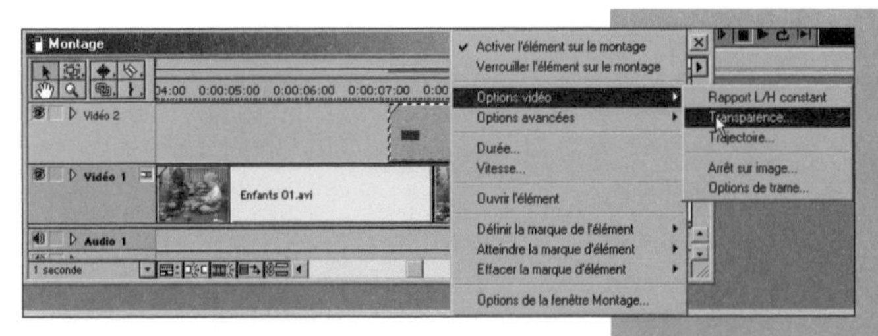

2 Affectez une transparence au clip des pièces du jeu : dans le menu contextuel du clip, activez la commande **Options vidéo/Transparence**.

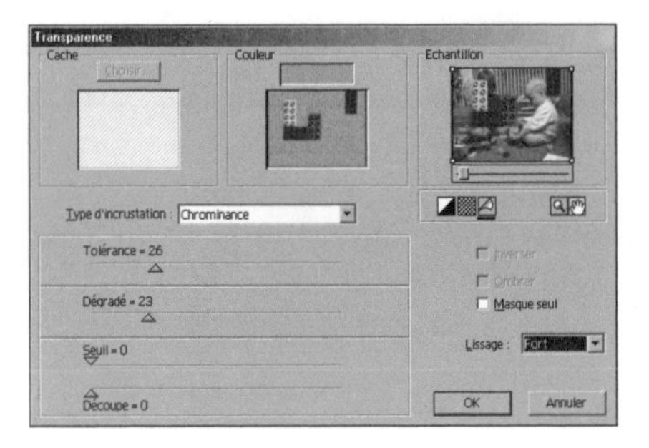

3 Dans la boîte de dialogue, sélectionnez comme type d'incrustation la mention *Chrominance*. Comme il s'agit d'estamper une couleur, sélectionnez le vert concerné dans l'image centrale, avec la pipette. Ajustez la zone à estamper à l'aide des curseurs *Tolérance* et *Dégradé*.

Le résultat peut encore être amélioré, en optant pour la valeur *Faible* ou *Fort*, dans le champ *Lissage*.

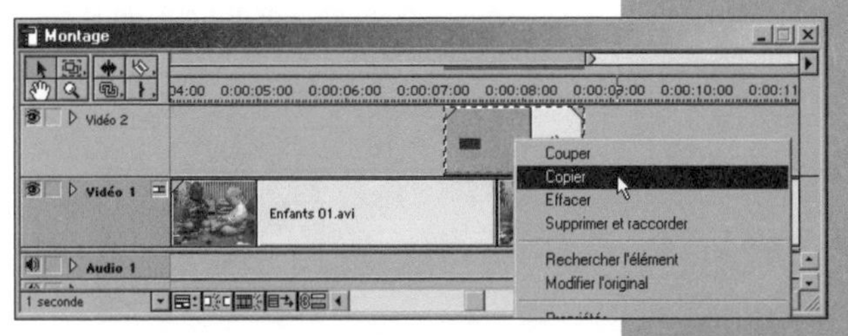

4 Le premier clip de transition couvre progressivement l'image.

Un deuxième clip doit ensuite la découvrir progressivement : nous copions le clip et sa transparence à l'aide de la commande **Copier** du menu contextuel.

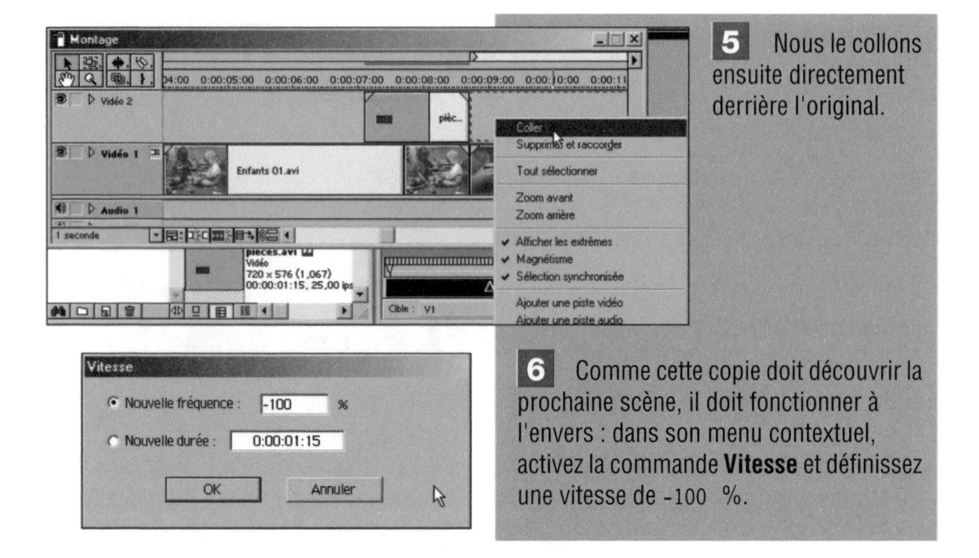

5 Nous le collons ensuite directement derrière l'original.

6 Comme cette copie doit découvrir la prochaine scène, il doit fonctionner à l'envers : dans son menu contextuel, activez la commande **Vitesse** et définissez une vitesse de -100 %.

Voilà : vous venez de créer une transition personnalisée, exécutable bien évidemment avec n'importe quel autre objet.

À l'emplacement où les deux clips de pièces du jeu de construction se rencontrent, vous avez encore le moyen de modifier les points d'entrée et de sortie, si les surfaces opaques cachent trop longtemps l'image.

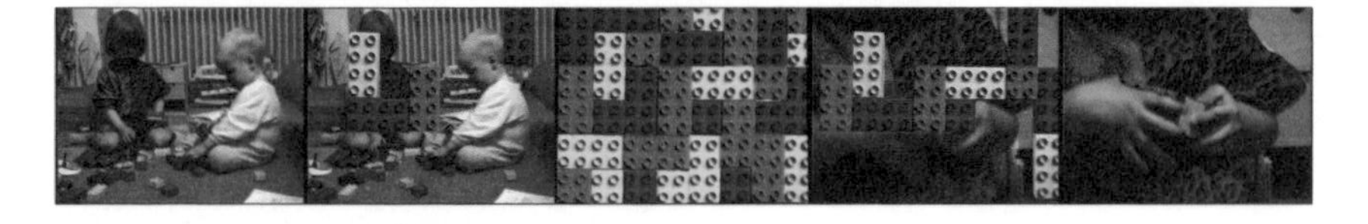

Une image fixe utilisée comme transition

Dans la section précédente, nous avons confectionné un clip de transition. Cette solution n'est hélas pas toujours possible ; il n'y a en effet pas toujours un objet ou une situation adaptée. De plus, cette technique à la "Home Improvement" ne s'avère pas très créative à la longue. Concentrons-nous un instant sur le comportement des véritables transitions à base d'effets spéciaux : la fin d'un clip se transforme progressivement pour assurer le passage à la scène suivante, en développant sa propre dynamique.

En fait, la fin du clip peut également être aménagée manuellement : la dernière image est conservée comme base de la transition, puis animée, mise en mouvement dans l'image, pour finalement disparaître et laisser place à la scène suivante.

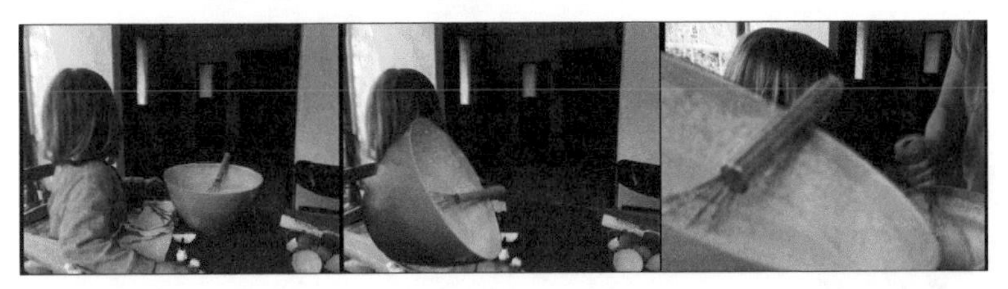

Ce procédé est composé de quatre phases d'édition :

1 La dernière image, celle qui doit être conservée comme image fixe, est localisée.

2 L'image est exportée et modifiée dans un programme de retouche d'images.

3 L'image modifiée est importée dans Premiere et placée sur une piste de surimpression.

4 Peaufinage dans Premiere : avec des effets et des filtres, l'image devient un tourbillon et découvre progressivement la scène suivante.

À la recherche de l'image optimale

Dans notre exemple, le récipient jaune va assurer la transition entre les scènes.

À la fin du premier clip, nous allons chercher l'image à partir de laquelle la transition doit commencer, c'est-à-dire là où le clip devient une image fixe.

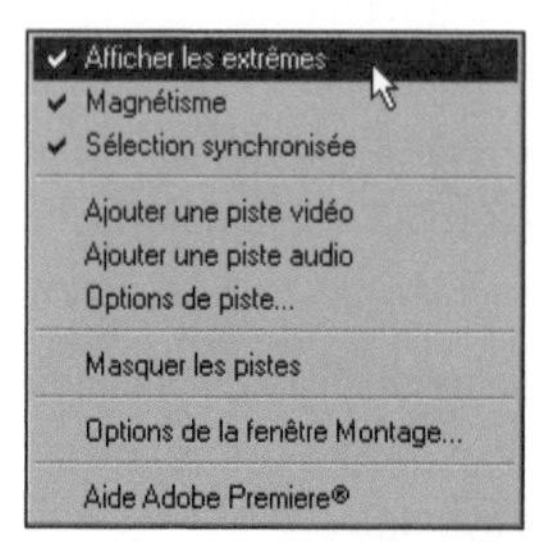

1 Assurez-vous dans le menu contextuel de la fenêtre **Montage** que l'option **Afficher les extrêmes** est bien activée.

2 La première scène est placée sur la piste vidéo 1.

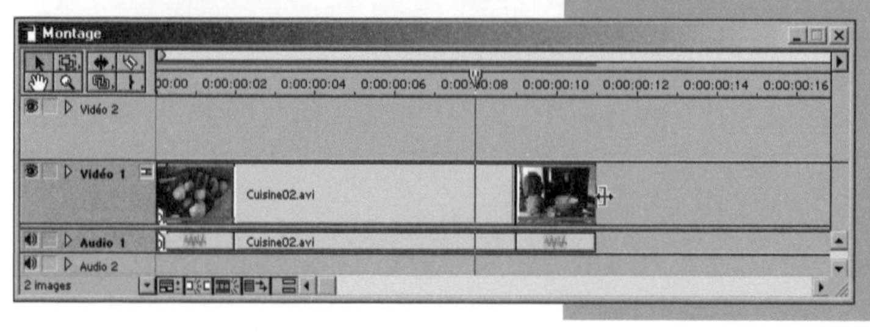

3 Avec l'outil **Sélection**, cherchez un point de sortie adéquat pour l'image fixe.

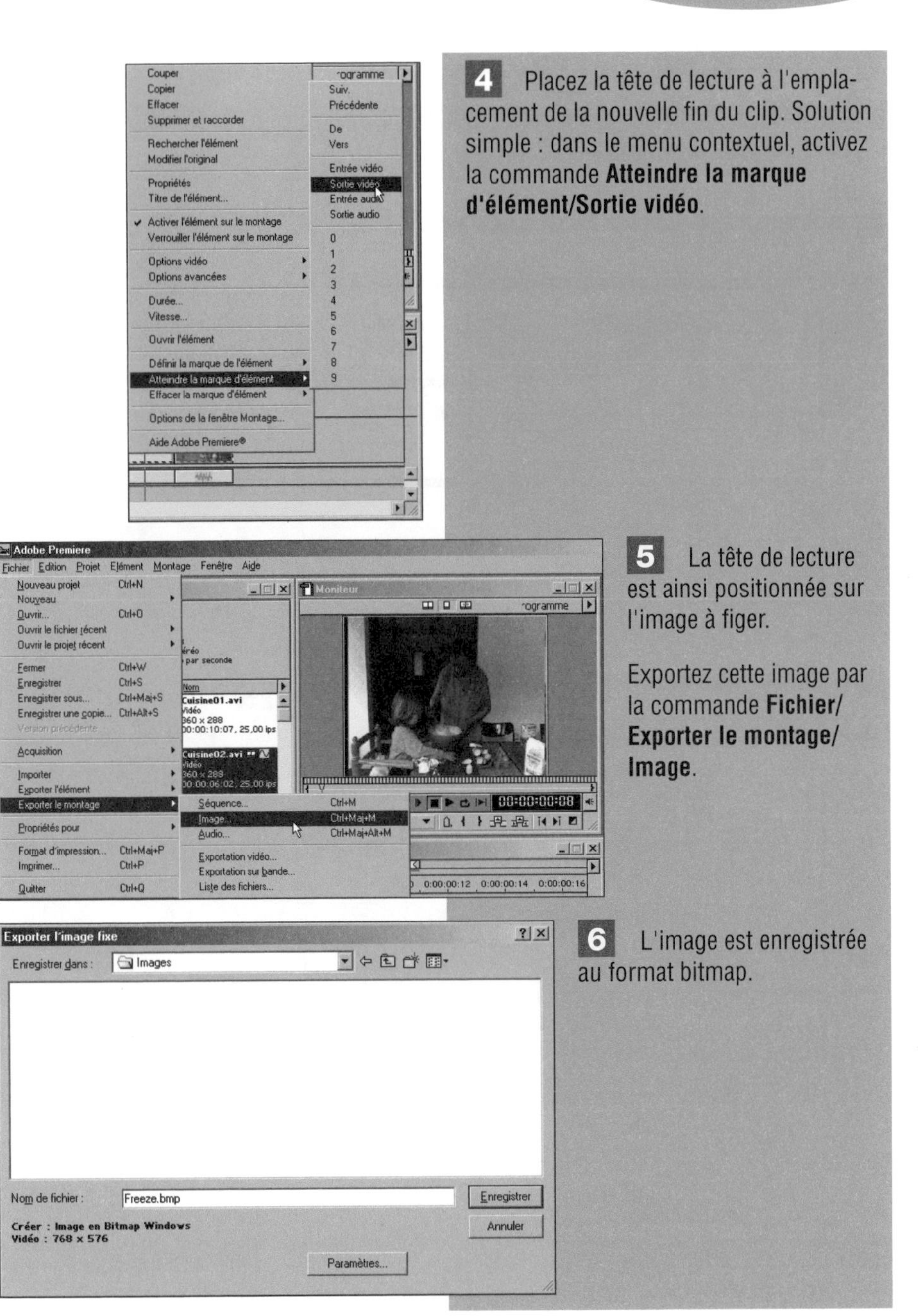

4 Placez la tête de lecture à l'emplacement de la nouvelle fin du clip. Solution simple : dans le menu contextuel, activez la commande **Atteindre la marque d'élément/Sortie vidéo**.

5 La tête de lecture est ainsi positionnée sur l'image à figer.

Exportez cette image par la commande **Fichier/ Exporter le montage/ Image**.

6 L'image est enregistrée au format bitmap.

Transmission à Photoshop

Comme nous ne souhaitons pas animer toute l'image, mais seulement le récipient, nous allons le désolidariser du reste de celle-ci.

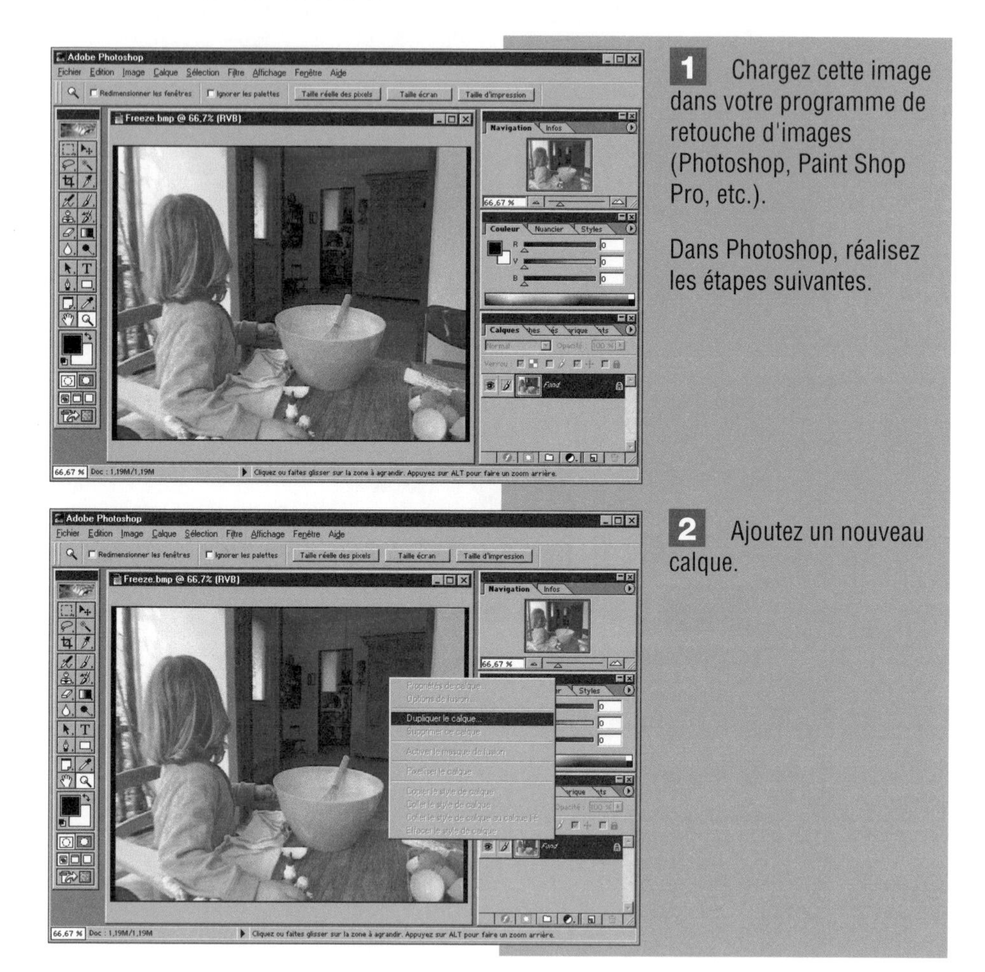

1 Chargez cette image dans votre programme de retouche d'images (Photoshop, Paint Shop Pro, etc.).

Dans Photoshop, réalisez les étapes suivantes.

2 Ajoutez un nouveau calque.

3 Dans ce nouveau calque, appelé *Récipient*, sélectionnez le récipient, à l'aide des outils adéquats.

4 Inverser ensuite la sélection par la commande **Sélection/Inverser**. Après activation de la touche Suppr, il ne reste que le récipient.

Si le premier calque est masqué (symbole de l'œil désactivé dans la palette **Calques**), l'image obtenue est à peu près la suivante.

5 Sur le calque *Fond*, il y a toujours l'image originale, celle à partir de laquelle le récipient doit être retouché.

Le calque *Récipient* est masqué et le calque *Fond* est affiché. Un clic de souris sur le calque *Fond*, dans la palette **Calques**, en fait le calque actif.

6 Par copie de certaines zones, ou en clonant des zones avec l'outil **Tampon**, il est possible de faire disparaître le récipient.

Ne vous en faites pas si le clonage n'est pas absolument parfait : lors de la diffusion de la vidéo, l'effet sera indiscernable. L'essentiel est de conserver l'image originale intacte ; aucun tremblement ne doit être perceptible.

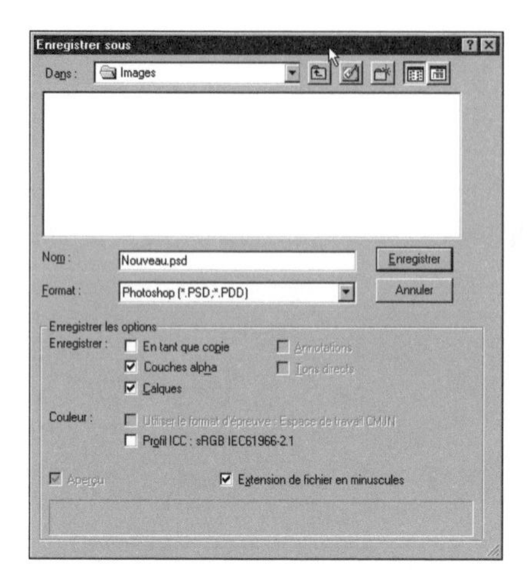

7 Affichez ensuite les deux claques et enregistrez l'image en format Photoshop.

Important : activez calques et couche alpha.

Dans les autres programmes de retouche d'images, la procédure est identique, même si les commandes portent d'autres noms et sont disposées différemment. Le format Photoshop est à préconiser car, ainsi, les deux images (le récipient et l'original) sont rassemblées dans un même fichier.

Retour dans Premiere

La nouvelle image (Nouveau.psd) est ensuite importée dans Premiere : **Fichier/Importer/ Fichier**.

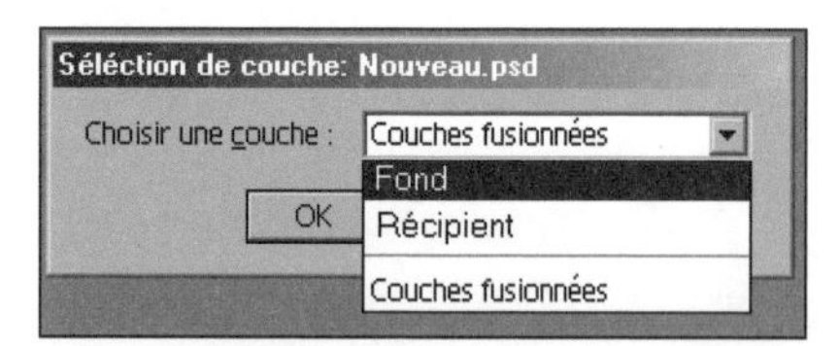

Lorsque Premiere identifie ce format Photoshop, il propose une boîte de sélection.

Vous pourrez ainsi importer au choix l'image du récipient, puis l'image originale (Fond).

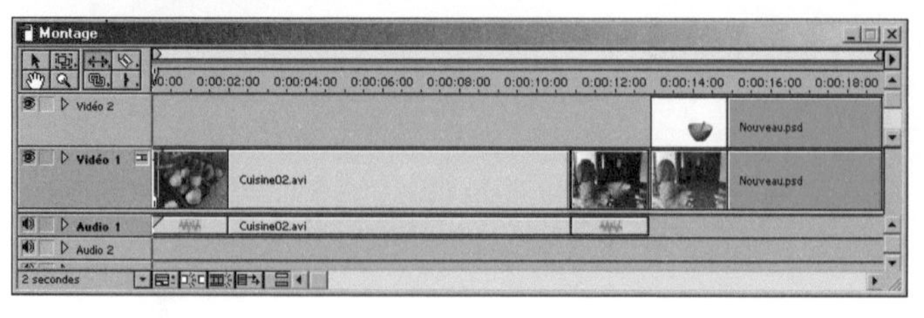

Dans Premiere, les deux images sont mises en place, comme suite au clip vidéo.

Le récipient apprend à voler !

Pour ce récipient, nous avons prévu qu'il s'approche du spectateur en tournant, jusqu'à couvrir un court instant la vidéo, pour masquer la transition avec la vidéo suivante.

Voici le principe :

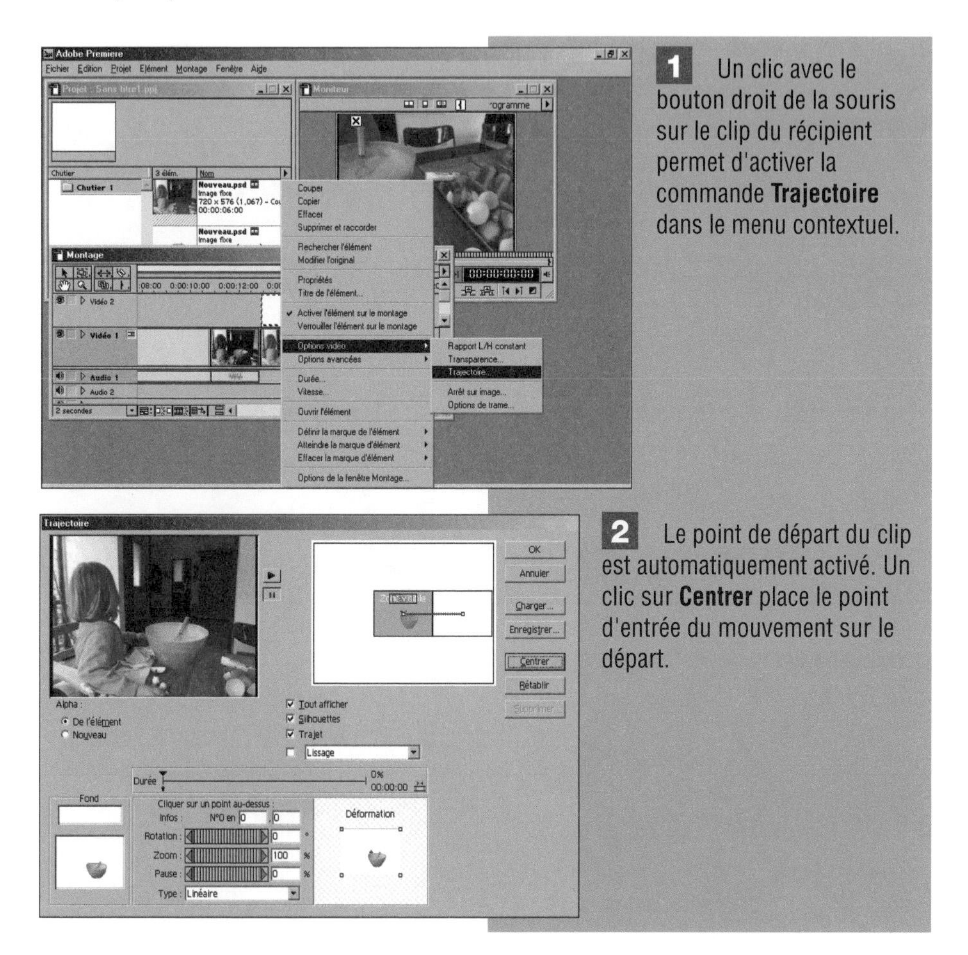

1 Un clic avec le bouton droit de la souris sur le clip du récipient permet d'activer la commande **Trajectoire** dans le menu contextuel.

2 Le point de départ du clip est automatiquement activé. Un clic sur **Centrer** place le point d'entrée du mouvement sur le départ.

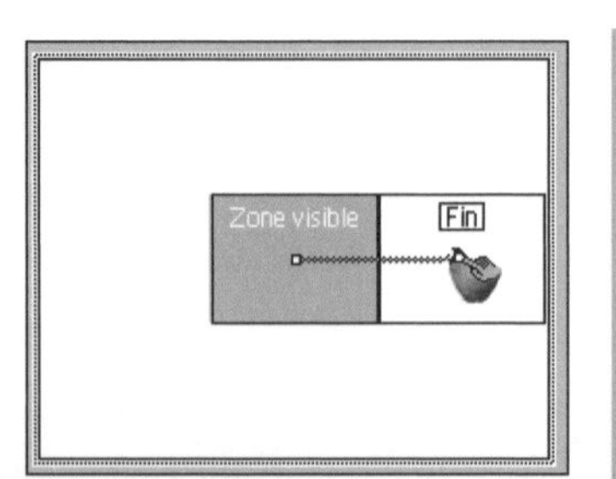

3 Cliquez ensuite sur le point final…

… et centrez-le également.

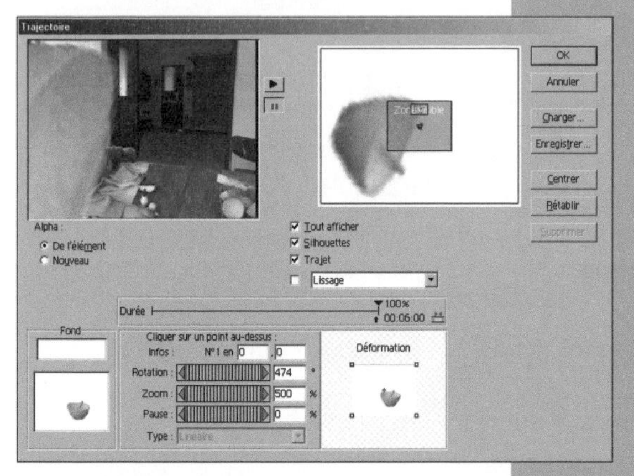

4 Les valeurs des champs *Zoom* et *Rotation* sont à définir en fonction des besoins.

Le résultat de ces paramètres peut être vérifié à tout moment par les touches de lecture et de pause, à droite de l'aperçu.

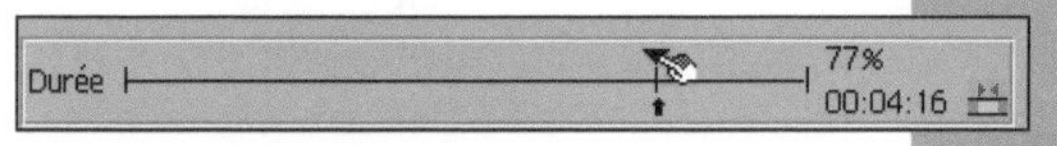

5 À une position juste avant la fin, nous ajoutons une image clé.

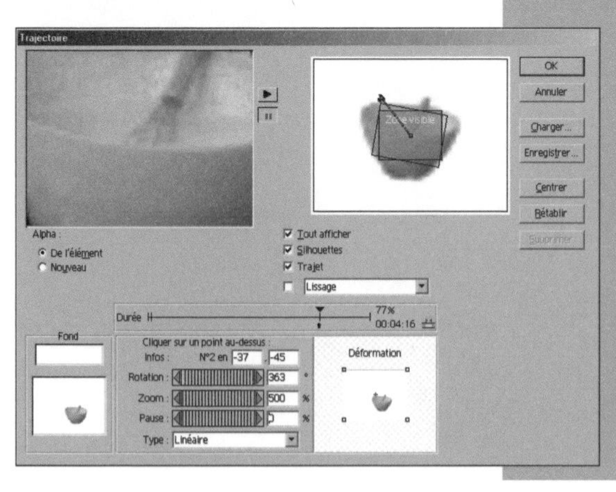

6 À cet endroit, l'image est positionnée de manière à remplir entièrement l'image. Au besoin, agrandissez le récipient à l'aide du zoom.

Si le mouvement vous convient (à la fin du déplacement, le récipient doit se trouver hors de la zone visible), vous pouvez valider les paramètres par un clic sur OK.

Retour à la fenêtre Montage

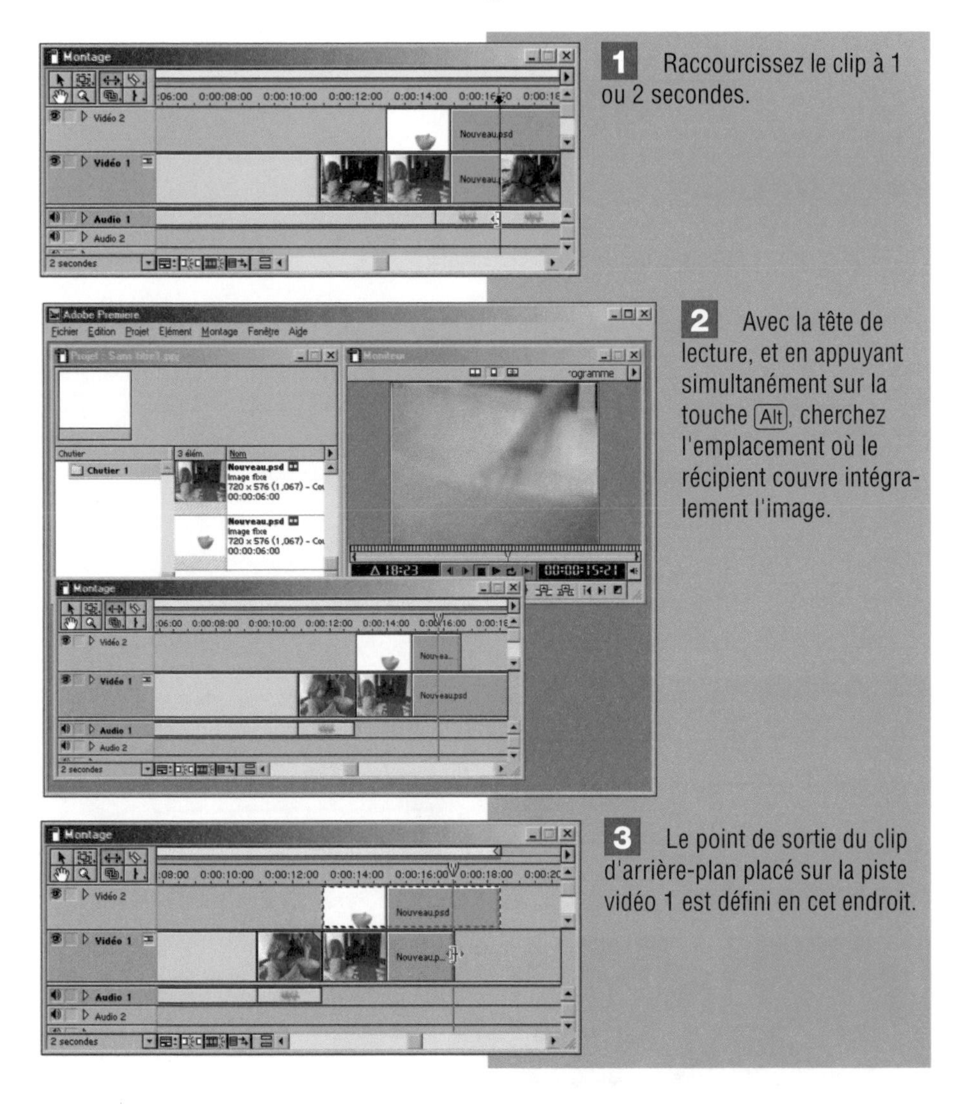

1 Raccourcissez le clip à 1 ou 2 secondes.

2 Avec la tête de lecture, et en appuyant simultanément sur la touche Alt, cherchez l'emplacement où le récipient couvre intégralement l'image.

3 Le point de sortie du clip d'arrière-plan placé sur la piste vidéo 1 est défini en cet endroit.

Une image fixe utilisée comme transition

4 Le clip de connexion est placé derrière.

Pour finir, il reste à fermer le trou, dans la piste audio.

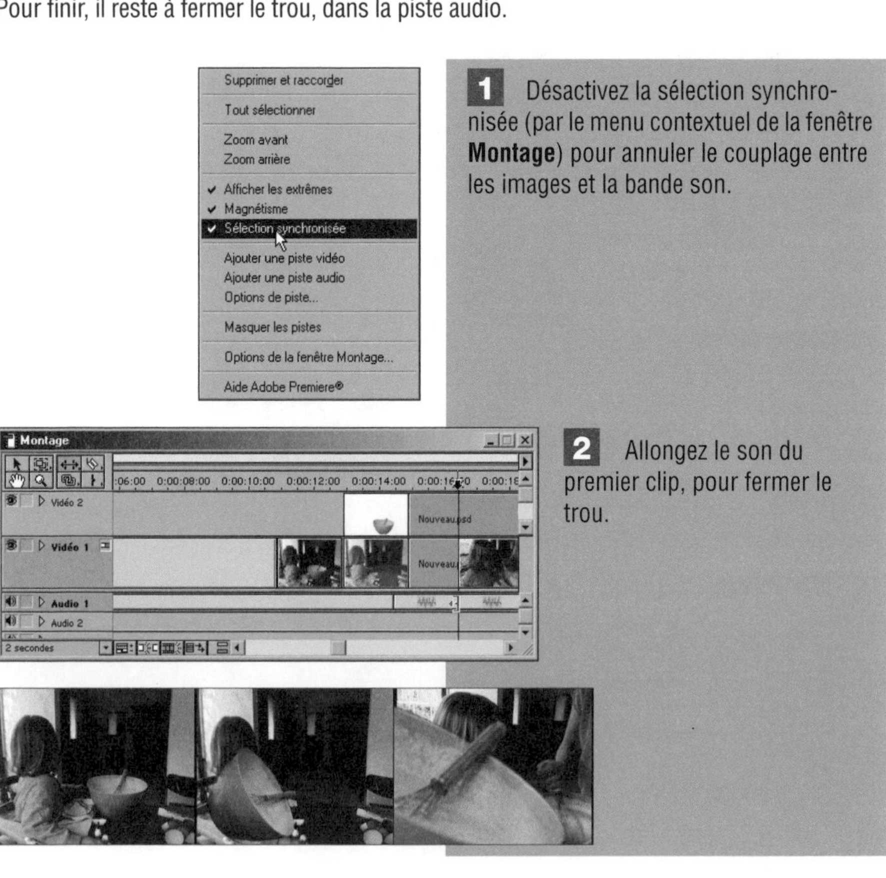

1 Désactivez la sélection synchronisée (par le menu contextuel de la fenêtre **Montage**) pour annuler le couplage entre les images et la bande son.

2 Allongez le son du premier clip, pour fermer le trou.

Si la transition est audible sur la piste son, vous pouvez le dupliquer sur une autre piste audio et créer un fondu entre les deux.

Techniques BD : les bulles

Les bulles sont bien connues, ne serait-ce que par les BD. Dans un film, à quoi peuvent bien servir les bulles, puisqu'il y a une piste son ?

Pourtant, vous en trouverez parfois dans les films. Il s'agit cependant d'une variante des bulles de BD (qui servent aux dialogues) : les bulles de pensées. Celles-ci servent à révéler les réflexions du sujet, qui ne sont bien sûr pas audibles dans la réalité, et qui justifient parfaitement l'emploi des bulles en vidéo.

Autre possibilité : l'absence de tout contenu de texte et la limitation du message à des symboles (un grand classique : le cœur au-dessus du couple de mariés).

Bon à tout : le générateur de titre

Et nous y revoici : **Fichier/Nouveau/Titre** pour accéder à l'éditeur de titre de Premiere.

1 À partir de la fenêtre **Projet**, faites glisser le clip vidéo, qui servira par la suite d'arrière-plan au titre dans la fenêtre **Titre**. La situation de départ correspond à l'image ci-contre.

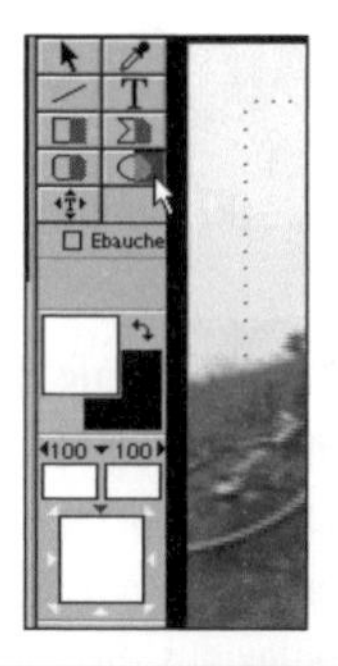

2 Avec le blanc comme couleur de remplissage (sélection par le carré de couleur de premier plan), nous utilisons l'outil **Ovale**.

3 Le dessin des bulles est un jeu d'enfant (c'est le cas de le dire).

4 Puis c'est au tour de l'outil **Texte** d'intervenir, avec le noir comme couleur.

Adapter le texte

Le texte mériterait une mise en forme plus infantile.

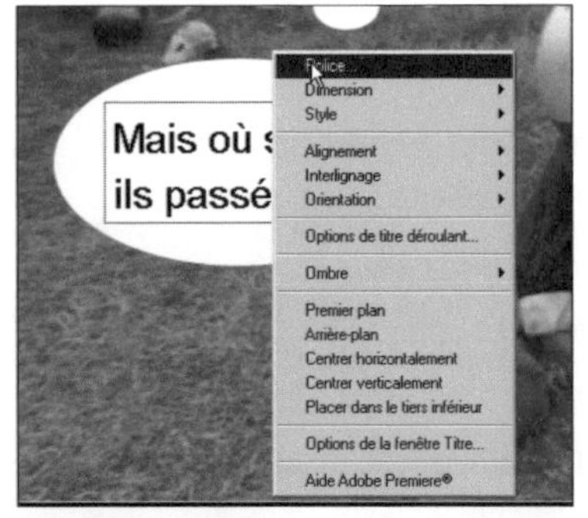

1 Avec l'outil **Sélection**, cliquez avec le bouton droit de la souris dans le texte et activez la commande **Police** dans le menu contextuel.

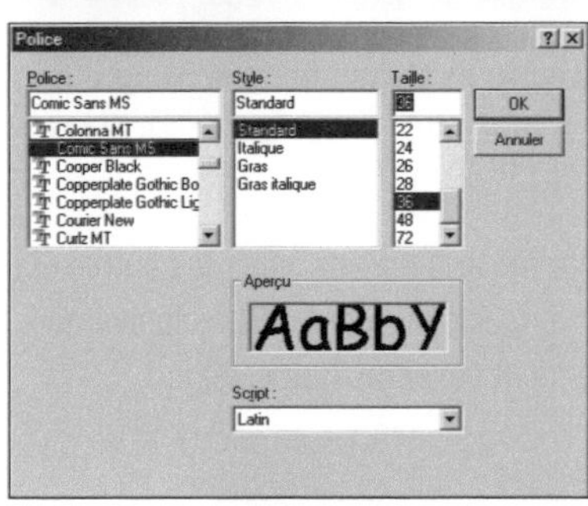

2 Dans cette boîte de dialogue, choisissez la police *Comic Sans MS*.

3 Après sélection de la police, il apparaît que l'interligne est trop grand.

4 En appuyant simultanément sur les touches [Alt] et [Maj], ainsi que sur les flèches de direction [Haut] ou [Bas], vous pouvez agrandir ou réduire l'interligne. Au besoin, modifiez la taille de l'ellipse.

À ce stade, vous pourriez penser être parvenu au bout de ce qu'il est possible de réaliser. Il reste, dans ce cas, à enregistrer ce tableau et à l'intégrer dans la fenêtre **Montage**. Mais nous souhaitons aller plus loin, et rendre le titre plus intéressant.

Fractionnement en plusieurs tableaux

Si vous disposez de la version complète de Premiere, vous pourrez placer chaque bulle sur une piste séparée et, ainsi, les manipuler individuellement et séparément du texte.

Ce premier résultat va être enregistré 6 fois, avec des noms différents, par la commande **Fichier/Enregistrer sous** (nous avons nommé les fichiers *Bulle1.ptl*, *Bulle2.ptl*, *Bulle3.ptl*, *Bulle4.ptl*, *Textebulle.ptl* et *Texte.ptl*).

Notre fenêtre **Titre** porte, après le dernier enregistrement, le nom du dernier fichier, c'est-à-dire *Texte.ptl* ; elle peut être réduite au minimum, c'est-à-dire au texte.

Les petites ellipses blanches sont sélectionnées avec l'outil **Sélection**, puis supprimées par la touche [Suppr]. Cela fait, enregistrez le texte par la commande **Fichier/Enregistrer** et fermez la fenêtre **Titre**.

Les titres qui se sont ajoutés à la fenêtre **Projet** sont ouverts les uns après les autres et réduits à un seul objet. *Bulle 1.ptl* ne contient que la première ellipse, *Bulle2.ptl* exclusivement la deuxième ellipse, etc., jusqu'à *Texte.ptl*, qui ne contient déjà plus que le texte.

Le montage...

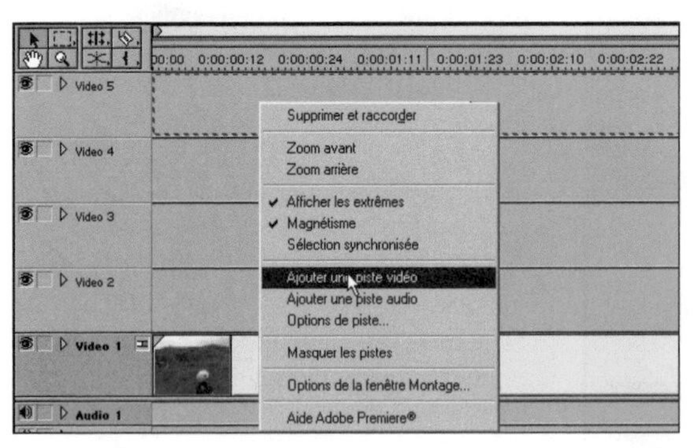

Dans la fenêtre **Montage**, il nous faut quelques pistes supplémentaires : un clic avec le bouton droit vous permet d'accéder à la commande **Ajouter une piste vidéo** dans le menu contextuel.

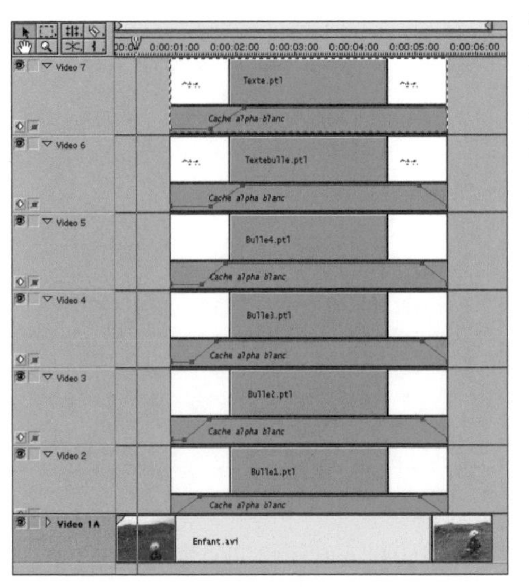

Voici comment organiser les clips :

En "lisant" la fenêtre **Montage**, vous vous apercevrez que les bulles sont affichées les unes après les autres, qu'elles persistent un instant dans l'image, avant de disparaître toutes en même temps.

INFO

Même longueur pour tous les clips de titre

Si le titre doit, par la suite, être manipulé par une trajectoire, il est conseillé d'affecter à tous les clips la même longueur. Vous pourrez ainsi appliquer la même trajectoire à tous les clips de titre.

Nous pourrions à nouveau nous satisfaire de ce résultat tout à fait acceptable, mais nous allons pousser encore plus loin nos exigences et y ajouter une dynamique.

Les effets donnent du dynamisme

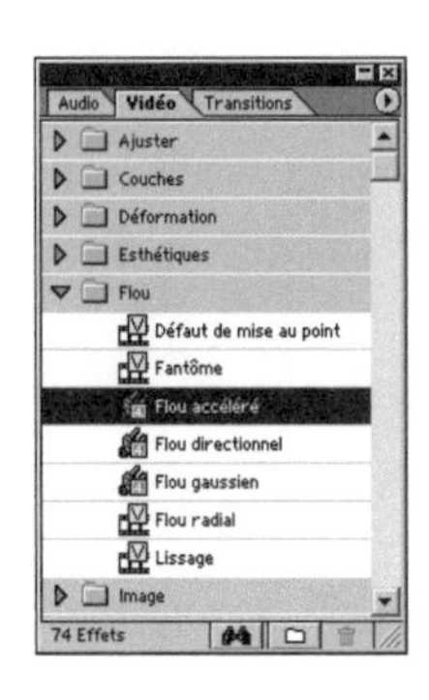

1 L'effet *Flou accéléré* est appliqué à tous les clips de titre, à l'exception de *Texte.ptl*.

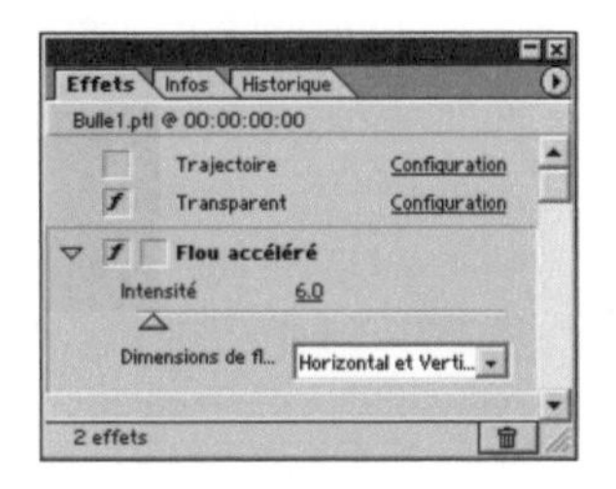

2 Dans la fenêtre des paramètres d'effet, nous avons défini une intensité de 6. Seule la grosse bulle, celle contenant le texte, est affectée d'une intensité de 17.

Observons quelle est la situation actuelle dans la figure ci-contre.

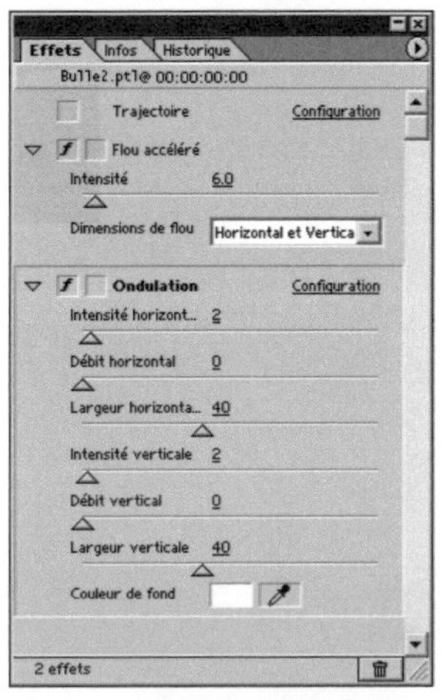

3 Pour finir, nous allons appliquer un autre effet vidéo à ces clips (et, cette fois, à tous les clips de titre, y compris le texte) : *Ondulation*.

Le résultat est très correct et n'a plus rien à voir avec le titre statique du départ.

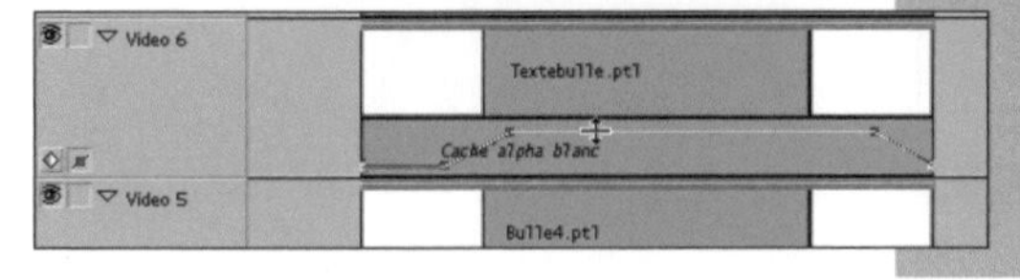

4 Pour "aérer" le tout, vous pouvez en final réduire l'opacité des pistes des bulles.

Les petites bulles apparaissent rapidement les unes après les autres et flottent dans l'image.

Le rendu de la scène finale démontre, si besoin en était, que le travail avec les effets de flou et plusieurs pistes demande un temps de traitement certain.

Du rythme : le suspense au ralenti

La technique du *slow motion*, et les autres astuces jouant du temps, sont incontournables dans un film. Au départ, le changement de rythme était principalement dû à des différences de vitesse lors du tournage et lors de la diffusion. Dès les premières années du cinéma, on s'aperçut rapidement des effets de ces changements de rythme et des déviations par rapport au rythme réel : les mouvements sont accélérés ou ralentis, par rapport à la réalité.

Il existe deux possibilités pour produire un résultat (qui semble) similaire :

- Modifier la vitesse de tournage.
- Modifier le vitesse de lecture.

Vous pourriez penser que les deux solutions livrent le même effet. Mais, en y regardant de plus près, on s'aperçoit rapidement qu'il n'en est rien.

Du suspense grâce au ralenti

Le terme anglais désignant ce procédé est *slow motion*, souvent abrégé dans le jargon technique en "Slomo". Sur le plan technique, un ralenti est le fruit de la diffusion d'un nombre d'images au moins double de ce qu'il serait dans la réalité, pour un mouvement donné. Cela signifie que le tournage ne doit pas se faire avec les 24 ou 25 images par seconde traditionnelles, mais en 48 images par seconde. Si le ralenti doit être encore plus lent, il suffit d'accélérer encore l'enregistrement : il n'y a théoriquement pas de limite supérieure.

Avec Premiere, ces explications ont deux implications :

- S'il s'agit d'un véritable ralenti, filmé ainsi avec la caméra (donc avec une fréquence d'images élevée), il reste simplement à peaufiner le résultat dans Premiere.
- S'il s'agit d'un faux ralenti, c'est-à-dire d'une scène tournée à la fréquence normale, c'est dans Premiere que le ralenti sera produit, par abaissement de la vitesse de diffusion.

Le véritable ralenti

Le tournage "au ralenti" nécessite des caméras spéciales, capables d'enregistrer notablement plus d'images que les 25 par seconde du standard. Cette technique est aujourd'hui encore l'apanage des caméras de cinéma professionnelles, du moins si vous souhaitez une qualité satisfaisante. Il existe bien quelques solutions pour la vidéo, mais il s'agit de caméras de ralenti extrême, utilisées dans le domaine scientifique ou sportif et couplées à des ordinateurs.

Pour le format MiniDV, il n'existe pour l'instant qu'un seul appareil susceptible de répondre à ce besoin : un caméscope de JVC qui maîtrise le ralenti double, voire quadruple (c'est-à-dire 100 images par seconde).

Les problèmes liés au ralenti

Pour un ralenti de facteur 8, il faut exposer 8 fois plus d'images que pour un film ordinaire, dans le même laps de temps. Mais cela entraîne également un temps d'exposition réduit de 8 fois, pour chaque image individuelle. Très logiquement, il faut donc mettre en œuvre au minimum 8 fois plus de lumière. Pour qu'une scène de proximité soit réaliste, il faut également limiter l'ouverture, pour arriver à une profondeur de netteté maximale. Là encore, cela suppose un surcroît d'éclairage.

Un éclairage 32 fois plus important que la normale est souvent coûteux et... chaud !

Un véritable ralenti, une fois transféré en vidéo, est utilisable comme n'importe quel clip vidéo.

Encore plus de suspense : ralenti artificiel avec Premiere

Les défauts inhérents aux ralentis artificiels sont un manque de fluidité dans les mouvements. Si vous ralentissez d'un facteur acceptable un clip tourné à vitesse normale, vous ne perdrez pas en qualité. Si vous dépassez l'acceptable, nous vous conseillons le Motion Perfect (nous y reviendrons).

Voici comment produire un ralenti dans Premiere.

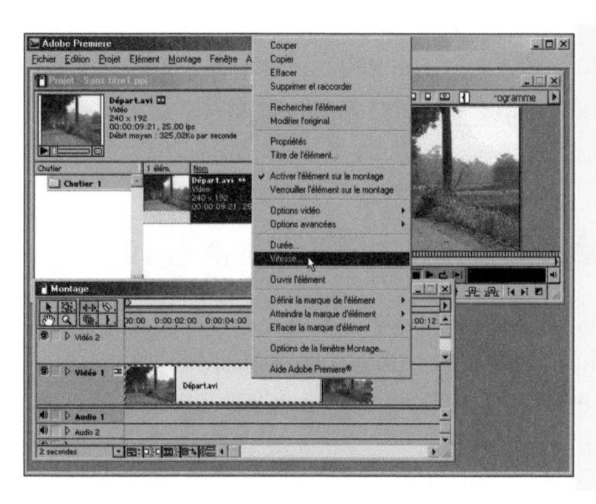

1 Dans Premiere, créer un ralenti revient à abaisser la vitesse d'un clip. La vitesse est un paramètre accessible par le menu contextuel du clip, dans la fenêtre **Montage**.

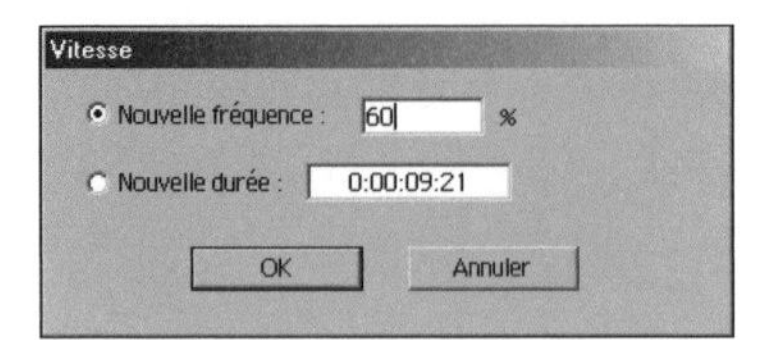

2 Dans la boîte de dialogue, deux options permettent d'influer sur la vitesse du clip.

Une modification de la durée n'a pas de sens pour créer le ralenti ; ce paramètre n'intervient que pour affecter une durée d'affichage spécifique à des images fixes ou à des tableaux de titre.

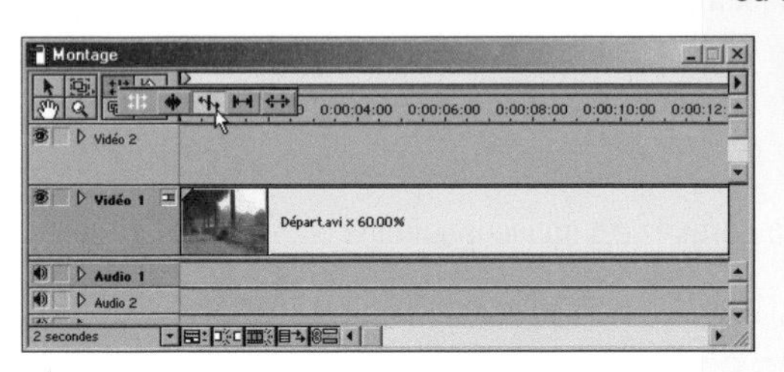

3 Indiquer la vitesse de diffusion : pour que le clip soit diffusé au ralenti, il faut spécifier dans le champ *Nouvelle fréquence* une valeur inférieure à 100. Pour une scène diffusée à une vitesse moitié moindre de la normale, vous saisirez une valeur de 50 dans ce champ. Pour les amateurs du Drag and Drop, sachez qu'il existe un outil dans la fenêtre **Montage** qui livre le même résultat.

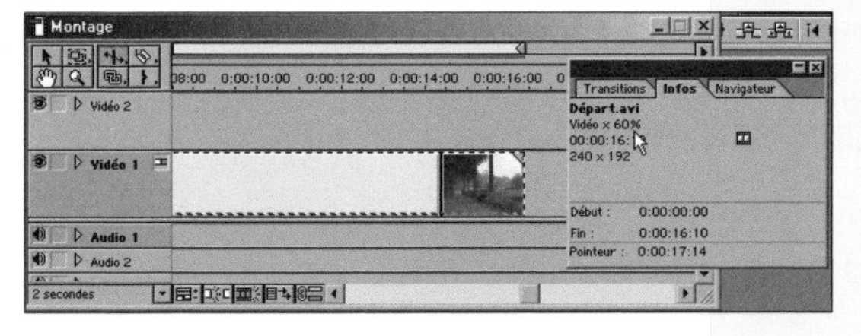

Cet outil **Étirement débit** permet d'influer sur la durée du clip, en tirant sur son point d'entrée ou de sortie. Pour connaître le pourcentage, reportez-vous à la fenêtre **Infos**, après avoir sélectionné le clip.

4 En fonction du matériel utilisé, le clip devra être recalculé avant diffusion.

INFO

Contrôle des difficultés avec la diffusion entrelacée sur le moniteur TV

Ces difficultés n'apparaissent que sur les moniteurs TV traditionnels, car ces derniers travaillent en diffusion entrelacée, ce qui n'est pas le cas des moniteurs d'ordinateurs. C'est pourquoi nous vous conseillons, en cours de montage, de contrôler le résultat sur un moniteur "normal", pour éviter les mauvaises surprises. En cas de problème, reportez-vous à la section Trousse de secours, plus loin dans ce livre.

Acquisition image par image

Cette fonction, souvent dédaignée, est proposée dans Premiere par la commande **Fichier/ Acquisition/Image par image**.

À l'inverse de la commande **Acquisition vidéo**, avec laquelle des films en cours de lecture sont enregistrés, elle permet d'enregistrer, manuellement ou automatiquement, des images individuelles. À la fin de l'acquisition, toutes ces images individuelles sont regroupées en un clip, que vous pourrez de suite visionner.

Intéressant, non ? Mais ne vous réjouissez pas trop vite, car cette fonction proposée par Premiere n'est pas prise en charge par toutes les cartes vidéo.

Acquisition image par image

Le principe qui consiste à photographier un film image par image, appelé *Stop Motion*, est un procédé d'effet spécial permettant de réaliser :

- Des films d'animation.
- Des prises de vue étalées dans le temps.

Si l'un de ces domaines vous intéresse, et si vous ne disposez pas encore d'une carte vidéo (ou si vous envisagez d'en changer), vérifiez que le pilote de la carte convoitée prenne bien cette fonction en charge.

Si la carte maîtrise *Vidéo pour Windows*, il y a de fortes chances pour que tout fonctionne.

En général, les vendeurs connaissent peu (sinon pas du tout) cette possibilité ; aussi, rappelez-vous qu'en cas de doute, seul un test vous livrera une certitude.

Tourner un film d'animation

Dans un film d'animation classique, la vie est insufflée aux personnages ou aux objets par *Stop Motion*.

Le procédé est déjà ancien, mais il atteint aujourd'hui un niveau de qualité proche de la perfection.

Parmi les plus célèbres représentants de ce genre cinématographique, citons *Nightmare Before Christmas* et *Chicken Run*.

Acquisition image par image

Cette série de Nick Park, qui était déjà l'auteur de *Wallace et Gromit*, a fait souffler un véritable vent de fraîcheur dans le film d'animation.

Mais ce domaine n'est plus réservé au cinéma.

Avec Premiere, l'ordinateur permet lui aussi de photographier image par image et de visualiser le résultat sous forme de clip.

Si, dans le temps, il fallait attendre patiemment le développement de la pellicule (opération longue et onéreuse), vous pourrez aujourd'hui visionner instantanément le résultat. Même lors de l'enregistrement, le média vidéo offre de nombreux avantages, puisqu'un moniteur de contrôle permet de suivre en permanence la netteté, l'éclairage et les couleurs.

Un ordinateur capable de restituer en temps réel de la vidéo n'est pas indispensable, s'il s'agit simplement d'enregistrer des animations image par image. Les images individuelles sont tout bonnement enregistrées sur le disque dur.

Ce qui est important pour ce type de films, c'est qu'il ne suffit pas de tourner les images : si vous décidez de vous lancer dans l'animation, veillez tout particulièrement à la qualité du scénario ; sinon, vos efforts risquent d'être vains.

La procédure est d'une simplicité totale :

- Enregistrement d'une ou de deux images de chaque personnage.
- Puis le personnage est modifié : concrètement, s'il doit lever un bras, celui-ci sera légèrement replié vers le haut.
- Cette deuxième phase est enregistrée.

Le plus fastidieux dans tout cela est que cette série d'opérations doit être répétée d'innombrables fois, avant que vous ne disposiez de quelques secondes de film.

Si vous optez pour la qualité maximale, c'est-à-dire une animation à raison de 25 images par seconde, sachez qu'un film de 10 minutes nécessitera pas moins de 15 000 images. En supposant que chaque image ne demande que 10 secondes de travail, pour modifier la position du personnage, ce qui semble réaliste pour un personnage simple, le temps de travail total se monte à près de 42 heures.

C'est pourquoi on assiste souvent à des compromis : diminuer le travail de moitié, en abandonnant une phase intermédiaire sur deux, mais en enregistrant deux images de chaque phase.

Dans ce cas, le mouvement est toujours réparti sur 12 images différentes, ce qui est suffisant dans la pratique.

Tout cela peut paraître bien déconcertant, voir décevant ; mais n'oublions pas que le film d'animation a également des avantages non négligeables :

- Il n'a pas besoin de grands espaces : quelques mètres carrés suffisent pour le tournage.
- Comme en principe le tournage est réalisé dans "l'atelier", la météo n'a absolument aucune incidence.
- De nouvelles possibilités, telles que l'acquisition avec Premiere, réduisent considérablement les coûts, et assurent une qualité tout à fait satisfaisante.

Pourquoi ne pas essayer ? Vous trouverez des marionnettes ou des poupées dans n'importe quel magasin de jouets, il suffit de disposer de suffisamment de temps. Une lampe de bureau fera office de projecteur, et déjà le personnage peut se mettre en mouvement.

Moteur ! Action ! Le studio chez soi

Un peu de fantaisie, le sens du bricolage, et vous disposerez d'un studio comparable à celui des véritables productions cinématographiques.

> INFO
>
> **Désactiver la fonction Auto-Off du caméscope**
>
> **Si le caméscope est alimenté par un bloc d'alimentation électrique et s'il doit livrer des images en direct, il se peut, qu'après quelques minutes, un automatisme le désactive. La cause vient en général d'une cassette placée dans l'appareil. Lorsque le caméscope est vide, l'arrêt automatique n'intervient pas.**

De quoi avons-nous besoin ?

Voici l'équipement principal dont vous aurez besoin pour réaliser un film d'animation :

- Un ordinateur avec une entrée vidéo analogique ou numérique (une carte TV est suffisante).
- Un caméscope avec une sortie vidéo adéquate.
- Un trépied.
- Des sources de lumière.

En complément, vous apprécierez :

- Un moniteur vidéo de contrôle séparé (il permet de mieux juger de l'éclairage et de la netteté).
- Une télécommande sans fil (vous aurez ainsi une plus grande liberté de mouvement).

Vous accéderez ainsi plus facilement aux endroits difficiles (la figure ci-contre représente le tournage de *Feierabend*, un film de Sybille Diener et Ulrich Schenckhoff).

Lorsque tout est prêt, lancez Premiere.

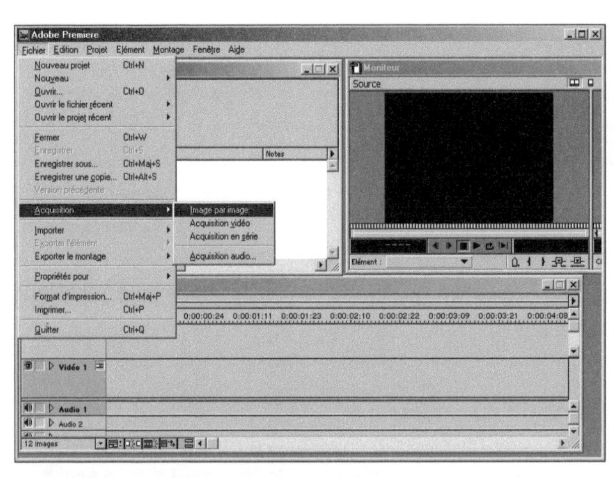

L'étape de départ pour la prise de vue image par image consiste à activer la commande **Fichier/Acquisition/Image par image**.

Si les pilotes travaillent correctement avec Premiere et le matériel, et si la carte vidéo est connectée à un caméscope, vous devriez en principe voir l'image en direct dans la fenêtre d'acquisition.

Même si ce n'est en principe pas encore le moment, sachez que vous pouvez d'ores et déjà modifier la configuration de Vidéo pour Windows, si la communication avec le pilote est établie.

La configuration Vidéo pour Windows

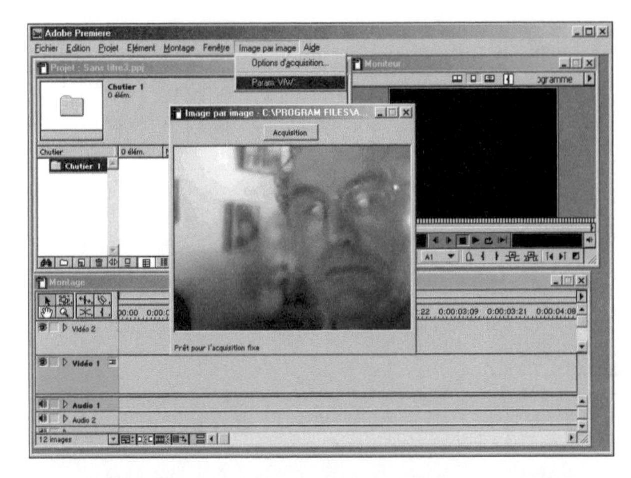

Si vous utilisez une source Vidéo pour Windows, ce qui est le cas de la grande majorité des cartes TV, tous les paramètres sont définis par la commande de menu **Image par Image/Param VfW**.

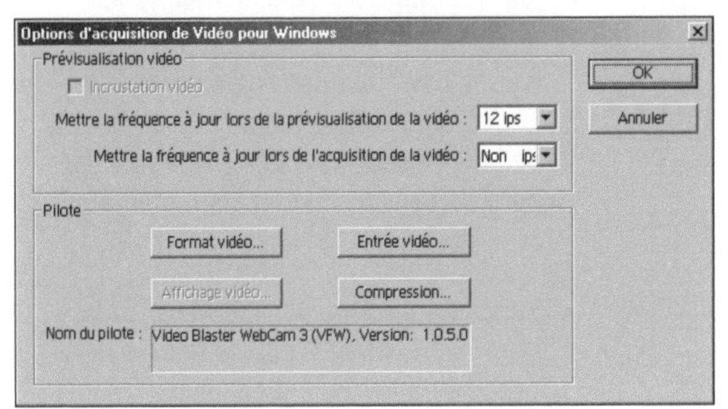

Cette commande ouvre la boîte de dialogue suivante, dans laquelle le premier rôle en matière de configuration de la source est joué par les trois boutons **Format vidéo, Entrée vidéo** et **Compression**.

Les cartes vidéo ou TV modernes offrent en principe un aperçu totalement fluide, comme overlay, que vous activerez par l'option *Incrustation vidéo*.

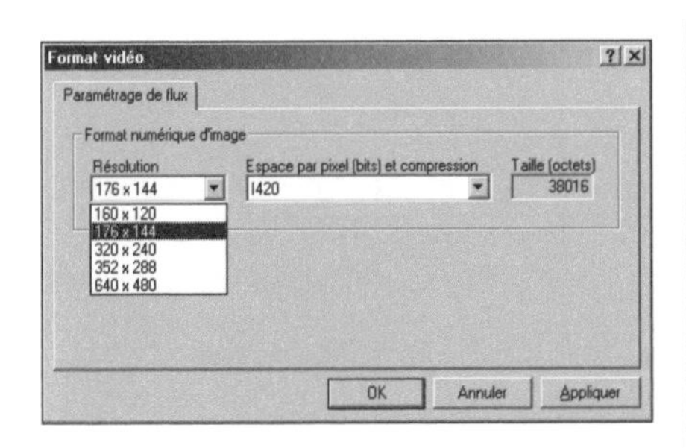

1 Le bouton **Format vidéo** permet d'accéder aux possibilités de réglage de la taille d'image, que ce soit en pixels ou en format de fichier. Pour des enregistrements d'images individuelles, vous pouvez recourir à un format de haute qualité.

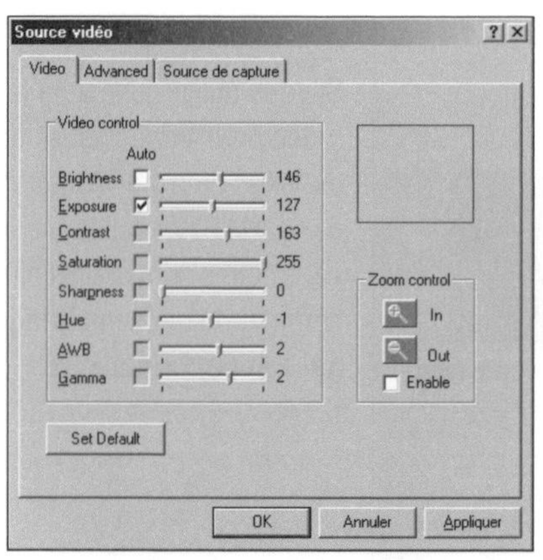

2 Par le bouton **Entrée vidéo**, vous réglerez les propriétés de l'image (luminosité, contraste et saturation), mais également la source de l'acquisition. Les options proposées sous l'onglet **Source de capture** sont fonction de votre équipement. Si vous y trouvez une connexion S-Vidéo, nous vous conseillons de la sélectionner : c'est elle qui livre la meilleure qualité d'image.

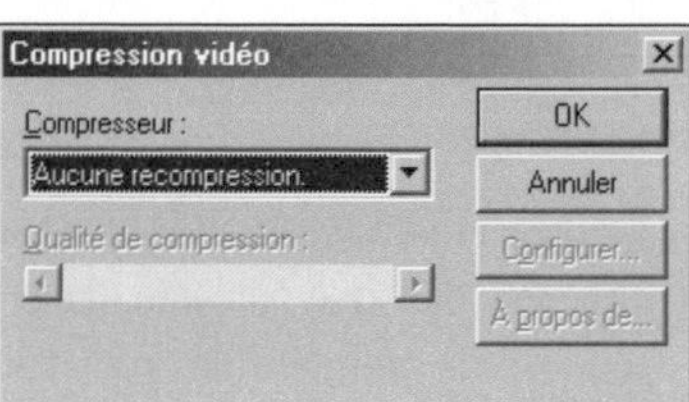

3 Dans la boîte de dialogue **Compression vidéo**, sélectionnez le compresseur, qui vous permettra de limiter la taille des enregistrements sur le disque dur. Pour des animations, vous pouvez sans problème délaisser les codecs de compression, entraînant des pertes de qualité : l'enregistrement doit être réalisé en une qualité optimale.

Sans compression vous obtiendrez la meilleure qualité : c'est la solution idéale pour l'enregistrement image par image.

L'enregistrement de l'animation

À la mention *Prêt pour l'acquisition fixe*, il semble que tout ne soit pas encore au point.

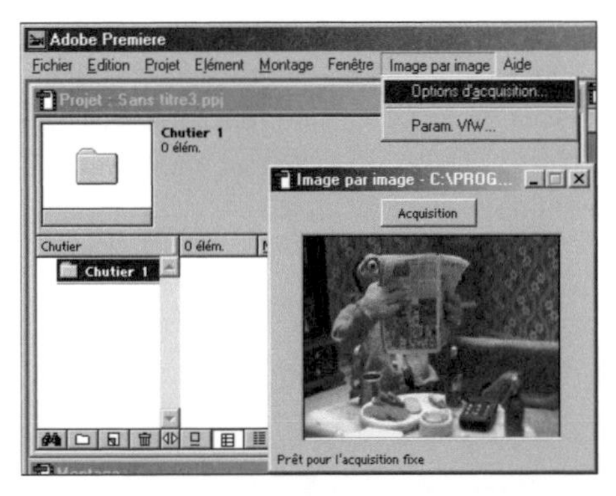

Ce mode est modifiable par la commande de menu **Image par Image/Options d'acquisition**.

Dans la boîte de dialogue ainsi ouverte, vous pourrez choisir entre trois types d'acquisition : soit des images individuelles (*Acquisition manuelle*), soit des images prises à intervalles réguliers (*Acquisition intermittente*), soit une image fixe.

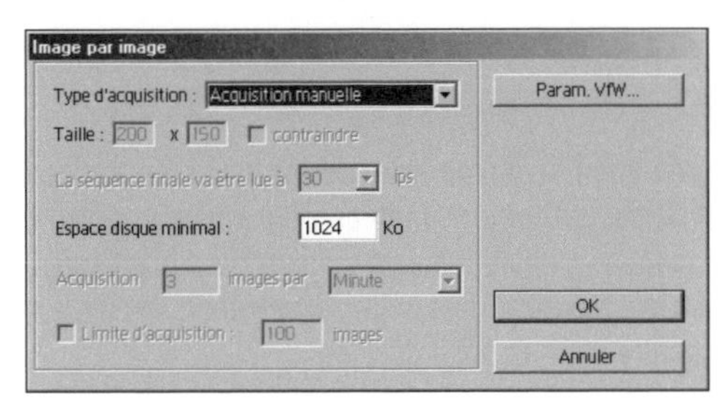

Pour notre animation, le bon choix est l'option *Acquisition manuelle*, qui permet d'acquérir chaque image en utilisant le clavier comme déclencheur.

Dans notre exemple (carte Pinnacle PCTVProDV-300) les valeurs présentées dans le champ *Taille* sont erronées. Ces valeurs ne sont pas éditables, mais cela ne pose aucun problème si les paramètres de projet sont corrects. Le fichier AVI est enregistré en résolution PAL maximale : 768 x 576 pixels.

Après la fermeture de la boîte de dialogue, la fenêtre d'acquisition a changé d'aspect (voir figure ci-contre).

Un clic sur le bouton **Début** place Premiere en enregistrement, mais aucune image n'est enregistrée.

Ce n'est qu'après activation de la barre d'espace du clavier (ou le bouton **Avance**) qu'une image est acquise.

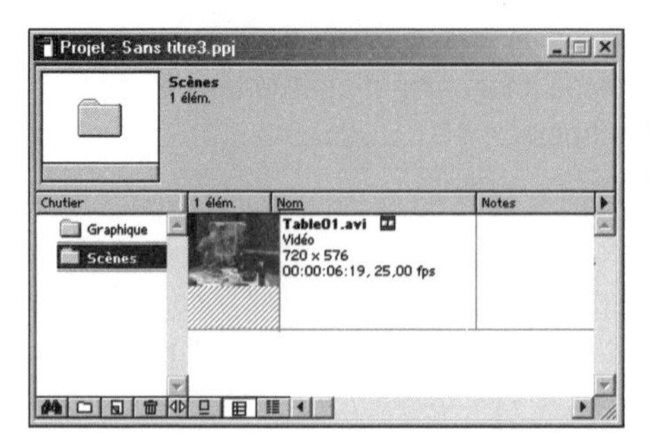

Lorsque l'acquisition est terminée, il reste à cliquer sur le bouton OK (ou à appuyer sur la touche Echap), pour que Premiere mette fin au fichier. Le fichier AVI ainsi créé peut ensuite être nommé et ajouté au projet.

Pour un résultat optimal...

Il est des expériences auxquelles on n'est pas forcément obligé de sacrifier à titre personnel, surtout lorsqu'il s'agit de mettre à la corbeille des scènes filmées durant de longues heures.

- Faites attention à ce que la luminosité de l'ordinateur ou du moniteur de contrôle n'éclaire pas par mégarde la scène. Il en résulterait des différences de lumière pratiquement imperceptibles à l'acquisition, mais qui livreraient en final des images scintillantes. Dans les productions professionnelles, la scène est isolée de son environnement par des draps noirs derrière lesquels les animateurs (idéalement vêtus de noir) disparaissent à chaque prise de vue.
- Les "travellings" sont également possibles. Faites l'essai avec les rails d'un train électrique miniature, en plaçant la caméra sur un wagon et en l'avançant de quelques millimètres pour chaque nouvelle image.
- Dans la mesure du possible, enregistrez à chaque fois une scène complète. Souvent les interruptions dans le déroulement de l'enregistrement donnent lieu à des sautes d'image dans la scène finale.
- Le réglage de l'ouverture, du focus et autres paramètres de la caméra sont à effectuer manuellement.

Lorsque les couleurs du film ne sont pas adaptées

Dans ce chapitre, nous abordons les petits problèmes vidéo, auxquels vous serez confronté régulièrement dans votre travail. Le plus courant : des couleurs incorrectes, du fait de l'éclairage ou des conditions de tournage.

Ajuster la couleur, la luminosité et le contraste

Si les réglages du film ne s'accordent pas entre eux du fait de différences dans les valeurs de luminosité, le flux d'une séquence montée ne sera pas homogène. Il s'agit en général de problèmes dus à un éclairage mal maîtrisé lors du tournage, ou à la combinaison de scènes d'origines différentes, par exemple l'intégration de séquences d'archives.

Différence de luminosité : correction lors de l'acquisition ou par un filtre appliqué ultérieurement ?

En fait, la façon de procéder dépend des circonstances :

- La correction concerne-t-elle un gros volume de matériel vidéo ou quelques coupes intermédiaires suffisent-elles ?
- Le matériel en cause est-il analogique ou numérique ?
- De quel matériel disposez-vous pour les coupes vidéo ?

Si quelques coupes intermédiaires suffisent pour régler le problème, le plus simple est de les effectuer lorsque le montage est terminé. Les temps de calcul du rendu n'en seront que plus courts. En revanche, s'il est question de corriger de longs passages, nous vous conseillons d'y souscrire en tant que projet séparé. Cela fait, vous enregistrerez le résultat sur bande, que vous utiliserez pour le film effectif. Les formats vidéo numériques sont les plus adaptés pour ce type d'opération, car ils ne subissent aucune perte de qualité.

Il existe deux possibilités pour modifier la luminosité et le contraste d'un clip vidéo :

- Pendant la numérisation.
- Par application d'un filtre dans Premiere.

Correction pendant la numérisation

Dans ce domaine, l'idéal est de disposer d'une carte vidéo équipée à la fois d'entrées analogiques et numériques. Les formats utilisables sont beaucoup plus nombreux ; une combinaison des formats est possible sans copie préalable et la correction n'est pas limitée au matériel numérique.

Mais les cartes "simples" offrent en principe également une possibilité d'influer sur le signal vidéo analogique entrant. Vous pourrez ainsi modifier la teinte, la saturation, le contraste et le niveau de noir du signal d'image, de sorte que le clip soit immédiatement corrigé au moment de son enregistrement sur le disque dur.

Voici comment procéder :

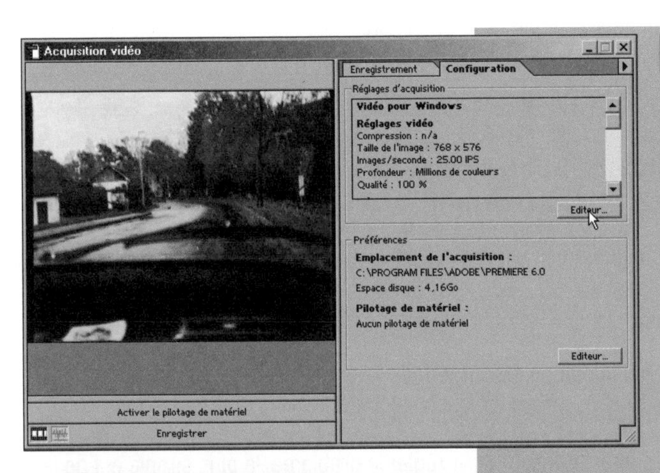

1 Dans la fenêtre d'acquisition vidéo (ouverte par **Fichier/ Acquisition/Acquisition vidéo**). Sous l'onglet **Configuration**, cliquez sur le bouton **Editeur**.

2 Vous accédez ainsi aux réglages du projet, où sont définis les paramètres d'acquisition.

Si le pilote Vidéo pour Windows est utilisé, vous disposerez du bouton **Param. VfW**, derrière lequel se cachent des possibilités de réglage supplémentaires.

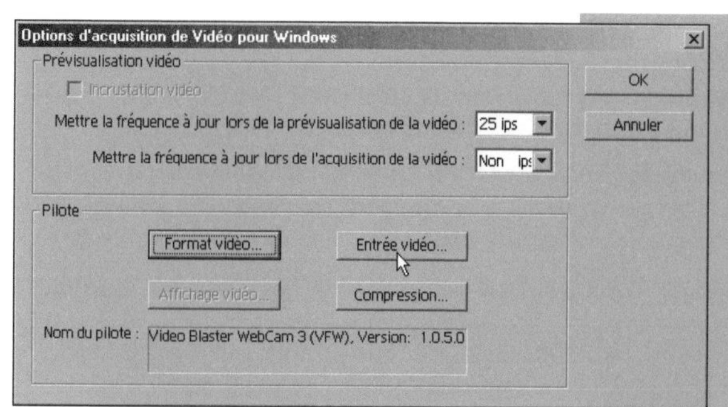

3 Les options de correction d'image sont accessibles par le bouton **Entrée vidéo**.

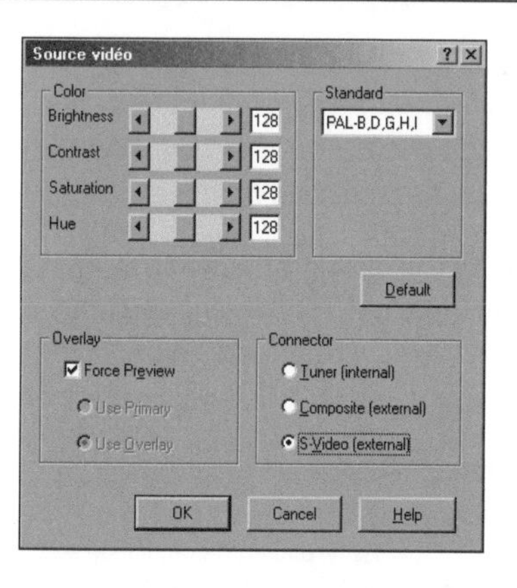

4 En fonction de la carte vidéo utilisée, les options proposées changent.

Dans notre cas de figure, nous disposons d'un curseur de réglage de la luminosité, du contraste, de la saturation et de la teinte (*Hue*).

5 Le clip que nous avons utilisé est doté de couleurs incorrectes : une modification de la teinte s'impose.

INFO

Les zones limites : information de couleurs existantes

Pour la correction chromatique, notez que les erreurs importantes ne peuvent jamais être totalement corrigées, car certaines informations de l'image font défaut. Cela explique que le clip corrigé ne pourra jamais atteindre le niveau de la bande enregistrée. Dans notre image, ce sont les rouges qui manquent.

INFO

L'option Image par image

L'inconvénient de la technique que nous venons de voir est que l'image "live" n'est pas affichée dans la fenêtre d'acquisition. La correction est effectuée en aveugle.

Il en va autrement avec la commande d'acquisition image par image (*Fichier/Acquisition/Image par image*) car, dans ce cas, la commande de menu *Image par Image/Param VfW* permet également d'ouvrir la boîte de dialogue de réglage de l'entrée vidéo, mais en conservant l'overlay "live".

Cela ne signifie pas pour autant que cette méthode soit limitée aux formats analogiques tels que VHS, Video8, S-VHS, Hi8, BetaSP et autres.

Il est également possible de corriger par ce biais des formats numériques tels que MiniDV : il suffit de les numériser à nouveau. Chaque caméscope ou enregistreur MiniDV dispose à cet effet d'une sortie vidéo analogique. Ce signal vidéo peut être renumérisé par l'entrée analogique d'une carte d'acquisition vidéo, avec les possibilités de correction évoquées précédemment.

Inconvénient : du fait de la conversion des données d'images (de numérique vers analogique, dans l'enregistreur, puis d'analogique vers numérique sur le PC), de légères pertes de qualité sont inévitables.

INFO

Contrôle du résultat final sur un moniteur TV

L'image vidéo affichée sur l'ordinateur est à goûter avec modération. Si vous n'avez pas la possibilité de juger du résultat final sur un moniteur TV, il est fortement recommandé de numériser un clip corrigé à titre de test, de le transférer sur bande et de vérifier le tout sur un téléviseur.

Correction dans Premiere, avec l'aide des filtres

Si l'ordinateur utilisé ne sait traiter que le format DV, c'est-à-dire s'il n'est équipé que d'une interface Firewire ou I-link, aucune modification des paramètres d'image n'est possible lors du chargement. Il s'agit d'une copie pure et simple des données de la bande sur le disque dur (la numérisation est intervenue durant l'enregistrement sur le caméscope).

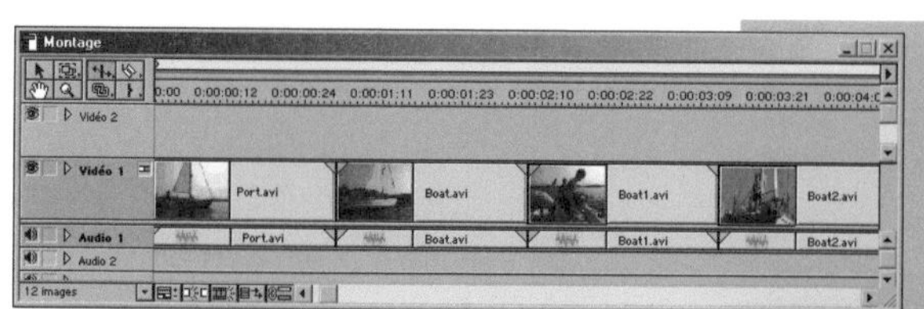

1 Si le matériel nécessite une correction, il est recommandé de créer un projet séparé pour elle. Tous les clips concernés y sont importés et placés les uns derrière les autres, dans la fenêtre **Montage**. Placez également les clips de référence dans la fenêtre **Montage**, pour pouvoir effectuer une comparaison directe.

2 Par Drag and Drop, vous pouvez faire glisser le filtre sur chacun des clips. Dans ce cas particulier, c'est-à-dire un sérieux piqué de couleur, le but est de réduire cette couleur à la limite du supportable.

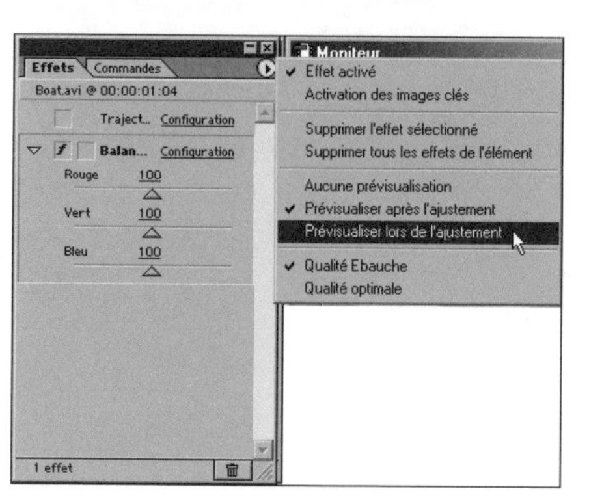

3 Le clip est accompagné d'une marque verte dans la fenêtre **Montage** : elle permet d'identifier les clips affectés d'effets.

Dans la palette des effets vidéo, les paramètres disponibles sont affichés. Déroulez le menu de la palette et activez la commande **Prévisualiser lors de l'ajustement**.

Vous pourrez ainsi juger en temps réel de l'effet des paramètres choisis (bien sûr, en fonction des performances de votre ordinateur et de la complexité de l'image).

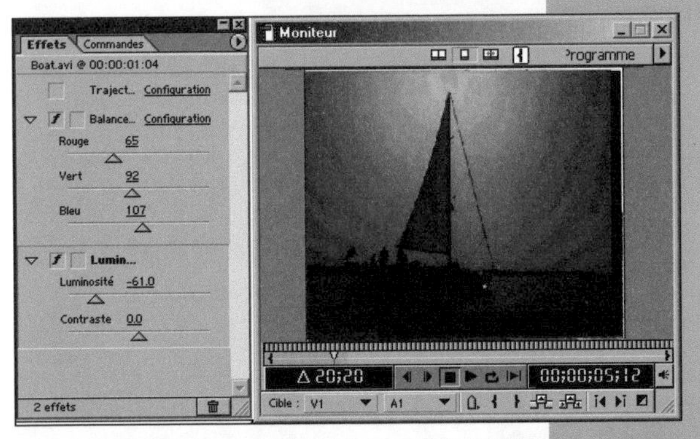

La luminosité et le contraste sont réglables de la même manière...

... que le Gamma

Bien sûr, il est possible d'appliquer plusieurs filtres à un même clip.

INFO

Le Gamma n'est pas la luminosité

En modifiant la valeur de Gamma, vous modifiez principalement les valeurs de luminosité des tons médians. Les zones claires et sombres n'en subissent pas l'influence.

Si vous parcourez l'échelle des temps de la fenêtre **Montage**, en maintenant la touche [Alt] appuyée (*scrubbing*), vous pouvez juger de l'effet et vérifier l'adaptation des clips. Si le résultat ne vous convient pas, modifiez les paramètres.

En final, lancez le calcul du rendu.

Modifier la teinte et la saturation

Certaines séquences font apparaître des couleurs erronées ou un décalage dans le spectre chromatique. Le décalage de couleur, la teinte et la saturation peuvent être corrigés tout aussi facilement.

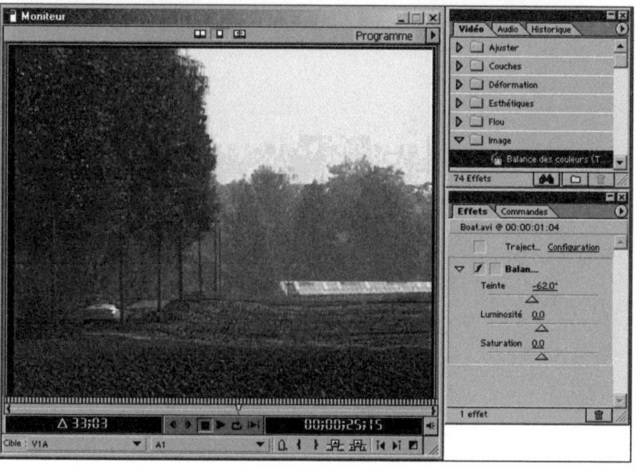

En modifiant la teinte, les colorations du paysage changent en fonction du décalage de l'ensemble de la palette, sachant que les objets de teinte neutre, par exemple la voiture grise, ne sont pas affectés par l'opération.

L'été devient l'automne.

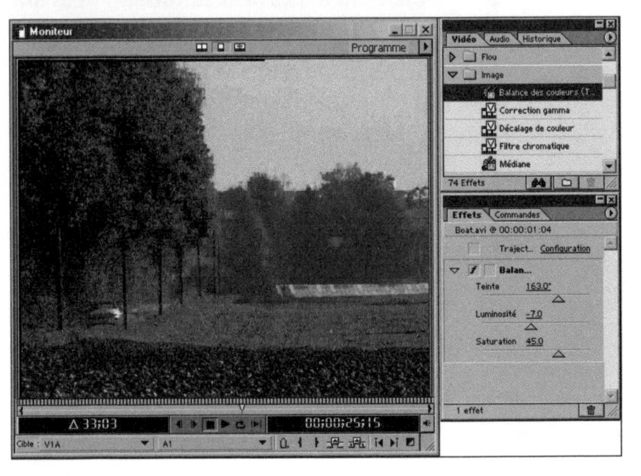

La valeur de saturation définit l'intensité de la représentation des couleurs.

Le spectre s'étend du noir et blanc au rose bonbon. La saturation est un paramètre souvent mis à contribution pour les spots publicitaires, pour conférer à la scène une apparence plus gaie. Le curseur de réglage de la luminosité modifie la luminosité de l'image.

En combinant les trois paramètres, les images peuvent devenir méconnaissables, phénomène souvent employé dans les clips vidéo musicaux.

Trousse de dépannage

Si vous ne rencontrez aucun problème dans l'exploitation de Premiere et de la carte vidéo, vous faites très certainement partie des rares qui ont eu la main heureuse lors du choix des composants du système.

Aucun PC ne ressemble à son voisin. Même deux ordinateurs disposant des mêmes composants, et configurés à l'identique, seront sujets à des problèmes différents.

Du fait des possibilités de combinaisons quasi infinies, il n'est possible de livrer dans le cadre de ce chapitre que des conseils très généraux. Il est absolument illusoire de vouloir passer en revue toutes les configurations matérielles susceptibles d'intervenir avec Premiere.

Nous nous limiterons donc aux conditions principales que devra remplir un système quelconque, pour fonctionner correctement.

Optimisation du système de montage vidéo

La situation idéale est celle où l'ordinateur est exclusivement réservé au montage vidéo, car chaque logiciel supplémentaire peut devenir une source complémentaire de soucis, d'erreur ou de dysfonctionnement.

Évitez en particulier les jeux ou les versions de démonstration, qui peuvent parfois nécessiter une réinstallation complète du système. Ces programmes demandent en général des performances élevées dans le domaine de l'image et du son ; il n'est pas rare que les programmeurs de ces logiciels utilisent des voies peu conventionnelles pour arriver à leurs fins. Ces moyens non orthodoxes peuvent mettre à mal la bonne collaboration entre les pilotes de carte vidéo et Premiere.

Si vous décidez de spécialiser un ordinateur en montage vidéo, vous aurez les meilleures chances pour que tout fonctionne correctement.

Différents fournisseurs livrent à l'heure actuelle des systèmes de montage vidéo intégralement configurés. Mais, si vous souhaitez faire des économies, vous serez obligé de suivre une voie moins facile et de composer vous-même votre système.

Lorsque vous aurez fait le choix de la carte vidéo, vérifiez impérativement les conditions matérielles à remplir pour le PC, pour assurer le bon fonctionnement de l'ensemble.

La configuration du système

Dans le panneau de configuration de Windows, plusieurs paramètres peuvent être définis pour assurer des performances optimales à votre système de montage.

Pas de notification d'insertion automatique du lecteur de CD-Rom

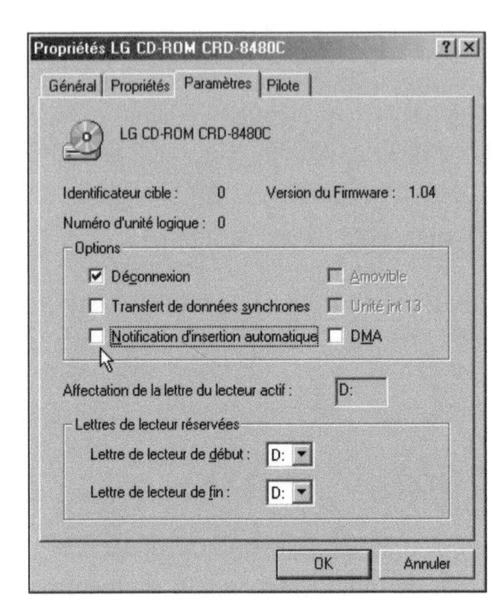

Cette fonction se trouve dans le gestionnaire de périphériques, accessible par la commande **Démarrer/Paramètres/Panneau de configuration**. Double-cliquez ensuite sur le module **Système** et passez sous l'onglet **Gestionnaire de périphé-riques**. Dans cet onglet, double-cliquez sur le lecteur de CD-Rom.

La désactivation de l'option empêche que les processus de capture ou de diffusion soient sans cesse perturbés par des requêtes au lecteur de CD-Rom.

La mémoire virtuelle

Windows stocke continuellement des données en mémoire virtuelle, c'est-à-dire sur le disque dur. Le fichier prévu pour cela est géré de manière dynamique ; sa taille change en permanence, ce qui coûte cher en termes de temps de traitement.

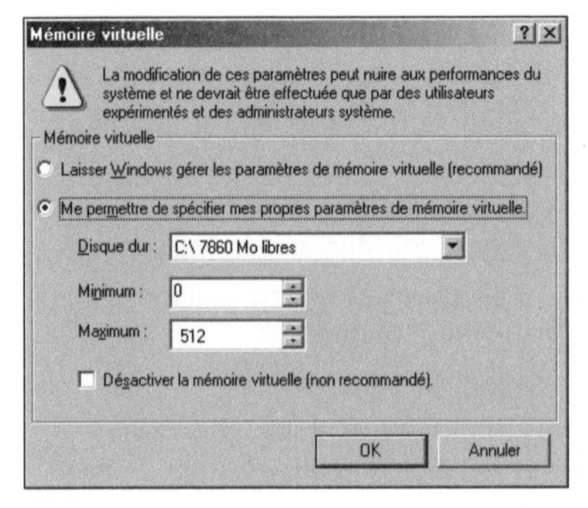

Le champ de l'illustration suivante permet de définir une fois pour toutes la taille du fichier d'échange.

Pour contrôler ce processus, activez la commande **Démarrer/Paramètres/Panneau de configuration**, double-cliquez sur le module **Système**, passez sous l'onglet **Performances** et cliquez sur le bouton **Mémoire virtuelle**.

Cette option empêche Windows d'écrire des données temporaires sur le disque vidéo. Comme taille maximale (ici 512 Mo), spécifiez au minimum le double de la taille de la mémoire RAM installée.

Optimisation en lecture : aucune

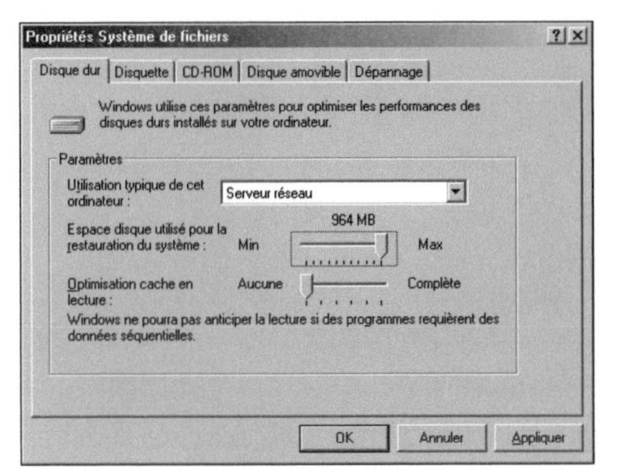

Toujours par **Démarrer/Paramètres/ Panneau de configuration**, double-cliquez sur le module **Système**, passez sous l'onglet **Performances** et cliquez sur le bouton **Système de fichiers**.

Par défaut, Windows est configuré pour lire les fichiers à l'avance. Le cache utilisé à cet effet peut perturber la lecture des fichiers vidéo.

À partir de Windows 95 OSR2, vous pourrez également sélectionner l'option *Serveur réseau* comme utilisation typique : les taux de transfert seront ainsi plus rapides.

Pas d'écriture différée

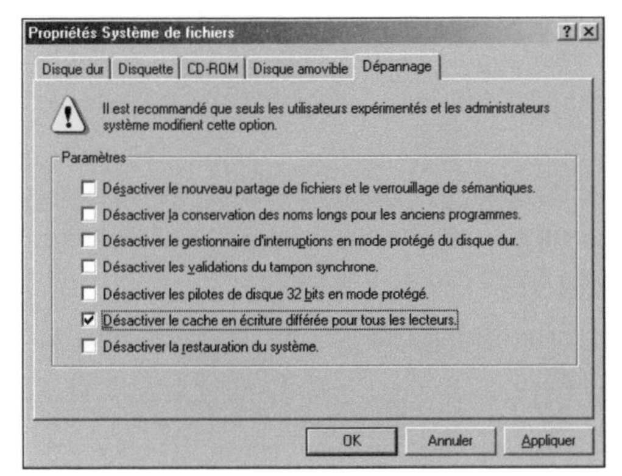

Dans les paramètres du système de fichier, vous trouverez également un onglet **Dépannage**.

Cochez l'option *Désactiver le cache en écriture différée pour tous les lecteurs.*

Lors de l'enregistrement vidéo, cette technique est inadaptée, car il s'agit de fichiers très volumineux, pour lesquels un temps d'attente n'est pas approprié.

Le disque dur

Les médias de stockage sont un élément essentiel dans un système de montage vidéo. C'est d'eux que dépendent les capacités de stockage, mais aussi les performances.

Avec des disques modernes UDMA-100, vous ne devriez rencontrer aucun problème de rapidité, et même les systèmes Dual-Stream, par exemple la RT2000 de Matrox, seront parfaitement à l'aise. Pour mémoire : avec ces systèmes, le disque dur doit faire preuve de performances doublées car, pendant la diffusion en temps réel, est exécutée la lecture simultanée de deux flux vidéo.

Dans tous les cas de figure, nous vous conseillons vivement de réserver exclusivement un disque dur aux données vidéo. Le système d'exploitation et les fichiers d'échange n'ont rien à faire sur ce disque.

Quel type de disque choisir ?

Nous en avons déjà parlé : les disque IDE ont connu d'énormes améliorations au cours des dernières années et sont aujourd'hui parfaitement adaptés au montage vidéo. Il n'est donc plus nécessaire de recourir à d'onéreux disques SCSI.

En général, les constructeurs de cartes vidéo préconisent un certain nombre de disques durs en fonction de la configuration.

Pour miser sur la sécurité, vous pouvez également investir dans un contrôleur RAID, capable de combiner au minimum deux disques (identiques), ce qui améliore sensiblement la vitesse en écriture et en lecture.

Un conseil général : un disque dur n'est jamais trop grand. Les fichiers vidéo deviennent rapidement énormes (voir le tableau de l'annexe).

Logiciel de test

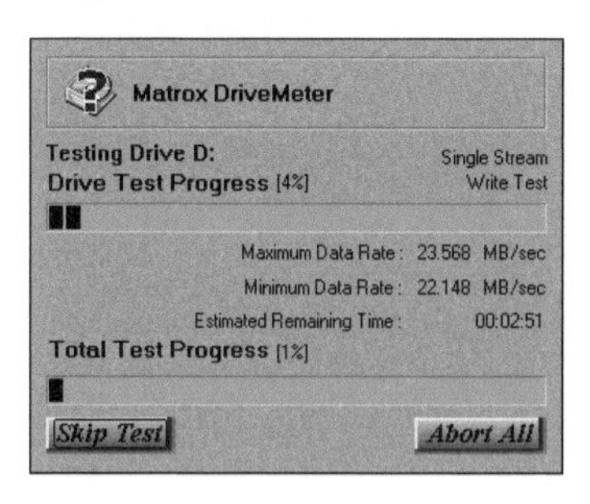

Chaque carte de montage vidéo est livrée avec un logiciel de test du disque dur, effectuant des essais de lecture et d'écriture à divers taux de transfert vidéo.

Si le résultat de ces tests n'est pas satisfaisant, vérifiez les points suivants.

Pilotes

Une condition essentielle pour un bon fonctionnement du système est l'installation de la dernière version des pilotes de Bus Mastering. Eux seuls sont en mesure de garantir un taux de transfert optimal.

Activer l'accès direct à la mémoire

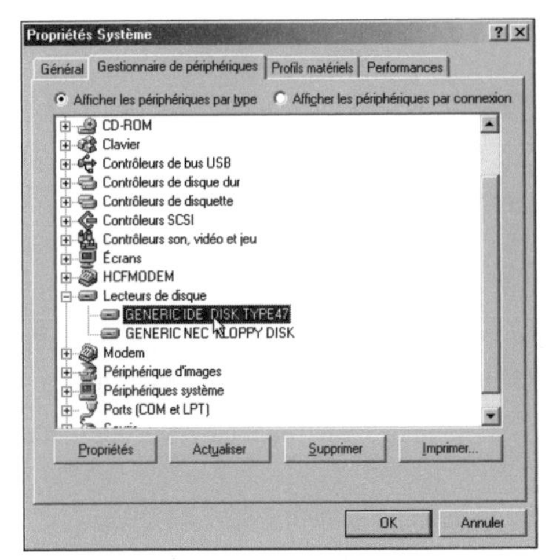

Pour des performances optimales, le mode DMA du disque dur doit impérativement être activé.

Ce paramètre est défini dans le gestionnaire de périphériques, dans les propriétés du disque dur. Activez la commande **Démarrer/ Paramètres/Panneau de configuration**, double-cliquez sur le module **Système** et passez sous l'onglet **Gestionnaire de périphériques**.

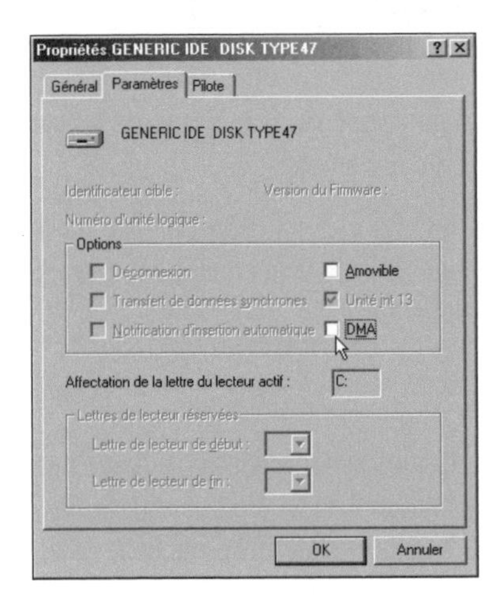

Double-cliquez sur le disque dur pour accéder à ses propriétés.

En fonction du type de disque dur, les propriétés peuvent être différentes. Si vous ne trouvez pas d'option *DMA*, partez du principe que ce mode a déjà été activé par les pilotes.

Défragmentation régulière du disque

Après une activité soutenue de montage et la fin du projet, il est conseillé de défragmenter le disque où sont stockées les données vidéo. Les suppressions et les créations incessantes de fichiers entraînent une fragmentation croissante des fichiers sur le disque, d'où une perte sensible de performances.

Cette fragmentation est encore plus cruciale en matière vidéo. Si la tête de lecture doit sans cesse sauter à d'autres endroits du disque pour chercher la suite du flux, il en résulte une image instable, voire saccadée.

L'utilitaire Defrag de Windows se charge parfaitement de la défragmentation, même si l'opération est longue.

Après activation de la commande **Démarrer/Programmes/Accessoires/Outils système/ Défragmenteur de disque**, sélectionnez le lecteur à vérifier : s'il nécessite une défragmentation, l'utilitaire vous le signale et propose de lancer l'opération.

Pour des disques de gros volume, nous vous conseillons de lancer le traitement de nuit ; en effet, avec les capacités actuelles des disques, la défragmentation peut durer de longues heures.

Le bon système de fichiers : la limite des 2 Go

Les fichiers vidéo ont une fâcheuse tendance à croître très rapidement.

Si un flux de données DV est transféré sur le disque dur, le fichier occupe après 12 minutes une taille de 2 Go.

Avec des systèmes tels que Windows 98, vous en serez à la limite supérieure de la taille de fichier AVI acceptée et Premiere interrompra automatiquement l'enregistrement.

Cette même limite s'applique également à l'exportation du montage. La diffusion d'un film n'est cependant pas concernée par ces 2 Go, tant que la carte vidéo accepte de ne recalculer que les zones "traitées", c'est-à-dire les transitions, les effets, les titres, etc.

Les astuces des constructeurs de carte

Pour contourner ce problème, certains constructeurs de cartes de montage vidéo ont intégré des fonctions qui, à l'atteinte de la limite fatidique des 2 Go, se chargent de lire un nouveau fichier. De cette façon, en prenant l'exemple de la Matrox RT2000, vous constaterez que le fichier AVI d'origine est accompagné d'un dossier avec la portion correspondante aux 2 Go. Dans Premiere, le clip est importé tout à fait normalement et peut être édité sans que l'astuce ne soit révélée.

Possibilités manuelles

Pour acquérir une scène relativement longue, la seule solution est de la fractionner.

Si vous avez choisi un taux de transfert de 1,8 Mo, chaque minute d'enregistrement occupe 108 Mo sur le disque dur. Cela signifie que la limite sera atteinte aux environs de 18 minutes. À ce moment, stoppez l'enregistrement, revenez un peu en arrière et reprenez un nouvel enregistrement.

À la fin de l'acquisition, ces tronçons pourront à nouveau être assemblés au montage.

Si l'enregistrement ne peut pas être arrêté brutalement, faites appel à un programme de capture séparé, capable d'entreprendre automatiquement le fractionnement. Le plus célèbre représentant de cette catégorie de logiciels est Virtuel Dub, que vous pouvez télécharger sur Internet.

La solution la plus sûre : installez Windows 2000

Si ces détours ne vous conviennent pas, sachez qu'il vous suffit de changer de système d'exploitation : installez Windows 2000. En plus de la fiabilité accrue de ce système d'exploitation, vous pourrez ainsi travailler en système de fichiers NTFS, qui ne connaît pas la limite des 2 Go.

Premiere est totalement compatible avec Windows 2000 et emprunte ainsi la même voie que celle que les "grands" systèmes de montage vidéo professionnels ont prise avec Windows NT.

Les problèmes dans Premiere

Les problèmes peuvent également survenir en dehors du programme de montage vidéo ; mais ils sont en général liés à une configuration erronée.

Définition du lecteur d'enregistrement

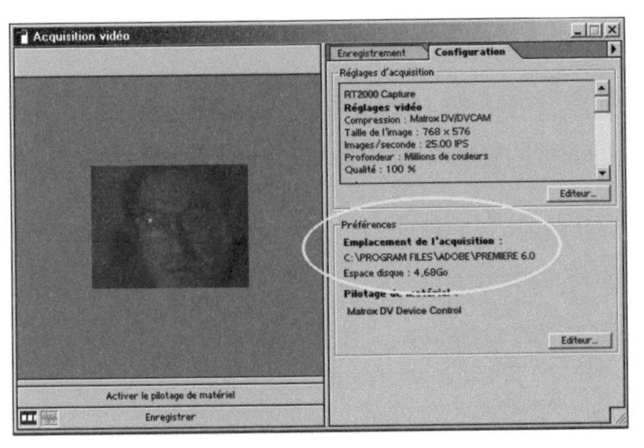

Dans un projet, il est possible de définir sur quel disque les clips vidéo doivent être enregistrés.

Par défaut, il s'agit du lecteur C, c'est-à-dire le disque système, ce qui est totalement déconseillé.

Avant le premier enregistrement, il est recommandé de contrôler si les clips atterrissent bien sur le bon disque et dans le bon dossier.

Des temps de calcul trop longs ? Les paramètres de codec

Lorsqu'il est question de monter un film, il y a au total trois formats à définir dans Premiere :

- Celui du clip à lire.
- Celui de l'aperçu à créer durant le montage.
- Celui du film à exporter.

Chaque carte vidéo est accompagnée d'un certain nombre de jeux de paramètres, les Presets, qui font que tous ces formats sont identiques dans un montage classique.

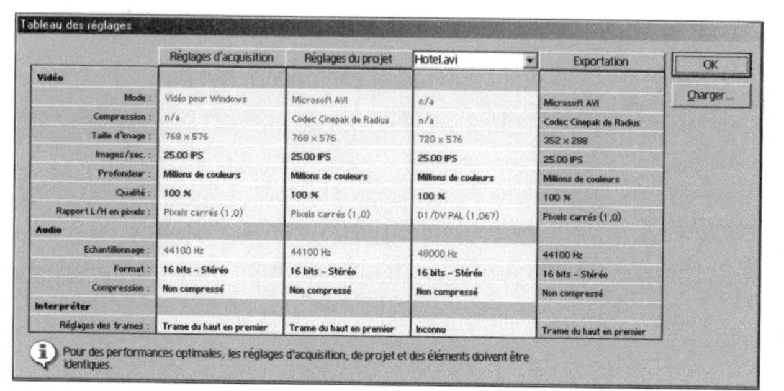

Pour le vérifier rapidement, Premiere intègre une vue d'ensemble des paramètres, qui permet de détecter d'un coup d'œil les incohérences. Activez la commande **Projet/Tableau des réglages**.

Si ces paramètres ne sont pas corrects, la création de l'aperçu dans la fenêtre **Montage** peut prendre un temps considérable. Si les zones où aucuns effet ou transition n'interviennent sont également recalculées, il est clair que les paramètres d'acquisition ne correspondent pas aux paramètres d'aperçu.

Problèmes de transfert vers la caméra

Ceci aussi peut vous arriver : le film est terminé, mais l'enregistreur ne reçoit pas de signal.

La cause peut en être des paramètres de projet mal définis, ou une incompatibilité entre codec et l'enregistreur connecté.

Vérification des paramètres du projet

Là également, il est bon d'ouvrir le **Tableau des réglages**. La règle élémentaire est simple : les réglages dans chaque colonne doivent être en principe les mêmes, et doivent correspondre au codec de la carte vidéo. Cette dernière est identifiable par son nom, qui intervient toujours dans le Preset.

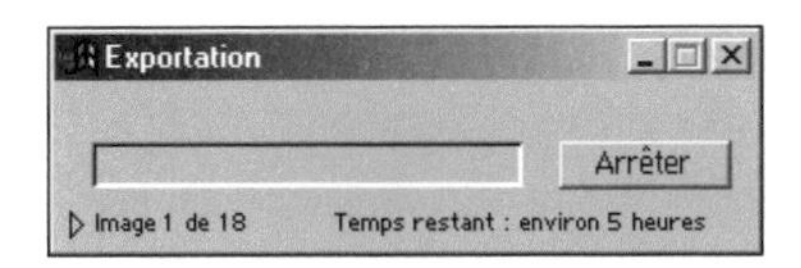

En cas de différence, un clic sur l'en-tête de colonne dans le **Tableau des réglages** permet de charger d'autres réglages.

Le connecteur DV-In du caméscope est-il disponible ?

À ne pas oublier : tous les caméscopes ne disposent pas automatiquement d'une entrée DV. Sans elle, ou si elle est désactivée, pas question d'enregistrer le film sur bande.

Le petit coût supplémentaire lié à l'activation de cette entrée par un service technique compétent ne devrait pas être un frein : cette fonction est vraiment très importante.

Vérification de la compatibilité matériel/codec

Même si le **Tableau des réglages** présente une image parfaitement harmonieuse, et si tous les codecs comportent bien le nom de la carte vidéo, il peut arriver que la bande n'enregistre que des images noires, parce que le Preset DVCPro a été choisi par mégarde, alors que vous travaillez en MiniDV.

La lecture depuis un caméscope MiniDV, ainsi que le montage, peuvent parfaitement fonctionner car, lors de l'acquisition, les clips ont été immédiatement convertis en format DVDPro.

Mais, lors de la sortie sur bande, l'erreur apparaît au grand jour, même si l'enregistreur DV se laisse piloter sans problème. L'image est intégralement noire, alors que tout semble normal sur le moniteur du PC.

Dans ce cas, il reste à modifier les réglages pour passer en format DV.

Premiere supprime tous les fichiers de prévisualisation et recalcule le film avant la sortie.

Parfois, il faut tout éteindre

Il arrive également, lorsqu'un appareil DV a été alimenté avec du matériel DVCPro, que l'image reste noire quoi que vous fassiez pour corriger le problème. Dans ce cas, coupez l'enregistreur vidéo ou le caméscope et/ou interrompez la connexion Firewire.

Problèmes d'entrelacement

Si l'image en sortie est très instable, si elle tremble lors des mouvements dans l'image, il y a fort à parier qu'il s'agit d'un problème de réglage de l'entrelacement.

Selon que le film complet ou seulement quelques clips (par exemple des animations importées) sont concernés, vous devrez :

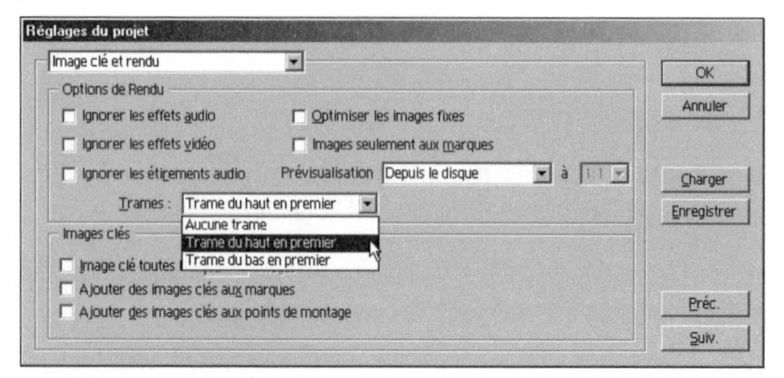

- Soit modifier les réglages du projet.

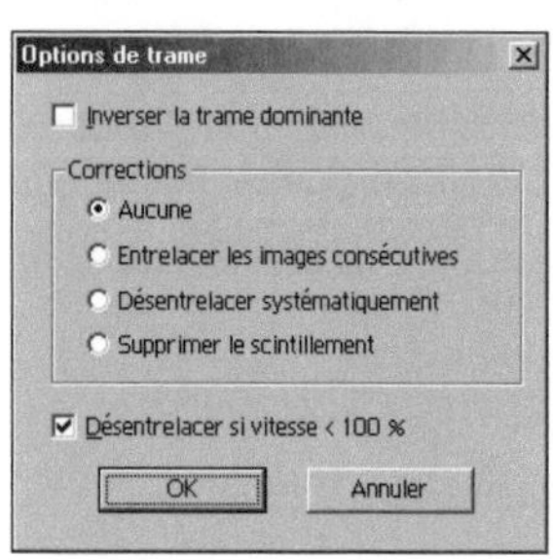

- Soit modifier les paramètres de trame du clip concerné. Cliquez avec le bouton droit de la souris sur le clip, dans la fenêtre **Montage**, et activez la commande **Options vidéo/Options de trame** dans le menu contextuel.

Avec des clips ralentis, le tremblement peut être jugulé en activant l'option *Désentrelacer si vitesse < 100 %*.

Du fait de la diversité des cartes et des formats, il n'y pas UN réglage général que nous pourrions vous conseiller ; c'est à vous qu'il incombe d'expérimenter, jusqu'à trouver la meilleure solution.

Titres scintillants et impropres

Lors de la création des éléments graphiques, par exemple les titres ou les animations, veillez à ne pas utiliser de couleurs trop saturées.

Ce qui peut sembler correct sur le moniteur du PC peut rapidement devenir horrible après compression vidéo. Évitez au maximum les valeurs RVB supérieures à 220.

Annexe : Formats et réglages

Formats, réglages et qualité pour chaque média

Cible de sortie	Matériel source	Résolution/ Format d'acquisition	Résolution/ Format d'exportation	Codec de sortie	Volume du film terminé
Qualité d'émission	DV/mDV/Beta	720 x 576/DV, M-JPEG, MPEG-2<R> à partir de 3 Mo/sec	720 x 576/DV, M-JPEG, MPEG-2	Par exemple MS-DV<R> ou AVI de la carte	A partir de 180 Mo/sec
DV	DV/Beta	720 x 576/DV, M-JPEG, MPEG-2<R> à partir de 3 Mo/sec	720 x 576/DV,	Par exemple MS-DV ou Codec de carte	À partir de 180 Mo/sec
DVD	DV/mDV/Beta Hi8/SVHS	720 x 576,	720 x 576/MPEG-2 (Format IBP)	MPEG-2 IBP	Environ 60,0 Mo/min.
VCD	DV/mDV/Beta Hi8/ SVHS Video8/VHS	720 x 576	352 x 288/MPEG-1	MPEG-1	Environ 10 Mo/min.
S-VCD	DV/mDV/Beta/Hi8/ Video8	720 x 576	480 x 576	MPEG-2	Environ 20 Mo/min.
Bande VHS	A partir des cartes VHS/TV	A partir de 352 x 288	352 x 288/en général AVI	Codec de la carte d'acquisition	45 Mo/min.
Bande VHS	A partir des cartes VHS/TV	A partir de 352 x 288	352 x 288/Codec de la carte d'acquisition	Codec de la carte d'acquisition	45 Mo/min.
MPEG4 (en qualité VHSt)	A partir de VHS	A partir de 352 x 288	352x288 - MPEG4	MS-MPEG4	Par exemple Bitstream 5000 = 5 Mo/min.
Web (MPEG-Download)	A partir de VHS	à partir de 352 x 288	352 x 288/25 fps 10 Mo/min, min. 4 Mo/min	MPEG-1	A partir de 5 Mo/min.
Web (Streaming), par exemple Real	A partir de VHS	A partir de 352 x 288	A partir de 180x144<R>RM, ASF, MOV	RM, ASF, WMV, .MOV	A partir de 150 Ko/min.

Pour une meilleure compréhension, nous avons opté ici pour les dimensions standard de 352 x 288 et 720 x 576. Certains constructeurs de cartes appliquent des tailles différentes, par exemple 384 x 288 ou 720 x 540 pixels.

Index

A

B

C

D

E

F

G

I

J

L

M

N

O

P

R

S

T

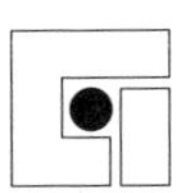

IMPRESSION, BROCHAGE
IMPRIMERIE CHIRAT
42540 ST-JUST-LA-PENDUE
JUIN 2001
DÉPÔT LÉGAL 2001 N° 2955

IMPRIMÉ EN FRANCE